目　　次

序　章　問題意識と課題設定 ……………………………………………… 1
　はじめに ……………………………………………………………………… 1
　1.　変化する地域社会 …………………………………………………… 2
　　(1)　市場経済化の本質と地域社会の崩壊 ……………………… 2
　　(2)　高齢化社会の加速 ……………………………………………… 3
　　(3)　新たな地域協同組織の誕生とその活動 …………………… 4
　2.　地域社会における農協の機能と役割 …………………………… 5
　　(1)　農協系統組織整備の方向 …………………………………… 5
　　(2)　地域協同組合としての農協の役割 ………………………… 6
　3.　住民主体によるコミュニティ再生 ………………………………… 7
　　(1)　地域社会の共助と循環の回復 ……………………………… 7
　　(2)　「農」の再構築
　　　　――生活基盤としての「農」，文化としての「農」 ……… 8
　4.　課題克服に向けて ……………………………………………………… 9

第Ⅰ部　地域活動の状況と課題

第1章　地域経済・社会の構造変化と改革の方向
　　　　――地域の内部構造改革の視点………………………………… 13
　1.　地域の直面する状況――水面下で進む地域間の関係変化 ……… 13
　　(1)　日本経済の構造変化と地域 …………………………………13
　　(2)　地域の対応力が問われる ……………………………………15
　2.　顕在化する地域成長プロセスの副作用 ………………………………18
　　(1)　成長と格差縮小をともに実現したメカニズム ……………18
　　(2)　地域の自立的対応能力がなぜ弱まったのか ………………22
　3.　グローバル化，財政危機，超高齢化と地域経済 ……………………26
　　(1)　グローバル化と財政危機 ……………………………………26

（2）超高齢化・人口縮小段階の地域経済 …………………………29
　4．ローカルな経済の復興 …………………………………………………36
　　（1）地域社会の変調の広がり──経済から生活の場面へ ………36
　　（2）地域における役割分担の改革と新しい協働関係 ……………43
　　（3）ローカルな経済の再評価 …………………………………………49

第2章　地域開発戦略──内発的発展論を対象に── ……………………59
　1．外来型・大規模開発に対抗するための内発的発展論 ……………59
　2．農村の内発的発展をめぐる議論 ……………………………………61
　　（1）農村産業振興論の展開 ……………………………………………61
　　（2）生活の役割と農村社会の再構築 …………………………………64
　3．女性の参画の意義 ……………………………………………………66
　4．現地調査の目的 ………………………………………………………68

第3章　女性及び高齢者の「農」を含めた仕事起こし ……………………73
　はじめに ……………………………………………………………………73
　1．女性起業の全国的な動向 ……………………………………………74
　　（1）女性及び高齢者を中心とした起業の進展 ……………………74
　　（2）起業の意義と課題 …………………………………………………76
　2．女性起業がもつ公共性 ………………………………………………79
　　（1）先行研究に学ぶ ……………………………………………………80
　　（2）公共性の背景にあるもの ………………………………………… 81
　3．長野県における「女性起業」の概要 ………………………………82
　4．対象地域の農業の概要 ………………………………………………83
　5．事例から学ぶべきこと ………………………………………………84
　　（1）東部町──味工房ゆらり（農事組合法人）……………………85
　　（2）武石村に展開する農を核とした教育現場との連携 …………90
　　（3）上田市塩田平に展開する女性の複合的事業 …………………95
　おわりに ……………………………………………………………………99

第 4 章　住民参加型の地域活性化 ………………………………………… 103
はじめに ……………………………………………………………………… 103
1. 美山町の地域づくり …………………………………………………… 104
   (1) 美山町の概況 ……………………………………………… 104
   (2) 美山町における村おこしの歩み ………………………… 105
   (3) 美山町の村おこしの特徴 ………………………………… 107
2. 旧村単位に住民参加で営農と生活の拠点づくり ………………… 109
   (1) 「タナセン」の設立過程とその活動 …………………… 109
   (2) 「タナセン」が学んだ農業生産法人
       「有限会社・常吉村営百貨店」………………………………115
   (3) 美山町内への波及——その他の地区の活動 …………… 117
3. 住民参加の動き ………………………………………………………… 119
   (1) 地域振興会の設立 ………………………………………… 119
   (2) 住民参加の現状——鶴が岡地区を中心に ……………… 121
   (3) 住民参加を進展させたもの ……………………………… 124
4. まとめに代えて ………………………………………………………… 126

第 5 章　農協組織の課題
　　　　　——支店を軸とした地域協同組合，福岡市農協を中心として—— … 131
はじめに ……………………………………………………………………… 131
1. 福岡市農協の概要と特徴 ……………………………………………… 132
   (1) 地域社会の基礎的条件 …………………………………… 132
   (2) 農業および農家の実情 …………………………………… 133
   (3) 農協の事業，経営の概況 ………………………………… 134
2. 農協組織活動の実態と地域社会への接近 ………………………… 136
   (1) 農協組合員組織，地域組織の内容とその活動 ………… 136
   (2) 農協活動への期待 ………………………………………… 137
   (3) 役員・職員の意識 ………………………………………… 141
   (4) 農協 3 ヵ年計画にみる将来展望 ………………………… 145

3. 支店を軸とする協同活動 …………………………………………… 147
　　(1) 支店行動計画の目的とあらまし ………………………… 147
　　(2) 堅粕および日佐支店の活動事例 ………………………… 149
　　(3) 地域社会の変化と支店活動の課題 ……………………… 152
　4. 地域協同組合としての方向性——新たな提携への道 ……… 155
　　(1) 農業の再生, 文化の共有 ………………………………… 155
　　(2) 協同と地域 ………………………………………………… 157

第6章　地域通貨の現状とその可能性 ……………………………… 159
　1. 地域通貨とは ……………………………………………………… 159
　2. 地域通貨の仕組みと特徴 ………………………………………… 160
　　(1) 地域通貨の仕組み ………………………………………… 160
　　(2) 地域通貨の特徴 …………………………………………… 161
　　(3) 地域通貨の歴史と代表的な地域通過 …………………… 163
　　(4) 地域通貨の類型化 ………………………………………… 166
　3. 国内の地域通貨の取り組み ……………………………………… 168
　　(1) 地域通貨導入の目的 ……………………………………… 168
　　(2) 初期の実験結果 …………………………………………… 170
　　(3) 初期の課題 ………………………………………………… 176
　　(4) 最近の取り組みと課題への対応 ………………………… 178
　　(5) 多様化する地域通貨の導入事例 ………………………… 181
　4. 地域通貨の課題と今後の方向性 ………………………………… 183
　　(1) 地域通貨の効果と課題 …………………………………… 184
　　(2) 今後の可能性 ……………………………………………… 186

第Ⅱ部　海外事例との比較

第7章　グローバリゼーションとコミュニティ協同組合
　　　　——イギリスにおける新しい協同組合運動の展開 ……… 193
　1. 変化する協同組合 ………………………………………………… 193

(1) 協同組合とコミュニティ ……………………………… 193
　　(2) 協同組合の「普遍的性質」 …………………………… 195
　　(3) 新しい協同組合運動の発展 …………………………… 198
　2. 社会的企業としての協同組合 ……………………………… 201
　　(1) 社会的資本とコミュニティ …………………………… 201
　　(2) 社会的企業とは何か …………………………………… 207
　3. コミュニティ協同組合の展開 ……………………………… 210
　　　コミュニティ協同組合概史 ……………………………… 210
　4. むすびにかえて――「社会的企業サンダーランド」の活動 ………… 219

第8章　イタリアの社会的経済と市場及び自治との相互作用について
　　　　――イタリアの社会的協同組合を題材に―― ………………… 225
　1. イタリアの「社会的経済」について ……………………… 225
　　(1) イタリア「社会的経済」の射程 ……………………… 225
　　(2) なぜ小規模事業者への言及が必要なのか …………… 226
　　(3) ピオリ，セーブルの『第二の産業分水嶺』にみる
　　　　「イタリア像」………………………………………… 227
　　(4) パトナムによる市民的共同性と経済的発展の相関と因果 … 229
　　(5) 「社会的資本」とは何か ……………………………… 231
　2. イタリア社会的経済の現況，発展の経過と組織上の特質 ……… 233
　　(1) イタリアの社会的経済の量的ひろがり ……………… 233
　　(2) 社会的協同組合類型別の特徴 ………………………… 234
　　(3) 社会的協同組合を見る際の視点 ……………………… 237
　3. 事例に見る，社会的協同組合と市民社会，
　　　　行政，市場との相互作用……………………………… 241
　　(1) イタリア南部サルデーニャ州における
　　　　社会的協同組合（A型）「レデラ」……………………… 242
　　(2) トレント市における社会的協同組合
　　　　「グルッポ78」…………………………………………… 250

4. まとめに代えて ………………………………………… 263

終　章　オルターナティブの可能性 ……………………………… 269
　グローバリゼーションとローカリゼーション ………………… 269
　ファームウォッチ協同組合の事例 ……………………………… 273
　2つの事例報告 …………………………………………………… 276
　オルターナティブは成功するか ………………………………… 279

序章　問題意識と課題設定

はじめに

　今日ほど先行きが不透明な時代はない。その時代は，「人間として生きる」という根源的な生の意味を我々に問いかけてくる。人々は目標と目的を失ったあてどもない航海をいつまで続けようというのだろうか。

　いつの時代も困難な課題を抱えてはいたが，人類の英知はそれを乗り越えてきた。だからこそ人類は永く命脈を保ってきたし，文明も発展してきた。しかし，今日我々が陥っている不透明感，不安感，閉塞感はかつて経験したことのないものだ。それは一方では，環境問題に典型的に現われているように，地球の存続それ自体，つまり生物としての人類の生存そのものを危機に晒すというとてつもない課題であり，それは，近代文明，近代科学の行き着いた果ての，ある意味では虚無的な問いかけでもある。他方，人々の日々の生活というレベルでも，経済的な充足が必ずしもやすらぎと心の豊かさをもたらしてはいないという課題に我々は直面している。精神の病を誘発した反社会的行為の多発，あるいは方途を失った若者の群，教育の荒廃，家族の団欒の喪失，という社会を構成する原点の部分で，手痛いしっぺ返しを食っている始末だ。いやいや現時点では，人類が驕り高ぶって謳歌してきた経済的充足そのものすら怪しい。マネー文明，物質文明そのものが危機に瀕しているのである。

　このあたりで，個々のそして地域社会のそしてまた国家のあり方と意味を真摯に問いかけなければ，不安はいや増しますます出口は見当たらなくなる。そしてこうした状況は，社会経済的関係のなかに生存している我々の思考を常に構造的スタンスに立たせることになる。

生きることの意味や心の豊かさを問うといっても，個々人の内面に限りなく沈潜化してしまっては危うい。それはエセ宗教や，単純なファッシズムに絡めとられてしまうだけだ。良かれ悪しかれ我々は，近代化された社会秩序のなかで生存しているのだという事実を直視しない限り，ことを一歩も前進させることはできないのである。

1. 変化する地域社会

(1) 市場経済化の本質と地域社会の崩壊

　近代資本主義の発展は，強者の側に限りなく有利にはたらいた。わが国の現実をみても，都市の肥大化と地方の疲弊，第3次やいわゆるITなどを含めた空間的産業とでもいうべき第4次産業の拡大とそれらに比して，第1次産業の衰退は明らかだ。無論，こうした抽象的，概念的物言いの背後にというか内実には，働き，生き，生活する人間がいる。

　近時，あまりの拡大路線は見直しに転じ，農村や地方の再発見の潮流があると評する人々もいる。しかしそれは，怪しいキャンペーンの匂いがする。強者生存，競争原理の名のもとでの弱者圧殺という構図はなんら変わってはいないからだ。市場経済化，グローバル化の無自覚的容認は，結局のところこの構図に与するだけだ。

　放置しておけば，格差は均されるどころか，より拡大する。都市へのそして大なるものへの人，資源，物の集中は加速する。競争原理は平等を招かない。誰もが強者の側には立てないのだから。不断の競争に巻き込まれ，持たざるものや「非効率」なものはただひたすらの徒労に苛まれ，挙句の果てはよりいっそうの困窮を招くように作用する。効率的であることは，経済原理のなかのある部分では，善である。しかし，それは前提条件なしに，また特殊性を捨象したままで，すべてを覆うことは危険である。さらにまた当然ながら人々は経済的な効率のなかだけで生きるのではない。ある種の「無駄」（近時はそれを

「ゆとり」というようだ），「遊び」の部分が文化を形作り，生きる意味の主要部分をすら構成しているのだ。金や財に唯一，絶対の価値を認め，すべてをその基準でカウントするかのごとき社会構造は明らかに間違っている。

　誰からの誘発でもない，他者からの進言でもない，地方・地域に住む人々が，自らの意志で自らの生存を確保しながら，なお根源的な生の意味を問いかけ，自立し，構造的な変革を求めて立ち上がる，そこにしか出口も展望もない。大なる，マクロなる思考に騙されてはならない。それはいつも小の切捨て。大局による，という美名に隠されている牙を見逃してはならない。地域，人々の暮らしという原初的部分を自らのものに取り戻す作業を通じて，社会経済構造そのものを突き崩す方向を見出したい。

(2) 高齢化社会の加速

　地域社会の現実は，かつての隣人や小集落の連帯感を喪失させている。関係性の分断が権力支配の構図であるから当然の結果でもあるが，それはイコール「地域社会の住みにくさ」をもたらしてしまった。相互連帯，相互扶助などという言葉はすでに死語に近くすらなっている。

　そのなかで，もっとも被害をこうむるのは，お年寄り，子どもたち，経済的・肉体的弱者である。そして特に地域社会の連帯の輪の外に置かれる高齢者たちである。それは，農山村で顕著であることはいまさらいうまでもないだろう。

　すでに周知のようにわが国の高齢化の速度は速い。絶対水準も無論だが，他の先進国に類をみない高齢化の加速には，社会的な諸施策が追いつかないのが現実だ。

　地域社会の将来を展望しようとするとき，この事実はしっかりと把握しておきたい。

　現代資本主義の矛盾は，弱いものをより弱い位置に貶めるのを本質とする。弱者は捨て置かれ，農山漁村は見せかけの「活性化策」をよそにこのままでは，相変わらず相対的な劣位のままだ。まず，地域住民自らが相互の自立，いや当

面は「自生」(自ら生きるというぎりぎりのところの生) の道を探らなければ展望がない。しかし，放置はできないから，連帯感回復，コミュニティ復権の試みは始められてはいる。それらは起業を含む集落の相互扶助組織やいわゆる地域通貨などであるが，その内容は第2章以下で詳しく明らかにされる。

　(3) 新たな地域協同組織の誕生とその活動

　さて，地域社会には協同組合という組織がある。協同組合が原理としてもつものは，公正な社会の実現であり，人々の豊かな暮らしを求めて活動することである。しかし残念ながらわが国の現実は，もっとも歴史があり，組織としての広がりと，したがって，地域社会の協同活動の核としての多様な活動機能を有しているはずの農協が，いまひとつ頼りにならなくなってきている。
　そのなかでの救いは，先進的あるいは先駆的に各地で住民自らが自立の道を模索しつつ，行動する市民，自立する婦人たちが誕生しまた誕生しつつあることだ。彼ら，彼女たちは過去やしがらみを越えて，外部(地域)へと打って出てきている。教育，文化，健康，医療，食料などの分野で，大小さまざまなグループを形成し，地域社会の根の部分で，「暗」の時代を切り開く可能性を呈示してくれている。その可能性の部分がどうなるのかはまだわからない。それらと，協同組合の原理を踏まえた農協や生協などの協同組合との活動がどう切り結び，あるいは提携していくのかもわからない。しかし，その可能性に地域社会の未来が係っているといってもあながち言いすぎではないのである。
　我々は，地域からの再生，地域の暮らしを軸とする地域社会の再生をテーマに検討を加えてきた。そして，かなり具(つぶさ)に現実を検証してきた。その過程で出会ったこれらの新たな地域協同組織の活動についても第2章以下でふれる。

2. 地域社会における農協の機能と役割

(1) 農協系統組織整備の方向

　地域の協同組織の実態とその方向ならびにそれらとの連携の道を探る際に，忘れてはならないのは農協の機能と活動である。
　これだけ地域社会が，地域として社会としての基本的機能（相互扶助と連帯）を喪失しつつあるなかで，農協がそれを的確にとらえ，真に協同組合として地域社会の発展を願い，その組織活動の過程のなかに自らの存立の基盤を位置づけているのだろうか。
　いわゆる段階性に特色づけられる農協系統組織は，第19回農協大会において組織整備の方針を明らかにした。農業そのものが需要低迷と国際化の波にさらされ総じてジリ貧であることに加え，経営の主柱である信用事業が，不況と市場経済の進展による競争激化の環境下で，傾向的な運用利回りの悪化と収益力の低下に陥っていることに対応したものだ。小規模では国際化時代の競争に打ち勝てない，小規模では非効率である，との理由で再編が急だ。
　農協組織の整備方針を総じていえば，集中と大規模化の道である。
　周知のように基礎組織としての農協は総合事業体である。組合員つまり人間との接点でその人の生活の全局面に対応する仕組みだ。県連，全国連は事業別となり，単位農協の各事業を補完する。しかし，まず単位農協を大規模化する方向が示された。確かにあまりの規模の小ささが，組合員や地域住民の要求に応えられず，事業や経営を困難にしている農協がないわけではない。まして頼みの信用事業の県連や全国連からの還元力が弱まればなおさらのことである。しかし，大規模化は協同活動という協同組合を協同組合として機能させている基本的活動を維持・発展させ続ける，何らかの仕組みないし留保条件があってのことだ。問題はその機能の確保なしに，単なる数合わせが強引に進められてきたきらいがないとはいえないことである。
　地域社会の変化と組合員や地域住民の変化，そしてそれを大きく規定する政治経済社会の枠組みの変化に対応してどんな機能が求められるのか，という問

いかけとそれに対する一定の方針があってはじめて，有効な組織形態が求められるのであって，まず組織ありきではない。現在の単協の大規模化，県連・全国連の統合の路線にはその問いかけが不足しているといわざるをえない。

　また金融事業に限っても，同様な懸念が生じる。なるほど，集中と全体での管理は安全性の道ではあるかもしれない。しかし，それが小の切捨て，独自性の廃棄，地域金融の排除につながらないという保障はないのである。もしそうならそれはすでに協同組合の金融ではない。

　地域社会や地域住民への金融の道，地域社会の活性化と豊かさを求めるありとあらゆる金融的手立ての構築をこそまず考えるべきではないだろうか。そこにこそむしろ金融秩序の安定と協同組織金融の行方を探ることが，社会的使命であろう。

(2) 地域協同組合としての農協の役割

　農協の性格や組織的あり方をめぐっては，かねて，広く地域社会や地域住民にまで活動の幅を広げようとする「地域協同組合」論と，農家・農業者に構成員を限定すべきだという「職能組合」論とがあった。しかし，その後の推移は，協同活動を日常的に行う農協にとっては，その議論がさして意味のなかったかのようにすでに行動的に乗り越えてしまっているといっていい。その是非や意味を細部にわたって検証するのがここでの目的ではない。ただいえることは，農協・農業とて，地域社会や地域住民・消費者（いやそうではなく生活者としては共通の）全体の持続的発展と活性化のなかではじめて，存在意義を見出せるのだという現実が明らかになったことである。さらに生活者の視点，暮らしの視点に立てば，人々が豊かさを求めて，いかなる組織によるか，またよらないかは選択的であり，農協が現実的でなければその使命を終えるだけにすぎないと突き放されても仕方ない。

　地域社会そのものの活力を取り戻し人々の暮らしを豊かで安定したものにするために，協同組合としての農協はどんな役割を果たせるのか。そのために農協がもつべき機能とはなにか。農協の協同活動はどんな組織形態でどんな人々

を結集して行われるのか，その際既存の市民グループや他の協同組織とのネットワークをどう構築するのか，課題は多い。

　繰り返せば，その際あくまで，組合員を含めた地域住民の暮らしの豊かさの実現を究極の目的にすることを忘れてはならない。農協の内からの狭い発想にとらわれていては農協そのものの発展もまた実現できないと知るべきだ。

　国際協同組合同盟は1995年に約30年ぶりに，全世界の協同組合の規範としてあるといってよい協同組合原則を改定した。そこには新しく第7原則として「地域社会への関与」が加えられた。つまり地域社会の持続的・民主的発展のために協同組合がより積極的に行動する必要性が明記されたのである。そのもつ意味は重い。それは，世界的規模で権力的国家機構や大資本の蹂躙のかげに崩壊しつつある地域社会に対する強い危機意識の表れであった。そして，協同組合は「公正な社会の実現をめざす」という高い理想をもっていることももう一度想起しておこう。

3．住民主体によるコミュニティ再生

(1) 地域社会の共助と循環の回復

　人々が地域社会に生きるうえで，唯一絶対などという価値はありえない。その意味で利便性を求めたことはあながち否定されるべきではない。しかし，利便性を求めすぎ，いや利便性に絶対的な価値を置いたところに誤りがあった。その背後で，共感，共助，共生という人が人として生きる原理的立脚点を喪失していった。その代償はあまりにも大きい。その歪（ひずみ）が極端な形で，大なるもの，強なるもの，金（かね）や財への信仰を生んでいった。結果は，排他と孤立，刹那と破滅，無恥と汚辱の修羅の巷。それは実に息苦しく生き苦しい。そして，始末が悪いのは，こうした社会構造は演出されたものなのだと気づかないことである。

　地域社会は確かにおかしい。ひっそりと閉塞感に満ちている。かつてのお互

いがお互いを認め合う近隣，暖かく見守られる子どもたち，病や困窮などの困難な局面には手を差し伸べた関係などほとんどどこにもない。みんなひっそりと自己の殻に閉じこもっている。政治経済の貧困がそれに拍車をかけた。

だが，かつての地域社会の近隣の輪は，他方，個の自立を許さず同一性を強要するいわば「桎梏の共」でもあった。われわれが今改めて求めようとする共助と循環はそうではない。個人が個人としてありそして地域社会に向けて開放的に連帯するいわば「奔放な協」である。

従来は，とかく地域社会の経済的な充足に力点が置かれてきた。第1章で詳述するように，地域開発という名であるいは産業誘致ないし立地という名で，進められた活性化策がいずれも大多数の住民には何の生活の豊かさももたらさず失敗に帰し，いわゆる内発的発展論にも一定の限界が見えた今，もう一度人々の暮らしという足元から地域社会の現実を裁断し，本当に我々が望む豊かさとは何かを真摯に問わねばならない。そして「都市」のなかに，人間が人間として生きる拠点としての，手の届く心の届く近隣としての「むら」を形成させることができれば，地域社会を住民のものに取り戻せる。

(2) 「農」の再構築——生活基盤としての「農」，文化としての「農」——

生産者と消費者，両者の関係はあまりにも遠く，あまりにも分断されてきた。俗な言葉でいえば，顔が見えない，手が見えない，足が見えない，そして生活が見えない関係として。それは文化ではない。本質的意味の「食」ではない。もともと食べ物は自らが作ってきたものだ。それを他人の手に委ねざるをえないのなら，せめて誰がいつどのように作ったのかが明らかになる関係性のなかにいたい。

不幸にも多くの人々は，働く場と住む場とを遠く隔てられている。他人の敷いたレール（具体的にも抽象的にも）を黙々と流れ，いつしかそのことにすら疑問を抱かないが如くに去勢され，思考停止状況にすら陥っているように見える。もともと職と住は接近していたものだった。そこに生産と消費の一体化，共通の生活から生まれる文化があった。わが国の現実をその世界に簡単に引き

戻せると思うのは荒唐無稽にすぎよう。しかし，意識的に自覚的に職と住の短縮を回復させなければ，暮らしそのものを喪失させてしまう。その関係性回復の軸には食がある。共通の生きる基盤としての大地，自然，そして食。それを自らの手に取り戻す試みを通じて，距離を縮めたい。それはどうしたら可能なのか。たしかにモンドラゴンの協同組合や第7章，第8章でみるヨーロッパの先進的（社会的）協同組合の実践にヒントを得ることはできよう。それらが現代社会において実践されているという積極的な意味はあるが，しかしそれすらそう目新しいことではない。単に経済的な成長，大規模であることに絶対的価値を置く発展のかげで忘れ去られてきただけだ。

協同組合を中核とした職と住，あるいは生産と消費を結ぶ提携に可能性を見出すことは確かに有効だ。しかし，ここでも注意が要る。それは組織的な交流のなかに「個」を内包させなくてはならないということである。生産者個人，消費者個人，生産・消費のトータルとしての生活者個人のネットワークが内になければならない。単なる直売所や協同組合間の産地直送などにとどまっていては，新たな流通形態を生んだにすぎず，生活の変革にはつながらない。そこにはさしたる展望はない。個人と個人の関係を内に秘め，生産と消費が統合的にとらえられて始めて，自己の内部でも生活が統一的にとらえられるのであり，また自立的な「個」が集合して始めて都市に「むら」を，農村に「コミューン」を形成しうる。

4. 課題克服に向けて

さて，我々は，およそ以上のような地域社会をめぐる現状認識をもとに，そこから引き出される地域社会再生，コミュニティ回復という課題について，実態調査を踏まえた上で，できるかぎり未来展望的に方向性を提示するべく検討を加えてきた。部分的に各章の位置づけについて記してきたが，最後に改めて，以下に示される各章にいささかの解説を加えておくこととしよう。

第1章では，地域の現状と課題を，できるかぎり実証的に検証する。地域経済の実態，政策の展開，地方財政の内実，地域資源の活用などの視点から，地

域の構造を分析し，その間人々の生活がどう変わったのか，地域社会の諸相は我々に何を訴えているのか，地域経済・社会の新しいあり方とは，それを支える組織とは，といった点を総括的に明らかにする。

　第2～6章では，第1章の分析を理解したうえで，国内の現地調査の結果を報告する。ここでは，実践例を紹介することで，当初の課題にできるかぎり応えようとする。その内容は，「農」を含めた仕事起こし，住民参加型の地域活性化，支店を軸とする農協の地域協同組合化，地域通貨の現状と可能性である。これらの先進的ないし先駆的とおぼしき事例がどんな推移と発展をとげるのか，地域社会構造の今後への影響は少なくない。

　第7～8章では，国内の課題との関連性を重視しつつ，イギリス，イタリアのコミュニティ協同組合，社会的協同組合の活動を明らかにし，国内の各組織活動や住民参加・自治といった課題に応えようとする。

　そして最後に，以上の分析結果を，総合的にとらえて，暮らしの視点から，失われつつある地域社会のコミュニティ回復と地域社会の活性化のためのネットワークのあり方と可能性，新たな社会構造の展望などを提示する。

第Ⅰ部　地域活動の状況と課題

第1章 　地域経済・社会の構造変化と改革の方向
　　　　——地域の内部構造改革への視点——

1. 地域の直面する状況——水面下で進む地域間の関係変化

(1) 日本経済の構造変化と地域

全国的な地域経済停滞のなかで

　日本経済は1990年代に入ってからの長期的な低迷から脱することができない状態にある。とりわけ，雇用情勢の深刻化は国民に大きな不安を与えている。

　いくつかのデータを拾い読みするだけで，日本経済が1980年代までとは様変わりしていることがわかる。たとえば，90年に1.43倍（年平均）であった有効求人倍率は90年代を通じて低下傾向をたどり，2002年に入ってからは0.5倍を前後する水準にまで低下している。完全失業率も90年には2.1％と完全雇用水準にあったものが，2001年に5％を超え，02年に入ってもじわじわと上昇を続けている。とくに93年に20万人台であった1年以上失業者が現在100万人の大台に近づいているというデータが，日本における雇用の構造変化がもつ厳しい側面を物語っている。

　企業の開業率も低下傾向が続いている。日本の企業とくに中小企業は高度成長期以来"多産多死"の状態にあって，活発な新陳代謝の下で開業率が常に廃業率を上回る状態が続き，それが日本経済の活力の源泉となってきたのだが，1990年代に入って廃業率が開業率を上回る"少産多死"の方向に転じている。工場立地もまた90年代に入って減少傾向に転じ，近年は80年代の4分の1強の水準になった。

　経済の動きを地域的にみるとどうであろうか。雇用情勢に地域間の違いが目

立った1980年代までとは異なり，ほぼ全ての地域にわたって低迷が続くという状況が続いていて，地域的な傾向の変化を少なくとも表面的には読み取りにくいのが現状である。地方圏[1]の小都市や農村における雇用環境がいっそう厳しくなっていることは確かであるが，大都市圏も厳しい状況であることには変わりがなく，地域間の関係の変化をあらわすはっきりした動きを，少なくとも表面的には読み取ることは難しい。

しかし，地域経済の内部の構造に目を移してみれば，とくに産業集積の進んだ都市的な地域とそうでない地域との関係変化がこれから顕在化していく，いくつかの兆候を目にすることができる。

構造変化と地域——ミスマッチの拡大

雇用における需給のマッチングの地域差は，表面的な動きの底流にある地域間の対応力の違いを示す動きである。求職件数は製造・建設などのブルーカラーと事務，販売の職業が増え，他方求人件数は専門的・技術的職業と保安の職業以外は全て減少傾向にある。また，求職件数の半数近くが45歳以上なのに対して，求人件数では45歳以上は件数全体の2割弱しかない。日本全体にわたって，産業構造の変化と高齢化にともなう職業と年齢の雇用ミスマッチが広がっている[2]。

IT化やサービス化は，専門的な技術・技能を必要とする職種の割合を増やしていく。教育訓練の機会が少ない小都市や農村では人材育成も困難であり，とくに技術習得に時間のかかる中高年者が増えるなかで，新しい雇用機会開発の上でそのことが大きな壁になっている[3]。とりわけ低迷する製造業や建設業などからの地域内の他の職種への転職は，雇用機会の量的不足の上に，職種，能力，年齢のミスマッチという要因が加わって極めて困難な状況になっている。製造業や建設業などの同一産業内，同一職業内での労働移動が可能であった1980年代までとは地域の雇用環境が大きく変化してきた。

このようなミスマッチの拡大と並んで，地域にとってはこれまでとは異なる対応を迫られるもう1つの環境変化がある。それは，企業行動の変化にともなう雇用形態の多様化と不安定化であり，工場や店舗の操業のフレキシブル化で

ある。

　企業の雇用形態は，女性と若年層を中心に正社員の雇用形態が減少し，パート・アルバイト，派遣労働者が増加する傾向が定着している。さらに，生産活動のグローバル化と国際競争の激しさが増すなかで，国内の工場の操業状態が変動しやすいものになり，企業にとっての合理的な行動が，従業者の生活や人生設計をこれまでよりもはるかに不安定で不定形なものにしている。

　こうした変化は，定住を基本とする地域とりわけ小都市や農村の側からみて，地域の基本的なあり方にかかわる難題をつけ加えることになる。雇用機会が高密度に集積する大都市あるいは地方の中核的な都市圏であれば，その経済活動の幅の広さと懐の深さから，仮に不安定な雇用が増えても，また事業所の撤退が頻発しても，個々の市民が摩擦的な失業を経つつ次の雇用機会を見つける可能性を一定の確率として描くこともできるであろうが，そうしたメカニズムの働かない小都市や農村ではテンポの速い企業行動の変化は地域の経済・生活の根幹を揺るがす事態になっていく。

　工場だけでなく，スーパーなどの店舗も簡単に進出・撤退を行うケースが増えている。地方でも大都市の郊外地域でも，大型店の進出に際して既存の商店街が空洞化した後に，その大型店が商圏の人口減や流通企業の経営上の理由から撤退してしまうという二重の打撃を受けるケースが少なくない。この場合も消費機会の集積した大都市などと異なり，小都市や農村地域ではより直接的に消費者としての生活条件の破壊につながっていく。また，流通・サービス業だけでなく製造業などにおいても広がっている夜間・休日労働は，地域コミュニティにおける協同作業の多い小都市や農村地域の地域運営に障害をもたらしている。

(2) 地域の対応力が問われる

従来型の地域振興の限界

　このように，グローバルな競争は，経営の機動化・スピード化を企業に要求し，雇用の多様化や工場・店舗などの操業のフレキシブル化あるいは商品調達

や流通経路の頻繁な変更に結びつく。そして，そうした企業行動の機動化・スピード化は，住民の就業や暮らしをより機動的なものに変えるよう作用を及ぼしていく。前述のように，多様な雇用機会や生活機会が集積し常に新陳代謝が行われている大都市であれば，企業行動の機動化による住民の雇用と生活の多様化や不規則化はある程度は吸収してしまえるだろうし，それを都市の活力や効率性の向上に結びつけることもできるだろう。しかし，集積に欠ける小都市や農村では，地域のあり方の根幹にかかわる難題を突きつけられることになるのである。地域経済の新しい動きの底流には，集積地域と非集積地域との対応力の格差，地域の内部構造の格差が潜んでいる。

　財政危機は，これからの地域間の経済情勢や雇用情勢の差を広げ，地方の小都市や農村の経済をいっそう不安定にしていく大きな要素である。税収の伸び悩みの下で景気対策のための財政支出の拡大が続いた結果財政赤字が積み上がり，国と地方を合わせた政府長期債務残高は，2002年度末には国内総生産の1.4倍に相当する693兆円に達する見込みである（財務省推計）。90年度の2.6倍である。

　公共事業費を始めとして財政資金への依存度がとくに大きかった地方圏の経済は，民間部門の停滞のなかでいっそう財政への依存を強めている。国内総支出に占める（公共事業費に相当する）公的固定資本形成の割合は先進各国の3〜4倍に達しており，今後公共事業費総額を減らし福祉，教育訓練など，よりニーズの強い分野へ財政資金の配分を移し変えていく必要に迫られている。多くの自治体の主要財源となってきた地方交付税交付金は，2000年度をピークに減少に転じている。当然のことながら，地方圏の自治体には財政配分の縮小に対する危機感が強く，地域間の経済力の均衡に配慮してきた従来型の政策を後退させることへの抵抗感が大きい。

　次節以下で述べていくように，これまで地域間の均衡を重視する政策が可能であったのは，第1には，日本経済の成長が長期にわたって持続し，まだグローバル化の前の段階にあって国内的な視野で産業再配置を行う余裕があったからであり，第2には成長の持続の下で財政事情が今ほど逼迫していなかったからであり，第3には，日本全体の高齢化がそれほど進んでいず，とくに大都市

圏の平均年齢も若かったからである。つまり，財政資金の地方への傾斜的な配分と日本経済全体の活力の維持とが矛盾しない状況が長い期間にわたってあったからである。

地域の内部構造が問われる

いまこの3つの条件はなくなっている。その条件をなくしているのは，ともに予想を超えて急速に進む経済のグローバル化と財政悪化そして少子・高齢化である。それらは，国家と地域との関係，地域と地域との関係のあり方を変えるだけでなく，個々の地域内部のあり方を変えていく要因である。

これらの条件変化にともなって，国家が政策資源を上から配分するという配分型の地域政策，あるいは企業立地などを政策的に誘導するという，地域間の均衡をめざす調整型の地域政策はともに実行困難になってくる。グローバルな競争の下では国民経済を完結したシステムとして取り扱うことはできず，上からの配分や調整を効果のないものにしていく上に，財政危機のなかではその政策の有力な手段もない。そして，政策資源を配分された地域も超高齢化の進行のなかで，それを受け止め活性化に結びつける能力を弱めている。

日本経済全体の成長と地域間の均衡ある発展との両立とが困難になるなかでいま政府の関心は，産業集積や都市集積の形成された地域に財政資金や民間資金あるいは制度変更などの政策資源を重点的に投入する，不均衡を内包した政策資源集中型の政策の方向に向いている。

それは，日本経済の成長力の持続を前提にしてその成長力を地域間の均衡に配慮しつつ配分するという従来からの政策スタンスから，成長力のある地域のもつ活力を日本経済の再興のために活用するという新しいスタンスへの転換である。それは産業基盤や都市基盤などの物的な条件よりも，その地域内部の産業創出のメカニズムなど，よりソフトな内部構造に着目する姿勢への変化である。

ここで強調しておきたいことは，地域の内部構造が問われるのは，大きい都市だけでなく小都市や農村も同様であるということである。小都市・農村にも求められているのが，経済環境の激変に各々の地域の立場から有効に対応でき

る地域自体がもつ主体的あるいは内発的な事業能力，対応能力であり，地域固有の特性や価値を育てることができる能力である。見るべき集積をもたない「非集積地域」が取り組むべきことは，集積の作用とは異なる働きをする，小規模の利点を活かした対応能力の再生であり創出である。

　もう1つ強調すべきことは，大都市のもつ活力は産業の活力だけではなく，産業活力の背後には生活や文化の活力があり，そのスケールの大きい求心力があるという事実である。大都市の魅力の源泉は多様な生活機会の集積にあり，人生の選択機会の集積にある。その集積を土台に技術や人材や市場やネットワークが育ち，多様な産業の集積が生まれる。非集積地域が備えるべき経済的な対応能力も基本的に同じであり，その基礎におかれるのは，生活の活力の復興であり，生活における内発性の回復である。ただ，その復興や回復の方法と，活力や内発性の内容が大都市とは異なってくるということである。

　地域が備えるべきこの能力は古くて新しい課題であり，その能力の欠如がしばしば指摘されてきた。しかしその過程を点検していけば明瞭なように，その能力の欠如という事態は，高度成長以降の国家主導の地域振興策が順調に進んでいき，一定の効果を実現していく過程で副作用として生み出されていった面が強いのである。

　これからの地域のあり方を考えるうえで欠かせない重要な作業の1つとして，地域に現在の難問をもたらしたこれまでの地域経済の維持・成長のプロセスの点検という作業がある。高度成長以来の，地域経済の成長プロセスの総括作業である。

2. 顕在化する地域成長プロセスの副作用

(1) 成長と格差縮小をともに実現したメカニズム

戦後日本経済のもう1つの奇跡
戦後の日本において大都市と対比されるかたちで地方の経済が深刻に問題視

されたのは，高度成長の始動を受けてのことであった。高度成長は，大都市圏とそれに隣接する工業地帯（いわゆる太平洋ベルト地帯）がリードするかたちで展開した。工業化に立ち遅れた地域は大都市圏に人口を大量に流出させ，在来の地方資源立地型の産業の停滞を招き，成長条件を奪われるという逆流効果に見舞われた。大企業と中小企業との「二重構造」の問題と並んで，高度成長下の構造問題の1つとしてこの地域格差の問題が広く認識されていく。

　しかし，半永久的に解決困難とみられていた地域格差是正の課題は，大方の予想を超えて早く実現してしまった。1960年代末期から70年代を通して地域間の格差は急速な縮小経路をたどり始める。格差の縮んだのは人口1人当り所得に限られず，職業の構成，道路，上下水道などの社会資本や，消費生活など包括的に都市・農村間の格差が縮小していったのである。しかもその格差は，地方ブロックや都道府県という広域の地域単位でみた縮小にとどまらず，市町村という小さな単位まで降りてみても大幅な縮小を遂げている。過疎地域からの人口流出を止めることはできなかったが，その勢いをある程度緩和し，住民の生活基盤の整備を進め，生活水準を都市の水準に近づけることができたのである。

　地域にとってこの半世紀近い期間の特徴は，この期間が日本経済の成長・発展の波及効果を多くの地域が長期にわたって受けることのできた地域経済の相対的な安定期であったことである。都市規模や資源の賦存状態や交通条件あるいは優れた企業家の登場などといった特別の客観的あるいは主体的条件をもった地域だけでなく，そうした条件の有無・強弱にかかわりなく，全国の都市・農村にわたるほぼすべての地域が安定的な維持・成長の条件を長期にわたって得ることができる時期であったということである（客観的・主体的条件にあまり左右されない形での成長であったからこそ，格差縮小が早期にほぼ全国一斉に実現できたのである）。そしてそのことが，同時に国内市場の持続的拡張，国内労働力の安定的供給というかたちで日本経済全体の成長の持続に寄与してきたのである。歴史的にみても国際的にみても特殊な時期であったとさえ言うことができるだろう。戦後日本経済の復興とそれに続く高度成長は，旧西ドイツと並んで奇跡とされているが，実は短期間における地域格差の縮小も戦後日本経済の

奇跡の1つである。

　こうして急速に地域間の諸格差が縮小して地域経済の緊急の課題をとりあえず解決していったプロセスには，多くの要因が相互に錯綜しつつ作用している。地域の現状を考え，これからの地域経済のあり方を考えるとき，上に述べた「条件の有無・強弱にかかわりなく，全国の都市・農村にわたるほぼ全ての地域が安定的な維持・成長の条件を長期にわたって得ることができた」ということのもつ意味に着目する必要がある。それは，地域の客観的・主体的条件の違いを超えてナショナル・ミニマムを一定の範囲で実現したということであり，近代日本の永年の悲願であった都市・農村の生活格差の是正に成功したということであり，マクロ的にみても懐の深い安定した国内市場を確保し，社会的・政治的な安定を実現したのであり，高度成長の生んだ大きな成果の1つであろう。

　しかし，そのメカニズムは，他方で長期にわたる試行錯誤を必要とする地域の主体的な力量の向上への努力を結果的に減衰させ，また地域内部の構造改革を怠る誘因を内蔵していたことも事実なのである。

外部からの労働力需要の追加

　戦前期から地方・農村を支えてきた産業は，農林漁業や地場資源を活用した木材加工，食品加工などの製造業であった。こうした在来型産業の多くは戦後一定のレベルで生産性を上げ生産額を伸ばしていったが，新しい産業が牽引する日本産業全体の高度成長のなかではそのシェアは急速に縮まっていき，地場資源も海外資源に置きかえられていく。地域産業のためのローカルな市場も次第に全国企業に奪われていく。そうした逆境のなかで，地域に新たに雇用・就業機会が付け加わったのは，新しいタイプの労働力需要が地域の外から追加されたからである。

　新しいタイプの労働力需要のひとつは，加工組立産業を主体とした工場の地方立地にともなうものであった。1960年代の後半から盛んになる。それが可能であったのは，第1には日本の主導産業が機械工業などの加工組立産業に移行し，世界の量産基地となりつつあったからである。輸出主導の急成長はとく

に労働集約的な工程の深刻な労働力不足をもたらした。また機械工業だけでなく，国内市場の拡大に対応しようとするアパレル，加工食品などの軽工業部門でも同様に労働力不足に悩まされた。第2に，当時の地方社会は本格的な高齢化の前の段階で，若年層の流出が続いたとはいえ現在とは異なりまだ生産年齢人口のウェイトが大きかった。農業の省力化が進んだが経営規模の拡大が進まず，地方では農業等の自営層，家族従業者の大量の労働力が余剰化しつつあった。

大都市での労働力不足に悩む日本の工業は，利用可能な農村の労働力を求めて，地方へ大量に工場を進出させた。若年労働力を求めて親会社や有力下請企業の量産工場が地方都市に進出し，背後の農村部には下請中小企業の小規模な工場が低コストのパート労働力とくに農家主婦層を求めて広範囲に進出した。技術的な能力をとくに求めていなかったから，人手があり道路網さえあれば（1960年代の終盤から地方の道路整備が急速に進んだ），どのような農村にでも進出できた。

新しい労働力需要はもう1つあった。それは，財政支出の拡大による雇用機会創出である。経済成長によって税収が増え，景気対策への活用という目的とあいまって地方からの要求に応じるかたちで，大都市や太平洋ベルト地帯の基盤整備に重点を置いたそれまでの整備方針から立ち遅れた地方の社会資本整備に重点が移され，地方での公共事業が急拡大していく。地方の建設業やその関連産業の成長が促され，主に農家の男性の兼業機会となり出稼ぎの抑制に大きく貢献した。

また，教育，保健・福祉など行政サービスに関する人件費・物件費への財政資金配分が増えた。ナショナル・ミニマムの基準から結果的に人口当りでみると人口密度の低い地方への資金配分が厚くなる。こうした雇用は，高学歴の若年層のUターンの受け皿にもなっていった[4]。1999年度における県内総支出に占める財政関連支出（政府最終消費＝行政に必要な人件費・物件費と公的固定資本形成＝公共事業費の計）の比率の大きい県を見ると，島根の36％を筆頭に高知，沖縄35％，北海道，青森，宮崎，鹿児島29％，秋田28％，鳥取27％，山形，長崎，徳島26％と地勢や自然条件の不利な道県が続く。他方，比率のと

くに小さい県は，愛知，大阪11％，東京12％でいずれも大都市圏の中心都府県である。財政支出に年金，健保等の社会保険給付を加えると，この差はさらに拡大する。

この財政支出のもととなる税や社会保険料などの負担率は大都市圏の方が大きいから，このことは，財政活動を通じて地方交付税や補助金などのかたちで大都市圏から地方圏へと大量の地域間所得移転が行われ，それが地方の雇用の少なからぬ部分を支えていることを意味している。

雇用機会の拡大は，農村部における「現金経済化」を促し，地域における流通・サービス行等の市場を急速に広げることになった。とくに注目すべきことは，地方における3世代同居世帯の多さが主婦の家庭外就業を容易にし，農業収入のほかに1世帯で少なくとも2人分，多い場合には4人分程度の収入を合算して，個々には低所得・低賃金であっても世帯としては大都市サラリーマン世帯に匹敵する収入を確保することができたことである。家族多就業，地域総兼業の形態である。この効果は地方圏全体に共通だが，3世代同居のとくに多い日本海側の地域や東日本でより顕著である。

こうした作用が重なって，地域における「雇用機会の拡大→所得増加→個人消費市場の拡大→流通・サービス産業の市場拡大→雇用機会の拡大→……」という螺旋状の好循環が地域内で1980年代まで持続したのである。

(2) 地域の自立的対応能力がなぜ弱まったのか

経営資源蓄積の機会を欠いた成長プロセス

初期条件に劣る地域が外部からの支援をテコに新たな発展を目指すこと自体に問題はないであろう。問題であるのは，その条件を活用して地域経済が一定の自立性を獲得し，次第に外部依存性を減らしていくことができるかどうか，外部の条件が変化しても自ら対応できる主体的な条件を獲得できるかどうかが問われていたにもかかわらず，その成果は一部の地域に限られ，大半の地域は外部依存性が常態化しますます依存性を強める結果になったことにある。

外部依存型の工業化は不安定（限界的）であるだけでなく，周辺的性格を色

濃くもつことになる。多くの場合求められる技術水準も低く，賃金水準も身分の安定性も低いものになる。下請的な工場で担われる工程の多くは，製品開発やマーケティングなどの開発機能や熟練を要する高度な加工工程を欠いた単純労働に属する工程であるため，地域の従業者が工場で長期間働いてもそこから現状を革新するような技術・ノウハウの知識が身につくこともなく，工場全体にも蓄積しない。

　地域の経済はその地域の1人1人の労働力が担う労働過程の価値を上げたのではなく，価値が低い位置に固定されつつ労働力の数を増やすこと（家族多就業）によって生活水準を高め，維持されていったのである。技術・ノウハウ，人材，資金，地域的な産業連関・ネットワーク等の蓄積の機会を欠いた経済成長である[5]。

　これまで多くの地域では，地域内連関の不足からせっかく工場誘致に成功しても部品・資材調達で他地域への漏出が大きいため地元では低コストの労働サービスの販売しか望めず，そのため地元ではその所得による消費需要という効果しか望めないことになり，工場が撤退すると後に何も残らない状態が繰り返された。さらに現在ではモータリゼーションと広域商圏型のショッピングセンターの進出によって，その消費需要さえも地域外への漏出が進んでいる。

財政依存を構造化させた成長プロセス

　公共投資の本来の目的は，地域に道路や用水などの基盤整備を行うことによって，民間の経済活動を誘発し地域の生産力を高めるという「生産力効果」にある。この効果は，道路整備とともに農産物の市場が拡大したり，工場の地方進出の射程が伸びたりあるいは観光開発が進むなど，その投資総額に見合うレベルのものでは決してなかったがある程度は実現した。

　しかし，生産力効果は限定された範囲にとどまり，公共事業は次第に短期的な「需要効果」に傾斜していく。つまり公共投資による基盤整備という本来の目的よりも，工事自体による雇用効果や関連需要の誘発効果という本来は付随的な効果に傾斜し，公共事業の目的と手段が逆転していく。公共事業は，国の即効的な景気対策の手法にも活用されて展開され，そのことがいっそう短期的

な需要効果に地域を傾斜させ，いっそうの財政依存化を招くことになった。

　現状では，地方交付税の算定における補正や過疎対策などさまざまなしくみを通じて，結果的に地域の経済的活力と反比例するかたちで人口1人当りの公共事業費の配分がされており，民間経済力の不足分を財政資金が埋めるという構図がますます鮮明になってきている。財政危機の高まりとともに，限られた資金を限界生産性の大きい，つまり財政資金の投入を1単位追加したときに誘発される生産力のより大きい都市圏に集中すべきだという議論が高まり，それが広く受け入れられていく方向にある

　さらに地方の公共事業にはもう1つの問題がある。それは，地域の意思や能力を活かせない事業手法になっていることである。とくに補助事業は細かいところまで仕様が決められている場合が多く，地域の内部で企画・設計や工事のノウハウや技術蓄積をやりにくい構造になっている。小都市・農村では，設計段階の仕事も外部に流れることが多く，地域は公共事業の単なる現場になりがちである。さらに地域の資源やノウハウを独自に活用する余地も小さく，結果的に高コストの事業になりがちであった[6]。多くの地域では公共事業もまた，「蓄積の機会なき事業」，「下請現場としての事業」に終ってしまった。

地域の内部構造改革を素通りした成長プロセス

　このように多くの地域がその成長の過程で，成長の成果の蓄積が道路等の物的な社会資本の整備に終わり，新しい企業や技術や人材などソフトな地域経営資源の蓄積を極めて不十分にしか果たせなかった。その原因として，低コスト労働力にしか関心のない企業の進出の仕方および地域独自のニーズに基づいた財政資金の使い方を困難にする集権的・縦割り的な行財政制度がまず上げられることは当然であろう。しかし，地域経済の現状は，原因の追求をそうした外部からの「地域の扱われ方」の問題性に求めるだけで終らせることを許さない状況にある。地域自らが自らの地域をどう扱おうとしたか，主体的な「地域の扱い方」の問題性にも目を向ける必要がある。地域経済が維持されていくメカニズムの本質を見抜き，地域にとっての"追い風"を活用しつつ人材育成をはじめとした成果の蓄積をはかっていく試みを継続した地域，外的条件の変化を

予測して地域振興のあり方や財政資金の使い方を工夫してきた地域は極めて限られている。

　大都市には，活発な市場競争の過程で，技術・ノウハウや人材，情報，資金，ネットワークが累積的に拡大し，集積を形成していくことが可能である。しかし，そうした条件に欠ける小都市・農村では，地域経営資源の蓄積を意識的に行なっていく必要がある。

　いわゆる地域おこしの先駆とされる池田町（北海道），龍山村（静岡県），大山町，湯布院町（ともに大分県）などの主体的な地域振興の試行錯誤が自然発生的なかたちで開始されたのは，1960年代の初めである[7]。その時期は，政府の社会資本整備の関心も太平洋ベルト地帯に向き，農村地域に対しては大都市との格差を埋める積極的な施策がなかった時期である。しかし，前述のように60年代後半から財政資金の地方への傾斜的な配分が始まり，農村部への工場誘致が期待できる状況が訪れる。多くの地域は（仮にすでに主体的な努力を始めていたとしても）より取り組みやすい外発的な成長機会に身を預ける道を選ぶことになった。試行錯誤を持続した地域は，そうした環境変化のなかでもなお条件が有利になりにくい地域であって，なおかつ首長はじめリーダー層の理念的な姿勢と現実的な対応能力の優れていた地域に限られてしまった。

　その後外発的な開発に疑問が高まり，1980年代の財政改革や産業空洞化の兆し，あるいは東京一極集中という情勢変化のなかで地方経済の低迷が続き，地域おこしの手法が再評価される時期が訪れる。財政再建の課題を抱える政府も地域振興の代替案として奨励をし，全国にその気運が広がった。しかし，多くの場合は地域おこしを地域振興策のいわば新種として従来型の発想のまま展開しようとする地域も少なくなく，成果は半端なかたちになりがちだった上に，リゾート開発ブームとバブル経済化の波に洗われるというおまけも加わってその気運は次第に衰微していった。

　ほとんどの地域にとって，いま突きつけられている現実は，「依存か自立か」の選択であるよりも，仮にこれまでどおり財政への依存を続けようにも地域内部の構造問題からその効果を受け止めることができない事態になりつつあることにある。「依存」か「自立」かにかかわりなく，それ以前の課題として地域

内部の構造改革が不可欠な段階にきた。その第1は地域内での経済循環がより活発になる内部構造への改革であり，第2は地域内でそうした改革が草の根から起きていく住民主体の組織づくりである。そして第3は，労働力が再生産される場すなわち日常生活をより快適に有意義におくり，次代の人材である子どもたちが育っていくための生活・文化環境づくりである。

3. グローバル化，財政危機，超高齢化と地域経済

(1) グローバル化と財政危機

生産拠点としての日本とアジア——補完から代替へ

経済環境の変化のなかで，大きな不安を抱えているのが地方の地域である。農林漁業や地域産業などの在来産業が縮小傾向をたどるなかで，新しい産業への転換や創出がうまく進んでいない。労働力の高齢化も進み，これまでの地方経済を支えてきた日本産業の下請的な加工基地としての役割が，低コスト労働力がはるかに潤沢に供給可能な中国に急速に代替されつつある。

中国の内陸農村部からは，青年男女を主体に大量の労働力が沿海部の大都市の工場に出稼ぎで移動しつつある。1950～60年代の日本における集団就職や出稼ぎ移動を彷彿とさせる光景ではあるが，その移動可能な潜在人口の量も，また移動を促すプッシュ要因である都市・農村の所得格差も往時の日本と比べてはるかに大きく，中国がコスト・パフォーマンスの極めて高い世界の生産拠点として育っていく潜在力は巨大である。大きすぎる地域格差の縮小と懐の深い国内市場の形成に向けた政策のあり方によるが，高度成長期の日本が行ったように，内陸部の農村地帯に工場を分散し，要所要所に生産・流通の拠点都市を育成することに成功すれば，長期的な経済成長と地域的な安定とを確保することが不可能とはいえない。

眼前に展開されているように国内の生産機能の少なからぬ部分が中国に簡単に代替されてしまうという事実は，ハイテク国家日本で行われてきた生産活動

の中身にあらためて目を向けてみる必要性を私たちに示している。いま中国と競合しているのは，主に地方が受け持つ分野と中小企業が受け持つ分野，すなわち量産分野と汎用的な部品加工とである。日本の産業構造の中核には大企業とハイテク部門が位置し，その周辺には現在でも多数の低コスト生産部門が控えている。優れた製造能力でハイテク国家の周辺部門を担う中小企業も地方への進出工場も，夫婦共働きや家族多就業を前提とした低賃金でコスト・パフォーマンスの高い生産を担ってきた。日本は長い間，先進国型の生産過程から中進国型の生産過程までを一国内に揃えてもつフルセット型産業構造を抱え込んでいた。この日本特有とされる構造は，輸出主導の右肩上がりの生産活動と労働力の補給能力の下で維持されてきた。

　1970年代から活発になった東南アジアへの生産移転は，まだ国内生産の補完的役割の段階にあった。現在生産移転の主力となっている中国は，これまでの日本と同じようにハイテク部門から単純労働部門までの巨大なフルセット型構造を形成する潜在力をもっており，日本の役割をかなりの範囲まで代替し得る構造を可能性としてもっている。中国のハイテク分野への進出も予想を超える速い展開になっており，日米欧などからの生産移転が急速に進み，例えばいま生産が拡大しているDVDプレーヤーの生産量における中国のシェアは54％に達すると予想されている（2002年の予想値。ちなみに中国に続くのは日本の8％，韓国の7％である）[8]。

　したがって，日本の将来の産業ビジョンとしてしばしば言われてきた「低付加価値部門をアジアに譲り渡しても，産業構造全体をハイテクの方向にさらに引き上げることで生き延びていける」というハイテク立国の構図は，これまでフルセット型の構造をそのまま温存しつつ肥大化してきた日本の生産構造の特質から容易ではなくなっており，日本のこれからの産業構造の姿，近隣諸国との棲み分けや連携の姿がまだ描けないというのが現状である。その模索の過程で，結局多くの地方・農村の産業や中小企業が存在基盤を失い，結果的に切り捨てられていきつつあるのが現状である。

　日本の企業やまた政府の関心も，より高い技術を駆使した新製品・新市場の開発にあり，その開発を可能とする産業集積に関心が移り，生産基地としての

地方・農村への関心は薄れている。中国への代替が急速に進んでいるのは地場産業製品においても同様であり，さらに可能な限りの国内自給の維持を目指してその振興が進められてきた農林水産物やサービス部門においても工業製品と同様の事態に直面している。

財政危機と地域間所得移転の縮小

　国と地方を通じた財政逼迫は，紆余曲折をたどりながらも今後の方向として財政規模の縮小とその配分替えを確実に推し進めていくことになるだろう。財政による需要に多くの部分を依存している地域にとっては，配分される財政規模の縮小は民間経済の低迷以上の大きな影響を及ぼすことになる。

　とりわけ縮小の中心になるのが国の公共事業費であり，地方自治体の公共事業を支えてきた地方交付税である。先に触れたように，公共事業費はその規模が過大であるだけでなく，その少なからぬ部分が，地域経済の需要不足を埋めるかたちで配分されており，生産力効果を目指す本来の目的からはきわめて非効率な配分になっている。事業規模の縮小が都市地域への一定の配分シフトを含みつつ実行されていくことは，今後経済成長率の大幅な上昇を望めず，高齢化の進行で後代に過大な負担をまわせない状態のなかでは避けられない方向である。

　さらに次項で述べる大都市圏の高齢化は，地域間の財政資金移転の余力を縮め，行政や社会保障全体にわたって地方社会が従来のような地域間の所得移転に依存できる部分を縮める方向に作用する。

　財政構造改革をすすめる上でいま焦点の1つにされているのが，地方財政とくに市町村財政の改革である。市町村の人口1人当りでみた歳出額は，人口規模が大きく集積の進んだ都市型の自治体の方が相対的に小さく，人口が少なく広い面積に集落が散開する農山村の自治体の方が大きくなる。ナショナル・ミニマムの実現を目指せば，1人当りの道路延長や1人当りの行政サービスのコストが大きくなるからである。

　現実には人口当りの歳出の大きい自治体は，また1人当りの税負担力の弱い自治体でもある。過疎地域市町村（過疎地域自立促進特別措置法の適用を受ける

1,171市町村）の人口1人当り歳出額は82万円，過疎地域以外の市町村は41万円である（1999年度決算）。歳入の構成をみると，過疎市町村ではその43%が地方交付税，10%が国庫支出金，12%が地方債であり，自前の地方税収入は歳入の10%弱を占めるにすぎない（非過疎市町村は，地方交付税15%，国庫支出金12%，地方債9%，地方税37%である）。地方債の償還についても過疎債に関してはその7割を地方交付税で肩代わりしてくれる。事実上歳入のほとんどが財政のシステムを通じて地域外から再分配されてくる資金から成り立っていることになる。

　こうした再配分への過度の依存状態は，財源と事業を上から配分されつつ国家財政の下請的な役割を負わされる日本の地方財政システム，そして都市と農村との地域特性の違いという2つの要因から合成されたものである。

　現在政府がアメとムチの政策手段を用いて市町村に迫っている市町村合併は，自治体の人口規模の拡大によって配分の原単位を広げ，人口当たりの地方交付税などの配分額を引き下げ，将来の段階的な配分額縮小に備えようとするものであり，配分原単位としての自治体の総数自体を減らしていくところに目的がある。しかし，規模による効果が働くためには一定の人口集積が必要である。人口密度が高く市街地も連坦した都市的自治体同士であれば合併による行政効率向上の効果はある程度実現可能であろうが，人口の散開した農村自治体をいくつか合わせて人口規模を拡大したとしても，それだけでは効果は生まれない。農村自治体の広域合併による行政効率の向上には原理的に限界があり，結局行政サービスの大幅な切り詰めか，大規模な集落移転しかその方法はなくなってしまう。

　上から配分する立場からの便宜的で強引な合併推進策に引きずられ，多くの自治体が長期的な取り組みを切断され当惑しているというのが現状である。

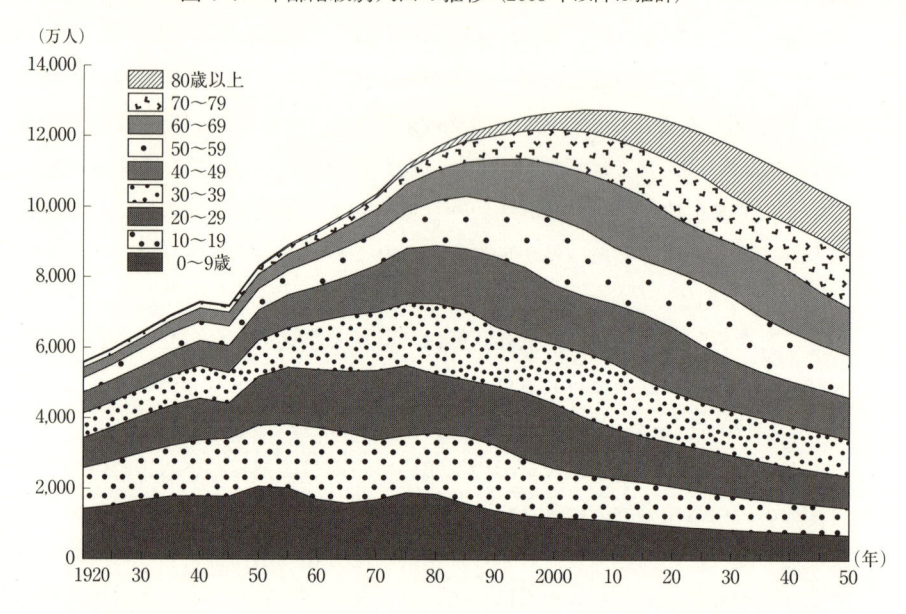

図 1-1　年齢階級別人口の推移（2005 年以降は推計）

注：1920〜2000 年は各年国勢調査結果による．2005 年以降は国立社会保障・人口問題研究所『日本の将来推計人口（平成 14 年 1 月推計）』の中位水準値による．

(2) 超高齢化・人口縮小段階の地域経済

地域経済・社会の大きな転機

　経済のグローバル化，財政危機とともに，少子・高齢化は都市・農村を問わず，地域経済・社会の運営のあり方を内側から変えさせる大きな衝撃となっている。

　少子・高齢化の動向を，まず日本全体の人口の構造変化の動きからみておこう。図 1-1 は，1920 年から 2050 年にいたる 130 年間の日本の人口の推移を年齢階層ごとの動向がわかるように描いたものである（1920〜2000 年は国勢調査人口，2005〜2050 年は社会保障・人口問題研究所による 2002 年推計の中位水準値）。

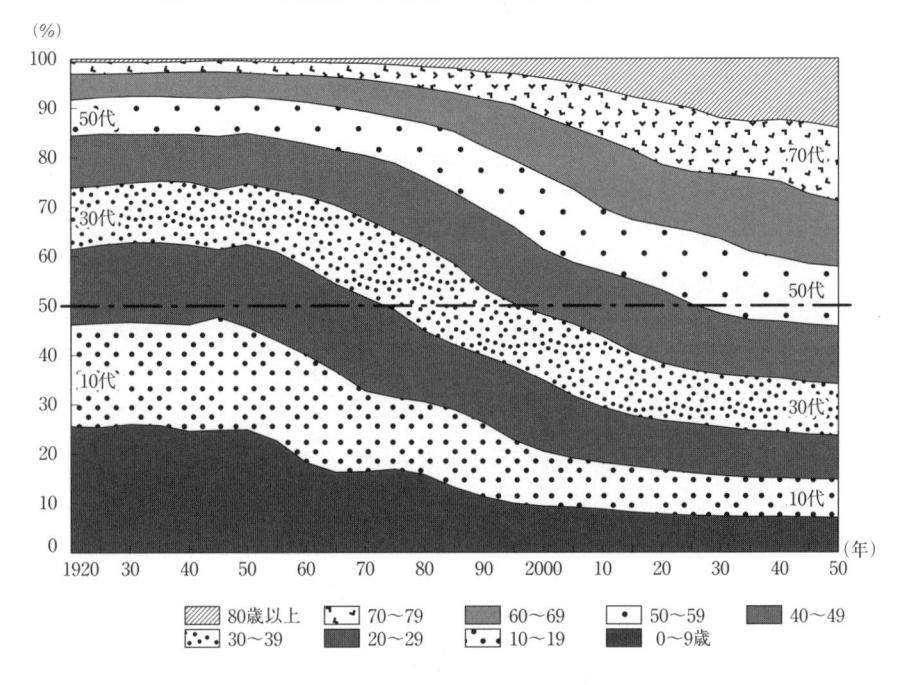

図 1-2 年齢階級別人口割合の推移（2005 年以降は推計）

注：1920～2000 年は各年国勢調査結果による．2005 年以降は国立社会保障・人口問題研究所『日本の将来推計人口（平成 14 年 1 月推計）』の中位水準値による．

同研究所の新推計に当たっては出生率のいっそうの低下傾向が織り込まれてはいるが，それでもまだ甘いという指摘も多い．したがってこの推計以上のペースで少子・高齢化が進む可能性があるが，ここではとりあえず一般に最もよく利用されているこの推計を使う．図 1-2 は，年齢階級別の構成の変化を表したものである．

　日本の総人口は，第 2 次大戦による若年男子を中心とした大きな損失があったが，1980 年代までは順調な増加を遂げてきた．しかし，その増加人口の内容には大きな変化があった．少子化の傾向が 80 年代に入って顕著になり，総人口増加の主要因は長寿化へと移行してきた．21 世紀の入口までは，少子化の本格化にもかかわらず，いっそうの長寿化による中高年層の膨張によって年

少人口の減少をカバーして総人口を維持することができたが，いま人口動態のちょうど端境期におかれていて，2006年頃から出生数を死亡数が上回るようになり総人口が減少に転じる。これは，人口過剰を常に問題にしてきた近代以降の日本にとって初めての経験である。

　2度のベビーブームが出生数を一時的に持ち上げたが，高度成長の始まる前からすでに日本の人口の年齢構成の構造的変化のトレンドはスタートしていた。その後半世紀をかけてそのトレンド上で構造変化が進み，現在では高度成長以前の人口とその中身がまったく変わってしまっている。少子化の傾向を劇的に止める政策や社会的な変化が起きない限り，人口の中身の変化はこのトレンド上をさらに進み，1億という大人口を抱える国家の単位でこれまでどこの国も経験しなかった超高齢社会が実現する。

　図1-2には，国民の年齢のちょうど真ん中に当たるところに横線を引いてある。戦後の高度成長の始まる頃まではこの真ん中の年齢（国民の年齢の中央値）は，22〜23歳のあたりである。かつては人口の半分近くが20歳以下の青年・児童で占められていたわけであり，都市にも農村にも若い労働力の潤沢な供給源があったわけである。2000年には中央値は42歳まで上昇している。現在では人口の半分が40代以上ということになる。これがさらに30年には51歳のあたり，50年には53〜4歳まで上昇する。数十年後には人口の半分強が50代以上という時代がくる。ちなみに高度成長の始まるまでは，50歳以上は全体の16％くらいであった。

　こうした世代構成の激変は，日常生活，教育と就業，人生設計等人が生きることに関するあらゆる領域において，世代間役割分担の転換が差し迫った課題になっていることを示している。そして，行政サービス，社会資本，雇用・労働，教育から技術開発にいたるまで，ほとんどあらゆる社会的な取り組みが，この世代構成の激変と世代間役割分担の考え方の転換の要素を含んだものでなければ，その効果が発揮できなくなり，経済的・社会的な意味をもたなくなる。

農村も都市も超高齢化——次の段階の高齢化問題へ

　日本における人口構造の変化は，先行するヨーロッパ諸国のようにゆっくり

したテンポで社会がその構造変化の認識を深めつつ，国家や地域のレベルで政策的な試行錯誤を積み重ねていく時間的余裕をもつことができなかった。さらに加えて日本政府には，家族・地域社会などの日本の社会構造のもつ欧米とは異なる「特殊性」に寄りかかろうとする意識が強く[9]，準備不足のまま超高齢社会へ直面することになってしまった。結局，現実の変化に対する政府の認識が甘く対応が後手後手のまま，地域は農村であると都市であるとを問わず，同じく準備不足のままに超高齢化時代へ突入することになってしまったのである。

これまでは，地方・農村で一足先に高齢化・人口減少の段階に入っていたが，片方には平均年齢のまだ若い大都市圏があり，大都市圏がその余力でもって地方圏を財政面で支えるという構図が可能であった。

地域間の所得再分配は，税制や社会保障を通じた所得階層間の移転と同質の「タテの再分配」の性格を色濃くもっている。しかし社会保障制度は，同時に年金や健保等の社会保険制度に代表される（所得階層に直接かかわりない）世代間の所得再分配のシステムにみられるような「ヨコの再分配」の性格をも強くもっている[10]。

地方の人口減少や急速な高齢化をもたらしたものは，地方から大都市への若年層の大量流出であり，その結果生じたことが地域間における年齢構成の大きなずれであった。地域間の所得再分配も，所得格差を埋めるというタテの再分配の役割に加えて，地域間の世代構成のギャップを埋めるヨコの再分配の性格を色濃くもってきている。若年層の大量流出の結果として，地方の小都市・農村には高齢者を地域内で扶養する世代間の循環的なシステムが弱まってき，さらに地域間の所得再分配に占める社会保障給付の比重が高まったことから，地域間の所得格差をもたらす要因として，世代構成の地域差という要因の比重が高まってきていた。このように財政を通じた地域間の所得再分配には，高齢化し現役世代の割合が急減する地方に対してまだ現役世代の割合の大きい大都市が支援するという，かたちを変えた世代間の所得再分配というべき性格が強まっていた。いわば，地方から大量に都会に出てきた世代が，地域間再分配のしくみを通じて集団で故郷に仕送りをしているとみることができる。ところが，そうしたしくみも間もなく仕送りする方が老いてくることから，次第に機能し

図 1-3　圏域別・老年人口比率

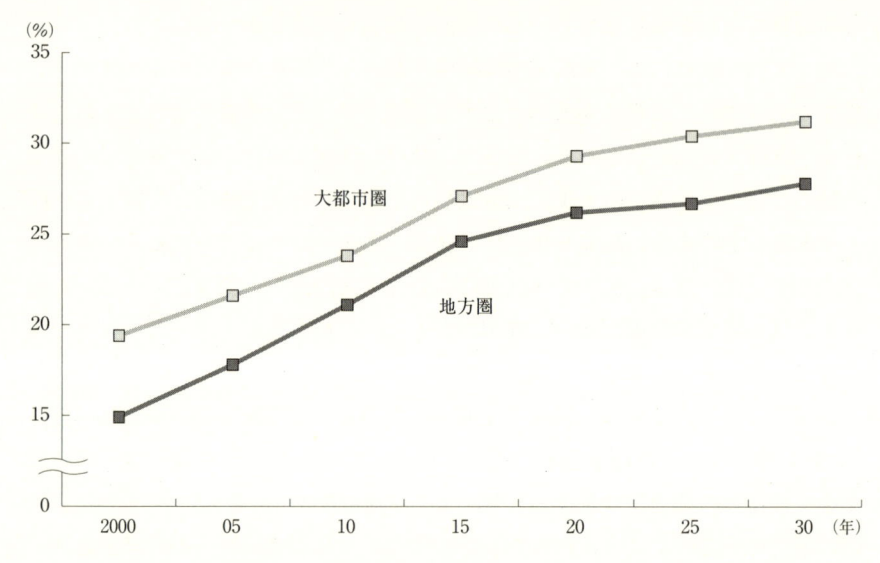

注：国立社会保障・人口問題研究所『都道府県の将来推計人口（平成 14 年 3 月推計）』より作成.

なくなってくるという現実が控えている。

　地方が先行してきた高齢化の波は，時間差をとって間もなく大都市圏に及んでくる。高度成長期に大都市圏に大量流入したいわゆる団塊世代を中心とした年齢層が退職年齢を迎え始め，地方からの若年層の流入も大都市圏内部での出生数も傾向的に減ってきているため，大都市圏で急速に高齢化が進むことになる。1995〜2000 年における県ごとの性別・年齢階級別の人口増減率等を用いた方法（コーホート要因法）による推計データ[11]を加工してみると，生産年齢人口の比率は，地方圏で 2000 年の 66％から 30 年には 61％まで低下するが，大都市圏も 66％から 57％へとさらに大きく低下する。老年人口比率も，大都市圏が地方圏に比べて低い比率を維持するものの急速に上昇する（図 1-3）。

　大都市圏の高齢化の衝撃は，その比率よりも高齢者の実数の急激な増加にある。図 1-4 にみるように，地方圏の老年人口が 2000 年から 30 年にかけて 1.4 倍の増加にとどまる（1,350 万人から 1,930 万人へ）のに対して，大都市圏の老

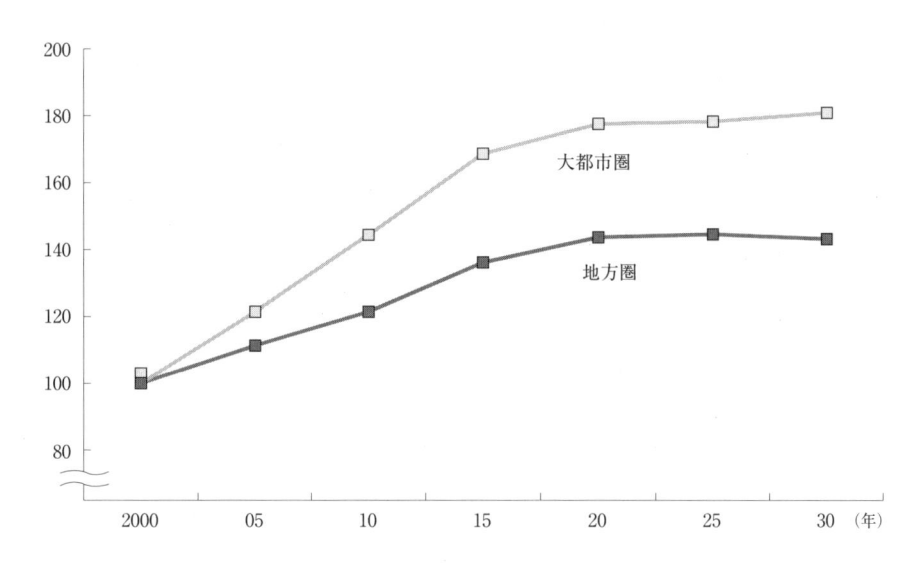

図 1-4 圏域別・老年人口の増加指数（2000 年 = 100）

注：国立社会保障・人口問題研究所『都道府県の将来推計人口（平成 14 年 3 月推計）』より作成.

年人口は 1.8 倍に膨張する（856 万人から 1,550 万人へ）。東京圏だけを取り出すと，老年人口は 480 万人から 925 万人へと 2 倍弱に膨れ上がる。そしてその高齢人口の大半が市街地や周辺の郊外住宅地域に高密度に居住するわけであり，世界の歴史上存在しなかった高密度で巨大な高齢者居住地帯が出現することになる。

改革を迫り，促す契機

日本の高齢化を地域的な観点からみると，現在は高齢化の第 1 段階から第 2 段階への端境期にある。大都市圏を含んで高齢化と人口減少が急速に進み，今後出生率の劇的回復という事態が起きない限り日本全体の長期的な人口減少トレンドは避けられない。さらに 1980 年代までのような右肩上がりの長期的な成長軌道が期待できない高齢化の第 2 段階では，地域間の所得移転によってバランスをとるという政策が現実的にとりにくくなってくる。

大都市圏自体が民間経済の停滞に加えて，今後高齢化にともなう税収減，歳出増から地方圏への財政資金移転の余裕がなくなり，さらに現在地方・農村の経済循環の少なからぬ部分を占めている社会保障給付も，これまで負担超過であった大都市圏の高齢化の進行という要因も加味されてその所得移転効果は小さくなっていく。

　農村と都市とを問わずに訪れる超高齢化は，地域のあり方の基本からの問い直しを否応なく迫るものである。外部条件の変化でなく，超高齢化は地域社会を支える人々自体の待ったなしの条件変化であり，主体の側の内からの根本的な変容を迫られる構造変化である。切羽詰ったかたちではあるが，地域の内側からの意識改革の試みが進む可能性があり，そのなかでこれまでの地域における（多くは埋もれている）前向きの試行錯誤の経験の発掘が進められていくものと期待される。

　長期にわたる人口増と右肩上がりの経済財政運営の下で，たまに人々が疑問をもちつつも差し当たりの継続が可能な状況のなかで漫然と続けてきたやり方を基本から変える必要を迫られ，政府の思惑を超えてさまざまな地域のなかでさまざまなかたちで改革の動きが自然発生的に始まり，それらが集まって大きな動きとなる契機となるのが，この切羽詰った超高齢化である。1周遅れとなってしまったが，あらためて少なくともあと10年くらいの実験の継続が期待される。

4. ローカルな経済の復興

(1) 地域社会の変調の広がり——経済から生活の場面へ

変化の前線で

　いま地域では，これまで当り前のように動いていた地域の暮らしの様子が目に見えて変化し，地域で暮らしを支えるしくみが機能麻痺しつつある。そうした変化を日々実感しているのは，住民生活の場面場面に直接接し，個々に対応

する立場の人々である。役場の職員，保育所や学校の教職員であり，またタクシーの運転手，店舗の店員，病院の職員，ゴミ収集業者等々である。遠くから一望したのでは見えにくい暮らしの変化を具体的にキャッチする最前線に立つ人々である。地域経済・社会の安定期には，それらの職業には日々の仕事のスタイルの延長上での繰り返し仕事が多かったのが，転換期には，そうした繰り返しのなかに従来とは異なる対応の必要な場面へ遭遇することが徐々に増え，対応の仕方全体を，その人が意欲的な人かどうかに関わりなく変える必要に迫られてくるのである。

筆者も調査などのなかでそうした話を聞く機会はしばしばあるが，ここでは2001年度に宮城県内の市町村職員の合同研修の講師を受け持った際に行ったグループ討議と提出レポートのなかから，行政の担当者としての立場から地域社会の変化に直面し，対応にとまどっていることがらについての筆者の印象に残った意見をいくつか取り上げてみよう。研修生は中間管理職クラスの40～50代の職員であり，財政，住民行政，建設，農林等の行政部局，保育所，消防等の現業部門など多様な場面で住民生活の変化と直面しているベテラン職員である。

- 保育所への入所申し込みがどんどん減って，今年のゼロ歳児入所者はとうとうゼロに。電話をかけたり，知り合いを通じたりして募集活動を行っている。
- 救急出動件数が急増している。また商店街の衰退と買い物の郊外化で，高齢者の買い物が困難になって行政に対応が求められる場合も出てきている。便利屋のような仕事が急に増えてきた。
- これまで地元で行っていた住居付近の側溝の清掃も役場に頼むケースが増えてきた。通勤兼業が主体になって久しく，地域住民の生活形態・生活時間の多様化から労務の提供の代わりに金銭負担が増えており，地区でのコミュニケーションがとれなくなっている。近年地区が急速に機能低下している背景には，高齢化や新旧住民の混在という原因のほかに勤務時間帯の変則化や土日勤務の形態が多くなっていることがありそうだ。

- 生活スタイルや勤務時間帯の多様化によって、保育の長時間化、フレキシブル化の要求がいっそう強まっている。「1日中いつでも、預けたい時に預けたい時間だけ預けたい」という要求が農村地帯にも広がっており、あるベテラン保育士はこうした現象を「保育所のコンビニ化」と名づけている。そうした要求が生まれる大きな原因には、育児のために自分の生活時間を左右されたくないとする若い親たちの意識の変化が底流にあるが、やはり勤務先の店舗や工場などの稼動時間帯が伸び、勤務時間帯が深夜に及んだりして、変則化していることも大きいようだ。
- 家族の機能の変化が顕著に見られる。とくに、若い世代の夫婦が親世代と同居することを嫌って独立するケースが増え、地域を支えてきた3世代家族の機能が分解しかけている（若夫婦の独立の理由は、①通勤先に近いより都市的な環境に住む、②世代間の生活スタイルの齟齬などのほか、③育児を頼む代わりに将来の親を介護する義務が生じることを嫌うという理由もある）。
- 地域社会や家族の変化にともなって、住民が地域コミュニティや親族などの中間段階を経ることなく直接個々に行政にいろいろなことを要求したり相談したりすることが増えている。個人の生活と行政とが細々としたことで短絡化してきている。
- 地域のなかで若年層の負担が過重になっている。高齢者を含めて世代間の役割分担を見直す必要がある。
- 急速な少子・高齢化の進行のなかで、行政全般にわたって行政に対する需要の変化と現在の行政手法との間にギャップが広がり、ある部署では行政が追いつけず対応できない、ある部署では過剰サービスという行政サービス需給のアンバランスが広がっている。対応する行政手段もない場合が多い。行政サービスの細分化と見直しが必要になってきた。
- 行政が細々した住民からの要求をそのまま抱え込むのは無理で、現状を住民に知ってもらい、一緒に考えてもらうことが必要。そのためには、行政情報の住民との共有が欠かせない。そして、行政の方から住民に新しい組織・団体や住民企業のようなものをつくってもらう手助けをしたりすることが必要になりそうだ。

● 長い時間をかけて整備を進めてきた上下水道等の施設が完成した頃には過剰設備になってしまう。当初の甘い見通しが，人口減少と高齢化によって大きくはずれ，予定した使用量に遠く及ばず，資本費，維持費の負担が不可能な状況をほとんどの市町村で迎えている。住民への負担を増やさざるをえない。
● 自治体の計画づくりに当たっては，これまでは施設や行政サービスの需要が伸び続け，財政も伸び続けることを前提に計画を策定してきたが，今後は需要の縮小を前提に計画していかねばならない。しかし自治体職員が身に付けているのは右肩上がりの計画手法だけで，縮小を前提とした手法は手元になく，首長以下意識の切り替えもなかなか困難である。

　これは自治体職員の意見や悩みの一例を上げただけであるが，そこには第1にこれまでのように社会の構造が安定していて住民ニーズが量的に拡大していくという，右肩上がりの時代に定着した行政計画や行政運営のあり方を基本的に考え直さねばいけなくなっていること，第2に住民からの要求が細々した変動しやすいものに変化していることに対応して，これまでの役所の仕事の固定的な分担やマニュアル的な仕事のやり方を多品種少量生産型，変量生産型に変えねばいけなくなっていること，第3に住民と行政との関係がサービスの需要者と供給者という関係の枠を超えて，住民と行政とが情報を共有して協働していく参加型の新しい行政サービスの方法が不可欠になっていること，そのために地域の住民組織の再活性化が重要な課題になっていること，という3つの段階にわたる課題が浮き彫りにされている。

　　下請経済化が生んだ生活の荒廃
　地域にはまた，行政への住民ニーズの変化という網では捕えることのできない変化が広がっている。それは，地域における生活の荒廃あるいは遠心化ともいえる現象であり，それは地域の経済のあり方からもたらされる，地域そのものの存在価値が問われる変化である。
　農村部では，商品作物開発や兼業収入で「現金経済化」が進展し，消費生活

の都市化が進んだ。しかしその実態は、都会の消費スタイルが一方的に流入し、これまでの商業環境とは切断されたかたちで流通企業が進出することによって形成されたものである。これまでの家族単位でのあるいは地域単位での生活ノウハウの蓄積を生かしつつ、新しい農村型・地方都市型の生活スタイルを形成していく過程もなく、流通再編の企業戦略の波に飲み込まれているのが現状である。地域の消費生活が、ばらばらになった個別の消費行動の単なる集合に、（労働力のプールとしてと同様に）消費購買力の使い捨ての集合になってしまっている。少子・高齢化がさらに進み、農村や小都市がマーケットとして価値がなくなった場合、その購買力の単なる集合体としても捨てられてしまう恐れが濃厚である。先に地域経済の「蓄積の機会なき成長」について触れたが、地域における生活も同様の状態に置かれていなかったであろうか。やはり蓄積の機会を奪われた消費生活であった。

　栃木県の中学校、小学校の教諭として教育の現場から学校教育の改革を提言してきた永山彦三郎氏は、最近の著書『現場からみた教育改革』のなかで、近年ますます顕著になる子どもたちの心の荒廃が地方の暮らしの荒廃から生まれていることに着目し、鋭い指摘を行っている[12]。氏は、ここ数年耳目を集める少年犯罪のほとんどが地方であるか大都市でも郊外とくに新興の郊外住宅地で起きていることを重視し、「そういう意味で、すでに田園神話は崩壊している。人々はようやく地方の、その牧歌的であり、かつ整然とした街並みの奥に闇が広がっていることに気づきだしている。」と指摘し、その闇のひとつの表出として地方におけるいわゆるヤンキー化（不良化）[13]の問題を取り上げている。

　さらに続けて「農村共同体が解体した地方に、その空白を埋めるように進出してきたものは、東京的なるもののフェイク（模造品＝引用者注）、出店としての東京、東京発の消費社会と情報社会そのものだった。／それはそこそこの幸せと豊かさと均一化をもたらした。しかし同時にそれはその土地のその土地の誇りを捨て、東京なるものへ従属することでもあった。／学校もそうだった。その土地その土地の豊かな学校風土を捨て、すべての価値を東京なるものへと合わせていったのがここ三〇年の学校だった。そしてそれは結局高校序列化を促し、各学校の誇りを失わせていった。そして卒業生たちを社会階層の二極化

にまきこんだ。彼らにとって社会は固定化したもののように，感ぜられ，豊かなあきらめが蔓延し始めた。／だから今の子たちは東京に憧れない。あるいは地元を出て行かない。なぜなら地元でも東京の気分は，もちろん張りぼてだが，味わえるからだ。そして彼らはすでに何十年も東京に従属してきたからだ。だから彼らは東京には，憧れないのだ。」と，子どもたちの向上心の喪失，無気力化が東京による地方支配の回りまわった帰結であることを喝破している[14]。

地域全体が産業と生活を全部ひっくるめて「東京の下請」となり，そのことから親の世代の暮らし方における地域独自の誇りや意義の拠り所が失われ，子供たちに「とにかく勉強→より良い学校への進学→より有利な職業・地位の獲得」というストーリー以外では，多様で筋の通った普通の生き方を示せなくなったことに，氏は親子2世代を巻き込んだ地方における生活の荒廃の過程の発生源を探り当てている。

生活における「蓄積なき成長」

こうした「生活の荒廃」は，地域における日常生活から求心力が消え，内側からの秩序や文化がなくなっていってしまっていることを示している。言いかえれば，地域の生活が丸ごと外発的な動きに翻弄され，内発的な要素が縮んでいっている事実を浮かび上らせている。

前に述べたように，高度成長のなかで，新しい都市型産業との生産性格差を広げつつあった地方の農業・地場産業など在来産業は，その遊休化しつつあった労働力を外来の産業に，あるいは外来資金による公共事業に低付加価値のまま提供した。歴史をかけて蓄積してきたはずの在来産業における技術・ノウハウはほとんど生かせないまま，裸のままのともすれば使い捨ての単純労働力として地域ごと外来産業に提供することになり，家族・地域にとって副業的位置づけであったはずの兼業所得の方が主要なものになっていった。地域で蓄積されてきた労働文化がそこで切断され，労働の成果が賃金以外の技能向上や地域文化に結実する契機も乏しく，地域独自の勤勉の意味づけも拡散していってしまった。

高度成長以降，地域の労働や生活が翻弄されるなかで，地域の空間もまた外

来の圧力によって弄ばれてきた。農村的な地域の空間秩序に無関係に工場が進出し，道路などの大型開発が進む。農地が虫食い状に宅地開発される。優良農地のど真ん中にある日突然，無遠慮に大型のショッピングセンターが登場する。田畑を横切るバイパス沿いに派手な看板，ばらばらなデザインのロードサイドショップが無秩序に並ぶ。そして，地域の中心商店街に廃業の商店が増え，それなりに地域の歴史を物語ってきた町並みがゴーストタウン化していく。地域の人々が神聖な気持で接してきたはずの山林の中に突然廃棄物処理施設ができる。際限のない地域の空間文化の破壊である。こうした空間文化の破壊の背後には，農地をはじめとした大量の土地買却にともなう多額の不労所得という，土地に対する意識を一変させる開発国土の蔓延がある。

　高度成長以降の地域の「蓄積なき成長」の過程は，労働過程からこのように地域の生活文化，空間文化にまで及んでくるのである。労働過程の使い捨て化，下請化のなかでそれまでのように勤勉さを具現し，地域に根ざした労働・生活の誇りを子の世代に伝えることができなくなっていた親の世代——。地域の労働文化，生活文化，空間文化の使い捨て化のなかで育っていった子の世代——。先の永山氏の指摘は，地域の下請的経済成長の過程の1つの帰結を表現したものである。この期に及んでさらに金銭的な豊かさを追い求めてもどうにもならない，東京を真似してもやはりどうにもならない。地域のなかに，地域の労働や生活や空間のあり方に，あらためて目を向けるしかない。

　こうした地域の生活過程における荒廃や遠心化は，外来の企業進出や公共事業の多かった地方圏と大都市郊外の新興住宅地域に顕著である。近年活発になってきた地方における中心都市への移住傾向や大都市とくに首都圏における都心部への回帰現象は，日常生活の便利さだけを求めたものではなく，生活の潤い，子供の教育・成長環境あるいは老後生活のより完成されたアメニティ言いかえればより質の高い生活機会の集積を求めるものである。それは，「足による投票」を用いた意思表示でもある。しかし「足による投票」のみでは，かつての高度成長始動期に都市と農村との格差が開いたように，地域間のより根底的な部分に広がる新しい格差の形成につながるだけである。その格差の是正は，全国一律の社会資本整備などではもはや不可能である。定住する各々の地域の

日々の営みのなかから地域固有の労働文化，生活文化，空間文化を復興させ，あるいは新たにつくりだす作業が必要になる。より正確にいえば，労働文化，生活文化，空間文化を復興するメカニズムを内包した，働き方，暮らし方の復興である。

地域おこしの先駆者であったいくつかの自治体では，産業振興と並行して，（観光振興のためではなく）地域住民の日常生活の活性化をめざして，独自の発想で文化環境の整備や，住民イベントなどに早いうちから取り組んできた。先に紹介した大山町を例にとると，独自の産業振興に取り組んだ理由が，当時過酷な労働に苦しんでいた農民とくに農婦の仕事と暮らしを人間らしい誇りとゆとりをもてるものに変えたいということにあったため，産業振興の過程でも生活や文化の活性化を後まわしにせず，それが最初からセットになった事業として取り組まれた。筆者が地域おこしに先行的に取り組んだ自治体の取り組みについてとくに評価したいことはこの点である[15]。

(2) 地域における役割分担の改革と新しい協働関係

家族多就業から地域的ワークシェアリングへ

地域社会を維持していくためには，いうまでもないことであるが，実にさまざまな仕事が必要である。地域の経済水準は，地域内の自給能力と地域の外との交易条件で決まってくる。市場経済の発展とともに地域のなかで生み出せる財・サービスはますます限られたものになってくる。よりよい生活をするためには，地域の外に生産物を移出して所得を得，その所得で地域の外から生活や生産に必要なものを移入しなければならない。

まずそうした地域の外から所得を稼ぐ「外需部門（移出産業）」の振興が必要になる。農林水産業であり地場産業であり，高度成長期以降は工業にシフトし，さらに観光・リゾート開発などに広がった。外部依存の地域振興策への反省からとくに1980年代には内発的な振興策として新しい地場産業の創出に各地で力が入れられた。

だが，地域に必要な仕事はこうした移出部門だけではなく，同じように重要

なものとして地域のなかの生活ニーズなど種々な必要を満たすための産業や仕事がたくさんある。外需部門が稼いだ所得によって移入した物資・サービスを含んで，地域内向けに物資・サービスを供給し循環させる「内需部門（生活産業）」である。具体的には，通常の地場消費用の生産，域内市場相手の流通・サービス，運輸・建設，行政サービスさらには農協・生協，NPO・ボランティア・グループをはじめとした民間非営利活動などである。ここには，物資・サービスを商品として販売し合う狭義の産業活動だけでなく，非営利の有償で，あるいは無償で物資・サービスを提供し合う広義の経済活動を含めている。営利か非営利か，有償か無償かという区別は，企業経営という視点からは絶対的な区分になるが，生活ニーズを満たす住民の側からみれば両者には明確な境界はない。非営利部門を加えて地域における内需部門を包括的にとらえることで，地域という限られた範囲において生活ニーズを満たす経済活動の働きをよりシステム的に把握することができ，地域の経済的・社会的条件に対して，あるいは地域住民のニーズに対して最適な内需部門のあり方を模索することもできる。

　高度成長期以降，これまでの半世紀にわたる政府の地域政策は，地域での日々の生活を支える条件の変容の実態認識を怠り，その漸進的な改革への支援を軽視してきた。それはより具体的にいえば，地域における内需部門の役割とその改革の必要性の軽視ということになる。

　これから次第に，家族の枠を超えて地域的広がりをもったワークシェアリングへのシステム転換が必然的な方向になっていくであろう。これまでは，地域における在来の協同的機能の一定の残存という条件の下で，あるいは行政サービスの拡充という条件の下で，家族単位で仕事を組み合わせて低所得・低賃金を合算するというかたちで生活の安定がはかられてきたが，しかし，高齢化とともに条件は変わり，家族多就業の主体側の条件自体が崩れつつある。家族単位での多就業の集合によって地域経済が維持されるという条件はすでになくなっている。これからは家族の単位を超えて，集落・地区という広がりの地域，あるいは旧村や市町村の広がりの地域全体で，従来は家事に属すると見られてきた仕事を含めて仕事の分かち合い・持ち合いが不可欠になってくる。

　この地域的ワークシェアリングには地域の内需部門を担う役割が期待され，

これまで家族的にあるいは集落単位で処理されていた「地域の仕事」に，多様な形態の非収益的な部門を大きく取り込み，地域内に必要な仕事の配分をより多様なかたちで実現することができる。現在各地で取り組まれている地域通貨のしくみは，その地域内ワークシェアリングをシステム化する1つの有力な手法である。

本格的な少子・高齢化の進行は，地域経済社会にとって，具体的には次の2つの大きな役割分担の転換を迫る。1つは，世代間・ジェンダー間の役割分担の転換である。もう1つは，民間，公共および地域のコミュニティ・住民組織などとのセクター間の役割分担の転換である。

世代間，ジェンダー間の役割分担の改革

まず，高齢化の進むなかで否応なく促されてくるのが，地域における世代間役割分担の転換である。先の図1-2のような年齢構成の激変を前提にすれば，例えば15〜64歳人口を指す「生産年齢人口」という区分も概念もあまり意味をなさなくなるであろう。いますでにその兆しが見られるように，15歳くらいから75歳くらいまであるいはそれ以上の年齢まで，自らの必要性や意思，能力によって多様な目的，多様な就業形態の仕事（生計費を得るための就業，趣味的・社会的な意義を求めた就業，ボランティア的な仕事等）に就くことが，あるいは就いたり就かなかったりすることが普通の状態になっていくことが確実であろう。「出生→被育児→被教育→就業→引退・リタイア生活」という，全国民が一定年齢で教育を受け，一定年齢になると就業生活に入り，一定年齢で引退し老後生活に入るという一方通行・一斉行動のライフサイクルが事実上不可能になっていく。教育機会も就業機会も自由時間機会もより複線的で，行きつ戻りつの可能なライフサイクルに変る可能性が大きく，またその必要に迫られている。

より具体的に言えば，第1は老年人口とされる65歳以上年齢層の多様なかたちでの社会の仕事への参加である。よく指摘されているように，生活水準の向上，医療の発達・普及によって「元気な高齢者」の割合が大きく増え，教育歴の向上と職業の多様化によって職業経験豊かな高齢者が各地域で増えている。

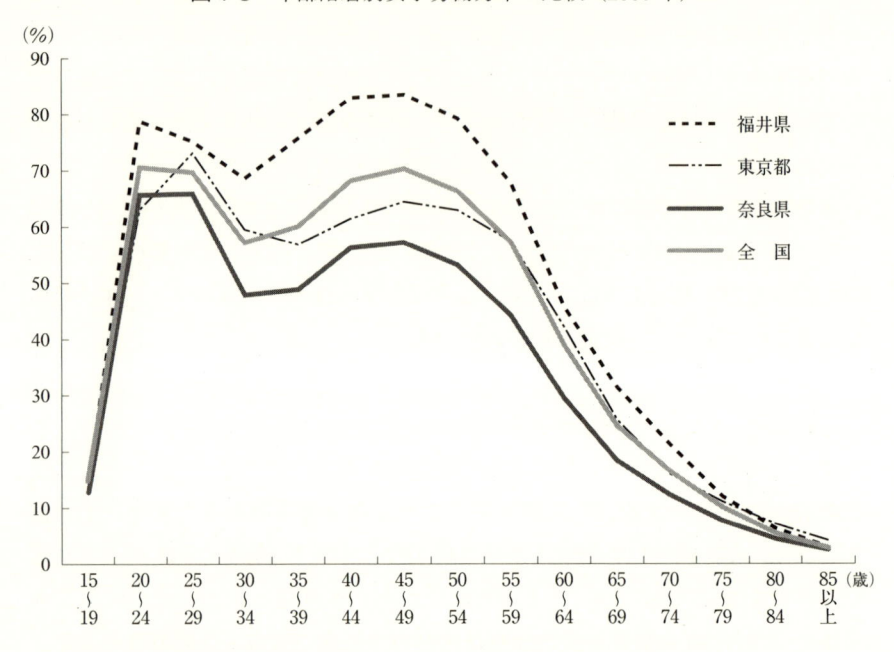

図 1-5 年齢階層別女子労働力率の比較（2000 年）

注：2000 年国勢調査結果より作成．

農村地域においても，兼業の普及の結果として職業経験や仕事を通じたネットワークの広がりが顕著である．世代構成の激変に対応した多様な就業形態の開発と，就業環境の整備が求められている．

　第 2 は，女性の本格的な就業や地域運営への社会参加である．とくに，日本は先進国の中では女性の労働力率が低い部類に入る．結婚・出産で退職し，育児負担が軽くなるとともに再び労働市場に登場するケースが多く，先進国のなかでは少数派のパターンとなった谷の深い M 字型カーブを描く．しかも，図 1-5 にみるように，女性の労働力率は地域的に大きな差がある．図の福井県は女子労働力率の最も高い県で，山形，富山，鳥取，石川，新潟，岩手，福島と続く．地方圏とくに日本海側や東日本の地域が女性の高労働力率地帯である．前述のように家計補助的な女性のパート就業の発達した地域である．

他方，図の奈良県は女子労働力率の最も低い県で，神奈川，大阪，兵庫，千葉，埼玉と続く。これらの府県の女子労働力率を下げているのは，主として東京・大阪近郊のいわゆるベッドタウン化した地域の女性である。出産とともに郊外へ住居を求めて移転し，移転と同時に職を離れいわゆる専業主婦化するケースが多い。大企業従業者世帯が多く，夫の平均収入が高いうえに，核家族という条件下では長時間通勤をともなう都心への通勤は育児との両立を困難にし，かといって住宅ばかりのベッドタウンには職住近接の適職の機会も少なく，労働力化しにくい傾向があるからである（ただし大都市圏のなかでも，通勤の容易な都心部や低賃金から夫婦共働きが標準になっている中小企業集積地帯では，女性の労働力率は全国平均に比べて低くない）。女性の学歴が平均的にみて高い大都市圏の方が労働力率が低く，このことが日本全体でみて30代後半以降で高学歴者の方が専業主婦の比率が高いという皮肉な結果になっていて[16]，専業主婦化する前の豊富な教育経験や職業経験が生かされないという結果になっている。女性の労働力率の高い地方圏においてもその大半がパート型の就業機会で，その意欲と潜在能力を生かすことに成功しているとはいえないが，しかし，草の根レベルにおける地域的な社会参加は労働力の高い地方・農村の方が活発な傾向があり，女性の家庭外就業の普及は社会の活性化と大きな関連がある。

　高齢者，女性と並んで地域を支える新しい担い手の第3は，就学中の児童・青少年である。教育年限の延長と家業手伝いや家事手伝いの必要性の低下，そして地域コミュニティ活動の不活性化は，確かに高度成長期以前のように生活のために子供たちが望まぬ家業手伝いや家事手伝いを強いられる状態から解放はしたが，その半面で子供たちが社会や家族のためにさまざまな形で役立つ経験を重ねながら，他世代と交流しつつ家族・地域社会に1人前の要員としてかかわり，人間成長を遂げていく機会を奪っていった。例えば，小学生の頃から有償無償のボランティアとして地域運営の実務と接し，高校入学後もいつでも就業し再び学校に戻るという，社会経験と複合させた学校教育システムが必要になるだろう。

　超高齢化に直面している地域社会では，従来の老壮青の，あるいは男女の固定的な役割分担が否応なく成立不可能になり，世代とジェンダーを横断する新

しい役割分担が生まれるだろう。こうした役割分担の転換を，（いつも1周遅れの政策展開を行う政府の指示でなく）各々の地域が必要に迫られるかたち主体的に担っていく，より正確には担わざるを得なくなる契機がいま生まれている。

セクター間の役割分担の転換

　少子化の帰結としてまもなく都市部を含む大半の自治体が長期的な人口減少の状態に移行する。経済力のある規模の大きい都市においても高齢化が進み人口が減り続ければ，地域の生産活動の生産性が顕著に上昇するという幸運に恵まれない限り，税収も減り行財政活動の規模も縮めなければならない。行政サービスが需給ともに，つまり行政に必要な仕事量も処理能力も両方がバランスよく縮んでいくのであれば，それはそれで人口減少に見合った行財政規模の縮小というソフトランディングになっていくが，現実にはそう都合よい結果にはならない。むしろ，人口減少にもかかわらず，というよりも人口減少ゆえに行政サービスへの需要がかえって増えるという場面も増え，縮小する行政の処理能力との間で自治体が立ち往生する事態も想定されるのである。

　それは，第1にさらなる高齢化にともなって生活全般にまたがる行政サービス需要が拡大する可能性であり，第2にこれまで身近な地域において協同的な相互サービスで解決し，あるいは家族的に解決してきた細々した生活の世話が，高齢化にともなうコミュニティ活動の衰退と家族機能の衰弱とともに困難になり，行政による代替サービスがさらに求められてくる可能性であり，第3に顧客である人口の減少によって地域内の小売商店，食堂，クリーニング店，理美容店，医院，バス会社，タクシー会社等の民間による生活サービスの撤退・廃業が続き，その何らかの代替サービスを行政が迫られる可能性である。家族や身近な地域社会に支援を求められなくなった住民から，最後の駆け込み寺として行政に際限ない要求が向けられてくる可能性が大きい[17]。

　行政の対応能力の不足をビジネスチャンスとして進出してくる企業に対して，行政サービスの代替機能を求めることはある程度は可能であろう。ネットワーク化・チェーン化された効率的な供給システムで，住民の多様なニーズをある程度はカバーするであろう。しかし，介護サービスの進出状況にすでにあらわ

れているように，企業は採算のとれない地域の仕事やそうした分野の仕事には乗り出さない。個々の地域や個々のサービス分野のなかで採算のとれそうな部分だけをいわばつまみ食いするかたちで進出することはあるであろうし，また地域のニーズにかかわりなく採算の状態によって簡単に撤退することもあるだろう。その結果地域の自治体は，企業によるサービスの隙間の穴埋めを迫られることになる。

　新しい民間企業による供給は代替機能のなかの1つにすぎない。家族や地域社会の機能の弱体化をカバーしさらには行政能力の縮小をカバーする役割を期待できるのは，身近な地域社会が果たしてきた機能をよりボランタリーなかたちで実現する定住する住民による多様な形態の協同組織である。協同組織は，地域経営において公共，民間と並ぶ第3のセクターである。具体的には，地区や集落の住民組織であり，NPO，ボランティア組織，協同組合，住民による事業体などである。

　こうした協同組織を舞台に，高齢者，女性，さらには児童・青少年の「仕事参加」の機会が生まれてくると期待される。これから多くの自治体において必要に迫られるかたちで，協同組織と行政との新しい関係づくりや協同組織を行政がサポートをするための資金やノウハウや組織体制の枠組みづくりに本格的に取り組む機運が，全国の自治体に高まってくるのではないかと期待される。そして，それぞれ目的と成立基盤を異にした組織がそれぞれ独立したかたちで，さまざまな地域で必要に迫られるかたちでさまざまな行動に取り組むなかから，地域における相互サービスのための組織のあり方がある幅のなかに収斂していき，21世紀の地域経営の大きな社会基盤に成っていくのではないかと想定される。

(3) ローカルな経済の再評価

国家戦略と地域の位置づけ

　グローバル化の進行のなかで国家の役割が後景に退くのではないかという期待とは裏腹に，経済や防衛など多方面の分野にわたって国家戦略の役割がむし

ろ強まりつつある。日本の地域政策においても，地域が国家の枠を超えて世界の地域と連携するという可能性の片方で，日本の産業競争力を維持していくために，国家的な戦略からの産業集積形成政策あるいは国土の構造改革に政府が取り組むという可能性が大きい。高度成長以降の国土政策の復活ではあるが，その目的や手法が従来とは異なったものになり，それが日本における地域のあり方に大きな影響を及ぼすことになる。

1960〜70年代の国土政策は，日本経済の長期的な成長と財政的余裕から，また国内生産の規模拡大をさらに期待できる状況の下で，国土の均衡ある発展を目指すことが可能であった。それに対してこれから展開される可能性の大きい国土政策は，政策の効率性が問われる状況下で，前述のように財政資金投入に対する限界生産性のより大きい地域への，市場の働きがより大きい地域への資金・政策資源の集中的な使い方が必要になってくる。国家間の競争のなかで，集積の機能を重視する方向は，国家戦略の立場からは当然想定される方向であろう。

しかし，そうした政策を進めるうえで重要なことは，地域が国土のあるいは国家の単なる構成単位ではないということの認識である。日本では都市や地域に対する市民・住民の自立的な価値意識が弱いと言われてきた。しかし，高度成長から近年までをとってみても市町村や旧村・集落の範囲で，住民の生活の土台としての機能を果し続けてきたし，（思うべき成果が得られたかどうかは別として）生活向上を目指した試行錯誤が繰り返されてきた。それぞれの地域には希薄化しつつあるとはいえ，それぞれの地域の住民が共有する歴史が積み上げられてきた。

多くの日本人にとって国土の単なるクラス分けのような存在に近かったかも知れない「地域」が，いま経済的にも社会的にもさらに文化的にもその土台が脆くなってきたことへの実感を強いられるなかから，住民に日々の生活の舞台，かけがえのない人生の舞台としてのその存在価値があらためて発見され，認識される動きが広まってきている。

地域の再生には，地域の存在価値にあらためて認識を強める住民の主体的参加とその努力の連続性が不可欠の条件である。しかし，つけ加えておかねばな

らないことは，地域の努力を促し，その努力を徒労に終らせないための国家レベルでの支援体制の確立が不可欠であるということである。支援体制は地方行財政制度改革や産業振興支援など多方面にわたるが，その中心におかれるべきは，人が活性化し地域に求心力が復活するための制度的支援である。とくにその役割発揮が求められるのが雇用労働政策である。地域で雇用を確保し，住民自らによる事業創出を支援するための再教育・再訓練システムの整備と雇用保険制度の改革を中心とした積極的労働市場政策の展開であり，また個人や家族の生活の安定を取り戻し，地域社会での協同的な取り組みを促すための，労働時間短縮，長期休暇の制度化，不規則労働や営業時間の規制である。日本が最も立ち遅れてきた政策分野である。

そうした基本的な取り組みを軽視し国家的見地を短絡的に最優先した地域政策の展開は，結局まわりまわって地域の過度の財政依存に帰結し，多くの地域を国家の負担に，お荷物にしていくことになりかねない。その危惧が現実化しているのが，いま展開されている市町村合併の国策である。

「平成の大合併」への懸念

いま危惧されるのが，アメとムチの誘導策によって，全国一斉の市町村合併が進められていることである。そのねらいは，可能な限り自治体の人口規模を拡大して財政効率を高め，地方交付税を始めとする財政支出のスリム化をはかっていこうとすることにある。とくに人口当りの歳出額が大きくその大部分を地方交付税など国家財政に依存している小規模自治体をより規模の大きい自治体に吸収させることに大きなねらいがある。自治体のリストラである。

この「平成の大合併」は，次に上げる4つの理由から，地域的な視点からみても国家的な立場からみても疑問の多い政策である。

1つは，地域における住民参画による地域づくりをめざすうえで，行政の単位は「昭和の大合併」以来これまでに（失敗も含めて）一定の経験を蓄積してき，住民との関係も定着している現行の市町村が都市部，農村部を問わず最適であるということである。規模の大きい社会資本整備や廃棄物処理など市町村を超えるレベルの事業が必要な場合には，広域行政組織の改革による解決を

優先すべきである。

　2つ目は，財政効率化の方向は1つではないということである。財政効率化のために人口1人当りの歳出規模が最も小さい人口15〜20万程度の「最適規模」に少しでも近づけたい，とくに人口1〜2万以下の小規模自治体を減らしたいという発想が合併推進の背後にあるが，前述のように集積の要素が欠落した機械的な規模拡大は無意味である。地域の成り立ちや内部構造の違いへの視点があまりも希薄である。さらに，地方圏の小規模自治体の人口は，高齢化のいっそうの進行とともに今後さらに人口が減少を続け，多品種少量型の行政需要が増えていく。そうした多品種少量型の行政の効率化は，規模の拡大によるよりも，旧村や集落・地区等の住民組織やNPOなどの地域特性に応じたさまざまな住民の組織と行政との協働によって，行政コストを内部化させるもう1つの効率化による方法が適しており，その方が長期的に地域の自立化につながってくる。それは，大企業が持つ専門分化型，量産型の「規模の経済 (economies of scale)」ではなく，優れた中小企業が柔軟な対応力として発揮するマルチタレント型，多品種少量生産型の「範囲の経済 (economies of scope)」の実現を選ぶということである。農村型の自治体をただ合わせただけの広域合併では，このどちらの効果も手にすることができない。

　3つ目は，市町村合併の方向に誘導する前にやるべきことがあるということである。それは一定水準の経済力を持つ自治体に税源を委譲することである。地方財政の危機をもたらした主要因は，税源を国が過大に占有し，上からの資金配分と政策コントロールによって国策の下請的な役割を地方財政に負わせてきたことにまず求められねばならない。税源委譲によって過大になった地方交付税の規模を大幅に減らし，地方交付税に地方財政調整制度としての本来の機能を復活させることができ，小規模自治体の存立を国家の負担を軽くしつつ十分に支えていくことができる[18]。地方分権を進める段取りが逆になっている。

　4つ目は，地域の側からの必然性もないままに全国一斉に合併を促すため，期限付きで地方交付合併算定替えの延長，合併特例債の創設などの支援策を大きな飴玉として用いていることである。それは再び不要不急の公共事業を増やすことにつながり，財政依存体質を温存させるどころか，かえって誘発させて

いく恐れがある（「合併特需」という言葉が生まれ，駆け込みの事業計画が始まっている）。新たな「失われた10年」になりかねない。そして何よりも，地域の側からの必然性もないままに全国一斉に行わせようとする市町村合併の国策は，主権のある自治体に対するそのスタンスの取り方をみても，財政優遇措置による誘導に寄りかかるその手法をみても，これまで繰り返された国土開発と同じ手法であり，結局地域の対応力を弱めていくことに帰結する。

　各々の自治体における改革の積み上げの過程で自治体間の連携が生まれ，その連携のなかから合併という選択肢が生まれることは十分にあり得るし，そのプロセスでのみ合併という戦略が地域復興と財政再建という目的に沿う結果を生むであろう。いま無理押しで進められている「平成の大合併」は，目的と手段，長期的課題と短期的課題が完全に逆転している。「平成の大合併」が「平成の大失政」という結末になってしまうのではないかという懸念を，筆者は抑えることができない。

中山間地域と大都市郊外──カギを握る2つの地域

　内需部門の活性化に基礎をおいたローカルな経済の復興が，これからの地域振興の中核になっていくであろう。都市的地域，農村的地域それぞれの特性を活かした取り組みが期待される。

　ローカルな経済の復興への取り組みの上でその成果が注目され，今後の日本の地域づくりの成否のカギをにぎると思われるのが，中山間地域と大都市郊外という2つの地域類型である。中山間地域は山村経済の衰退のなかでいっそうその周辺性を強めている。また大都市郊外，とくに高度成長以降の人口大量流入に対する急ごしらえの受け皿となった新興住宅地域は，大都市への人口流入の停滞と住民の高齢化とともに衰退に向かい，一部の都市的に成熟した地域を除き，都市としての活力を喪失していく可能性がある。郊外も，大都市の内なる周辺地域である。

　旧国土庁が1995年に行なった調査によれば[19]，全国の集落のなかで，「今後10年間で無住化の可能性がある集落（限界レベル1）」，「今後10年間でかなり衰退し，その後は無住化の可能性もある地域（限界レベル2）」，「しばらく無住

化することはないが，衰退していく集落（限界レベル3）」という3つのレベルを合わせた「限界化集落」つまり崩壊に向かっていると自治体当局が観測している集落の割合が19.1％とほぼ2割に達している。この観測自体，かなりの程度集落生き残りへの地元自治体の希望的観測が混じっていると推測されるので，この数値はこれでも小さめに出ていると判断される。超高齢化とともに集落の主体的な維持能力が失われていけば，行政による負担はさらに高まり集落再編，つまり集落リストラの政策が俎上に乗ってくることになるであろう。

　しかし注意すべきことがあり，上のデータが示すことは，これらの限界化集落の内側にあるそれ以外の集落においても，波状的に地域の機能が衰微していっているということであり，限界集落さえ"整理"すれば，その内側は安泰ということにはならないということである。最前線の集落の崩壊を防ぎ，そこに住み続ける意思をもった人々の住み続ける権利を支えていく，あるいは万止むを得ず集落が移転する場合にも，よりふさわしい生活の場を新たにつくり出していくための役割は，中心集落を含んだ中山間地域の自治体あげての地域づくりにある。超高齢化・人口縮小の下での最前線集落の崩壊は，その次の集落の崩壊へと次々と連鎖していくドミノ倒しの現象を生み出しかねず，中心集落を含む自治体そのものの将来の崩壊につながりかねない。そしてそれは日本全体の地域のあり方に影響を及ぼしていくと思われる。第2章で紹介されているように，地域に踏みとどまって地域復興に取り組み新しい成果を次々と生み出しているケースは，主としてその切羽詰った必要に迫られる中山間地域や過疎地域の自治体である。

　高度成長期以来中山間地域から大量の若者が出て行き居を構えてきた大都市郊外のいわゆるベッドタウン地域にも，農村より1周遅れの高齢化の大波が押し寄せている。とくに団塊世代を中心とした年齢層が大量に退職年齢，高齢者年齢に達していくことから，郊外都市の高齢化がこれから一挙に進む。住宅とそれに関連したミニマムの消費生活機能だけを詰め込んだ消費都市であるベッドタウン地域には，退職後の職住近接の就業機会も決定的に不足しており，また日常生活を充実して過ごす機能も大幅に不足している。郊外は，大都市という巨大なビジネス集積の影の部分であり，シャドウ・ワークの巨大な堆積でも

ある。

　郊外の自治体には，これからの税収の縮小と財政需要の拡大に備えて，あらためて地域らしい地域をつくっていく取り組みが要請されている。就業機会も不足し，行政サービスも不足し，民間のサービス供給も不足している郊外は，そうした生活支援の仕事を住民によって相互に供給し合う地域的ワークシェアリングによる仕事おこしが最も求められている地域でもある。あたかもビジネス戦争からの"復員軍人"のような立場に立たされる郊外の退職サラリーマンがその動きに加わり，先行する主婦層のリードや郊外2世たちの参加を得て，仕事おこしの波が広がっていくことが大いに期待されている。かつての中山間地域での先行的な地域おこしの場合と同様に，現に自然発生的にその取り組みの試行錯誤が展開されている。

　高齢化を転機に郊外地域は，これまでとは一変して中山間地域を中心とした農村と同質の課題をかかえることになる。内需部門を主体としたローカルな経済をあらためてつくり出してゆく「大都市郊外の地域おこし」の時代の到来である[20]。郊外地域は，中山間地域とともに協同的な住民組織の果す役割が最も期待され，地域通貨などによる新しいローカルな仕事の循環システムの形成が最も期待される地域である。

　中山間地域は，地域おこしの最も必要とされてきた地域であり，またその経験の最も蓄積された地域である。中山間地域と大都市郊外地域との経験の交流を通した，仕事おこし，生活おこしの地域連携が生まれるかどうかが，これからの日本の地域のあり方を決めていく1つの道標になると思われる。

【注】
1) 以下本章で「大都市圏」と「地方圏」との2大圏域区分をしばしば用いる。ここで「大都市圏」とは，東京圏（埼玉，千葉，東京，神奈川の4都県），名古屋圏（愛知，三重両県），大阪圏（京都，大阪，兵庫3府県）を合わせた圏域であり（3大都市圏という場合もある），「地方圏」はそれ以外の地域を合わせた圏域である。
2) 内閣府『地域経済レポート2001』（財務省印刷局，2001年）。同書は，「公共事

業依存からの脱却と雇用の創出」をテーマにして，的を射た丁寧な分析がされている。

3) 内閣府，前掲書。

4) こうしたUターン者のなかの少なからぬ部分が，1970年代後半から80年代にかけての地域おこし等の地域活性化のリーダー層になっていった。

5) 筆者は拙著『地方の経済学』（日本経済新聞社，1986年）で，主に1970年代から80年代初期の地方経済の成長過程についての分析結果から，こうした成長過程を「発展（development）」と「成長（growth）」とを使いわけて，「発展なき成長」の過程と規定した。ここで「発展」は潜在的能力の開発・顕在化を意味し，「成長」は量的な拡大を意味している。ここでいう「発展」と「成長」の区分は，内発的か外発的かという区分ではなく（そのこととの関連は深いのではあるが），内発・外発にかかわりなく，経済活動の持続のなかから地域のなかに技術・人材などの経営資源を蓄積し，経済構造をより高付加価値に，より地域内循環の活発なかたちにというように地域にとってより望ましい構造に変えていく能力が蓄積するかどうかという点により関心を寄せた区分である。

6) それに対する1つの対案が，長野県栄村の圃場整備事業である「田直し事業」である。村直営で行うことによって，国の補助事業基準の単価の4分の1以下で工事を完成させている。高橋彦芳・岡田知弘『自立をめざす村—— 一人ひとりが輝く暮らしへの提案（長野県栄村）』自治体研究社，2002年。

7) 五十嵐喜英『地域活性化の戦略』学陽書房，1986年。

8) 日本経済新聞社調査による（『日本経済新聞』2002年8月13日付）。

9) 『家庭基盤の充実（大平総理の政策研究会報告書3）』（大蔵省印刷局，1980年）は，政府の考え方を示した典型であろう。同書では，「しかし，多くの日本の家庭は，自主性と多様性に彩られた活力ある自立自助の努力，人と人との間柄を大事にする日本文化の優れた特質を生かして，いま徐々に，この試練を克服して，控え目な自信に裏づけられた多様な新しい家庭像を構築しつつある。」と実態とは大きくずれた認識の下で，非現実的な「日本型家族」の役割を国民に押し付けようとしている。

10) 江見康一『社会保障の構造分析（一橋大学経済研究叢書33）』岩波書店，1984年。

11) 国立社会保障・人口問題研究所『都道府県の将来推計人口（平成14年3月推計）』2002年。

12) 永山彦三郎『現場から見た教育改革』（ちくま新書）筑摩書房，2002年

13）ここでいう「ヤンキー」とは若者用語で「不良」の意味に最も近いが，社会に対して反抗姿勢を意識的に持つ本格的な不良やいわゆるツッパリとも異なって反抗意識は弱く，向上意欲を失ったまま社会的な秩序から離脱した行動を選ぶ不良っぽい若者といった意味で通常使われている．
14）永山彦三郎，前掲書
15）詳しくは，町長であった矢幡治美氏の著書『農協は地域で何ができるか——大分大山町農協の実践』（家の光協会，1988年）を参照されたい．また，安東誠一『地域経済改革の視点——新しいローカル・エコノミーの創造』（中央経済社，1991年）の「第8章 もう一つの「経営」」でその取り組みの意義についてまとめてある．
16）女性の労働力率を学歴別にみると，25〜34歳では，中学校卒57.1％，高校卒61.4％，短大卒66.5％，大学卒74.7％と高学歴者が高くなっているが，35〜59歳では，それぞれ68.3％，66.4％，63.5％，63.6％となり，学歴と労働力率との関係が逆転する（2000年国勢調査結果による）．高学歴者の方がM字型カーブの谷が深く，30代後半以降の回復の程度も弱い．
17）都市における人口減少に伴う行政の需給バランスの歪みとそれに対する住民参加型の対応策についての行政当事者からの優れた問題提起として，佐藤信夫「成熟時代の都市経営」（「自治体学会東北交流会議in仙台」報告資料，2000年）がある．
18）神野直彦氏は，「財政力指数が0.8以上が自立の目安だとすれば，わずか1兆円か2兆円を委譲すれば，財政力0.8以上の団体において日本の人口の7割くらいが生活できます．そして，それを地方交付税の不交付団体とすれば，貧しい地域に手厚く交付税が配分できるということになります．」と指摘している．『RPレビュー』（日本政策投資銀行刊）第2巻第2号（2000年）．
19）国土庁計画・調整局『地域の集落の動向と国土資源，自然環境に与える影響に関する調査報告書』1996年．調査には筆者も調査委員の1人として加わった．
20）安東誠一『地域経済改革の視点』（前掲）の「第6章 大都市のむらおこし」で，雑駁ではあるが，郊外の地域おこしについての試論を展開している．

第2章　地域開発戦略
―― 内発的発展論を対象に ――

　第1章において，現在の地域社会の経済的かつ社会的状況が明らかとなった。そこで，第3章以降で新しい取り組みを紹介するが，本章では内発的発展論を手がかりに，理論的な整理を行ってみたい。

1. 外来型・大規模開発に対抗するための内発的発展論

　鶴見和子に代表される社会学からの問題提起を受け，財政学の系譜を引く地域経済学から積極的に内発的発展論を展開したのが宮本憲一である[1]。宮本は，内発的発展の原則を次の4点に集約している[2]。
- 地域住民による学習，計画，経営によって，地域内市場を対象として，地元の技術・産業・文化を土台にする地域開発
- 環境保全，アメニティ，福祉や文化の向上，人権の確立
- 複雑な産業連関構造
- 住民参加の制度

　内発的発展論は，具体的な実証研究を通じてモデルとして構築されてきた。そのひとつが金沢市である[3]。新産業都市に選ばれた富山市等との比較分析を行うことで，金沢経済がもつ有機的な産業連関構造が析出されている。また，文化的な面からも金沢市は高く評価されている[4]。さらに，その他の代表的な産業集積地として，東京都大田区，東大阪市やイタリア（第3のイタリア），シリコンバレー等の海外の産業集積に関する研究が精力的に行われてきた。

　イタリアについては，いわゆる第3のイタリアと呼ばれる地域において，柔

軟な専門化(フレキシブル・スペシャライゼーション)を特徴とするユニークな産業集積について,事例研究が行われている[5]。また,金沢の研究事例でもみられるように,イタリアを中心としたヨーロッパでは近年文化的側面が重視されてきている。これがいわゆる「創造的都市」で,科学や芸術における創造性に富み,同時に技術革新に富んだ産業を備えた都市であると定義づけられている。芸術活動のもつ創造性に着目して,自由で創造的な文化活動と文化インフラストラクチャの充実した都市こそは,イノベーションを得意とする産業を有し,解決困難な課題に対応しうる行政能力を育てることができるという[6]。

シリコンバレーについては,サクセニアンの研究をベースに,その集積の構造について分析されている[7]。特に,シリンコンバレーがもつ多面的な機能が注目されている。一時低迷していたシリコンバレーが復活できたのは,経済的要因だけではなく,非営利組織によるコミュニティ再生に負うところも大きい。従来は,生産基地としての印象が強かったシリンコンバレーでも,地域社会の果たす役割を再認識することで産業の再生が可能になったのであり,生産面からだけではなく,地域という視点からも分析が必要となっている[8]。

内発的発展論では,このように都市が主な分析対象であり,農村を対象とする場合でも農村と都市という二分法的な視点から分析する場合が多い。しかしながら,首都圏を頂点とする垂直的な地域間関係が地域経済を規定する傾向にあるため[9],単純に都市と農村という分類では,地域経済を垂直に支配している構造が明らかにならない。

また,農村地域の中小都市中心部への距離にも注目したい。中小都市の中心部に短時間で到達可能な地域においては,農業振興の諸指標は高いという。通勤不可能であっても,近傍に小さいながらも都市があり,通常はそこで農外就業をして,週末や緊急時に車で親夫婦のもとに戻ることができれば,限界はあるがなお地域社会の維持はできる[10]。地域の農業の活性化は,もはや都市との連携,地域経済社会の底上げなくして不可能である。

次に地域の内部に焦点を当ててみる。たしかに,内発的発展論が示すように産業集積は地域経済の循環的拡大にとって重要な要素ではあるが,産業集積を抱えている地域は全体からみれば少数である。新たな産業集積を形成すること

は困難であるだけに，大都市や産業集積地，比較的恵まれている地方の中核都市以外の農村や中小都市はどこに方向性を求めることができるのか，という切実な問題が解決されないままである。

他方，これまでの内発的発展論は，農村における基幹産業である農業に関する分析が不十分，やや演繹的理論展開である，との指摘がなされている[11]。現在，農村地域では，第一次産業の再生と公共事業依存からの脱却が急務となっている。その場合，多額の投資を必要とする新規事業の創出だけでなく，第1次産業や福祉などの生活関連産業をベースにニッチ市場を販路とする仕事おこしやマイクロビジネスなど，小規模の起業をこれまで以上に積極的に評価する必要がある。

そこで，節を改めて農村の内発的発展をめぐる議論を整理・紹介する。

2. 農村の内発的発展をめぐる議論

(1) 農村産業振興論の展開

問題は，内発的発展を進めていくプロセスである。具体的に活性化を推進していくためには，「地域主義」に閉じこもるのではなく，都市との連携や行政による規制や支援策を自立的に活用する。そのために地域住民の理解やリーダーシップが必要である[12]。

たとえば総合的な産業複合の再構築「むら業」というアプローチが提案されている。農村の基盤は農業であるが，それだけでは農村全体を支えるのは困難な局面にあるという現実を直視し，農林業から「里業，山業，海業」への発想の拡大的転換，すなわち，総合的産業複合の再構築＝「むら業」的発想がこれからの農山村振興にとって必要なことを示している[13]。

そのために，個々人や経営の状況に見合った多様な組み合わせのなかで，人権の確立としての新たな仕事おこしを行っていく必要があり，地域農業の再構成にもこの視点が不可欠であると指摘されている[14]。

その具体的事例として、たとえば、川中と川下を統合する地域的内発型アグリビジネス論がある[15]。この場合、アグリビジネスは、経営体として生産を基礎においたフードチェーンを、地域資源の活用をはかりながら構築し、消費者交流やその組織化のためにアメニティ空間の形成と利用秩序の形成にまで発展させる経営戦略を課題とする[16]。具体的には、加工場、直売所、レストランの集積で経済拠点を形成し、これにアメニティ空間として農業公園、市民公園、交流施設などを結合させる[17]。

　担い手としては、地域の中小資本、第三セクター、農協、農業生産法人のみならず、任意組合、個人も含まれ、システムのなかで高齢者を含めた多様な役割分担をすることで、事業領域を拡大して多様な就業の場を確保することも可能である[18]。レストランや直売所に限らずパートを含めれば女性の割合が3分の2程度のケースが多く、またパートであっても経営への参加意欲もあることが地域内発型の組織的特質である[19]。

　多様な担い手（女性や高齢者を含む）と地域資源の活用、新規参入の受け皿、都市と農村の交流による地域への付加価値の還元が地域内アグリビジネスの眼目といえる。

　また、新規参入者の受け皿という機能も含め、これまで生産者が行ってきた役割の一部を農協[20]や第三セクター[21]、農業公社[22]に求める場合もある。これまで、日本農業の担い手であった家族経営は、連綿と続いた「いえ」という枠組みの中で、農業労働力を調達してきたが、その「いえ」が跡継の他出という形で決定的に脆弱化しつつある地域では、「いえ」に代わる新たな枠組みの構築が期待されている。つまり、中山間地帯の「法人化、第三セクター論は、時代的要請を受けて登場している」[23]、という背景がある。

　たとえば、農業公社は、「水田農業型」と「地域振興型」に分けられる。水田農業型は、農作業受託機関、あるいは農家のみならず「集落営農」の農作業の「受け皿」としても機能を果たしているが、「地域振興型」にはさらに地域社会活性化の「受け皿」機能や、農業公社の担い手確保機能を発展させた担い手育成機能（インキュベーター機能）が要請される。島根県の横田農業公社の場合には、Uターンを含む若者を雇用しており、一定の成果を上げている。

その他にも、村の自然資源や高齢者の人的資源を活用して、農林業を基盤にした地域産業連関と、担い手の世代的連関をつくりだすことを目的とする「農村地域産業複合体」という概念が提起されている[24]。一例として、長野県栄村があげられる。栄村は、「栄村振興公社」や「有限会社栄物産センター」を設立して、公社とセンターを連携させながら、地域特産品の開発・販売、食堂経営に乗り出している。公社が運営する観光宿泊施設の飲食料品の調達は、村内優先・定価買い取りとなっており、村内の個人商店にも利益が波及する工夫がなされている[25]。

また、栄村は、観光部門での高収益を若年層の雇用や村内農産物の全量買収、伝統文化の継承といった公益事業に再投下し、地域資源の活用と後継者育成というバランスある発展を追求している。そのためにも、基本に置かれるべきは、地域経済の主体的形成力であり、農業や非農業の経営体、担い手による地域産業づくりの運動が重要である[26]。その点では、栄村は以前より公民館運動を通じて住民の学習活動に力を入れてきており、主体的形成力が確固たる基盤として存在している。

類似の議論は他にもある。坂本慶一等による「地域産業複合体」もその1つで、農業・農村の価値を、経済だけではなく、生活価値と生態環境価値の3側面から捉え、その調整・統合による「総合的価値」の実現の場として地域を設定している。そのため、商工業、観光業など諸産業の有機的連関を「多産業複合体」と捉え、さらに社会的文化的側面も連動して構成された「地域産業複合体」と意味づけた[27]。現在の経済学では、効用のみで人間の満足を推し量り、効率性という観点から地域といった場所への固執を分析対象から除外しているが、地域の状況を考えるに生活や文化という概念と導入して人間総体を分析の対象とすることが求められると論じている。

このように生活や環境といった、あまりこれまで取り上げられることのなかった面が注目されるようになったのは興味深い。農村地域はまた人々の生活の場である。ここで生活とは、地域生態環境のなかでの生産活動（経済活動）とは相対的に独立した、社会的・文化的領域に関する人間活動を指すが[28]、それゆえに経済学の分析対象にはなりにくい。しかしながら、生活の重要性を無視

することはできない。優良な農業地域で，生活面を犠牲にして高所得を獲得できたとしても，周辺地域から見れば働きすぎと映ってしまい，たとえば結婚相手として敬遠される傾向が出るとの報告がなされている[29]。農業の前提として，持続的な農村の存在が重要であるだけに，生活面での余裕がこれまで以上に重要視されてくるのは確実である。

このような地域産業複合体論は，いかなる主体によって担われるのかという点について，兼業農家を重視する点を除いては，必ずしも明示的でないという難点を残していた[30]，という指摘があり，具体的な担い手（組織）の問題はここにおいても重要な課題として浮かび上がってくる。

以上のようなアイデアは，販売にしても，交流や観光で外部から人を呼び込む場合でも，新たに移出産業を構築して地域外から所得を稼いで地域内投資を拡大することを目的としている。そのような循環を経て拡大していくことによって経済の活性化が可能になるという点では共通している。

(2) 生活の役割と農村社会の再構築

中長期的には移出産業を育成するにしても，当面はまず生活を再構築しながら，他地域への通勤による所得や年金のような移転所得を最大限地域内にとどめ，資金の地域内循環の拡大を当面の目的として，そのうえで地域内投資を促進するアプローチの方が現実的である。移出産業の育成は当然必要であるが，生活や文化の重要性が増すにつれて，生活基盤の維持や地域の課題解決の目的とした生活関連産業の創出もまた緊急の課題であろう。

福祉と農業を結びつけた複合的な産業コンプレックス（アグロ・メディコ・コンプレックス）を対象にした研究[31]をみると，必ずしも経済的な側面だけが重要なのではない。佐久地方を調査した池上甲一は，同地方の「心地よい中途半端さ」こそが，住民を引きつける魅力となっていると指摘している[32]。また，島根県岩見町で多様なネットワークを築いて積極的な地域活動を行っている寺本恵子は，「人が来てもいいけれども，私たちは来る人（観光客）のためにまちづくりをしているわけではない。私たちは生涯，人として生きていける町を

つくっていく」と述べている[33]。

　他方，国と地方共に財政赤字によって行政機能が縮小し，かつこれまで地域の社会を支えてきた伝統的な地域の共同作業，自治組織が後退している。たとえば，「今後の農林地の維持管理主体」に関するアンケートで，「従来どおり集落が責任をもって維持管理していく」との回答は3割弱にすぎず，また地域別には平地農村から山村集落になるにつれその回答が低下し，逆に集落の外部組織である農協等による維持管理への期待が強まっているのが現状であり，集落の機能自体が変質している[34]。第1次過疎化は社会減，第2次過疎化は自然減が中心であったが，第3次過疎化は地域社会機能の低下，あるいは集落の消滅を伴う衰退過程であるだけに[35]，経済的要因だけで地域社会の衰退を説明することは難しいのではないだろうか。

　つまり，持続可能な農業の形成や農業・農村の担い手といっても，持続的農村地域の形成なしには不可能であり，むしろ農業維持の前提条件をなす[36]。多様化した現代においては，ある意味で，農業活性化によって地域が活性化しえるという面はもちろんだが，むしろ地域全体の経済的・文化的活性化によって農業の活性化が可能になる，という側面を重視していく必要があると考えている[37]。

　また，農村地域は過疎地域であれ，混住地域であれ，大きく変貌し，しかもその変貌がムラ（＝村落共同体）の消失に向かっていることは否定できない。だからこそ，いま一度，農村地域の再組織化が必要なのであり，そのための社会編成原理を追求することが理論的にも政策的にも急務となっている。

　問題はそのような組織を担う人々の存在である。地域社会を構成する諸組織が活動を低下させているなかで，あるいは地域社会そのものが衰退していくなかで，どのようにして既存の組織を再び活性化させるのか，あるいは新しい組織を設立していくことができるのか，という点が問題となる。

　少なくとも，これからの地域は個人の主体的な参加を多方面において可能にしていくことが必要となる。個人の資格で活動をする組織の構築である。そのうえで，NPOや協同組合のような特定の目的ごとに新しく設立される組織をネットワークで結んでコミュニティ崩壊を食い止めることが求められる。

これまでにも，農村においても各種ボランティア活動が活発に行われてきた。このような非営利的活動も含めた地域内でのセーフティネットの構築が重要な課題であり，そうすることで，地域におけるコミュニケーションが良くなり，個人の参加意欲と自主性がよりいっそう強くなる。

　結局，共同体的な拘束力をもつかつてのコミュニティとしての「共」から，新たな連携，協同的なアソシエーションとしての「協」への編成替えが不可欠であり，多様なパートナーシップの組み方や，新しい集落の進路もこの点に関わってくる[38]。

　その1つの方向性が，地域社会のなかでマージナルな層である女性，高齢者等の存在である。既存の組織がすでに低迷しているだけに，これまでの地域社会の中核的，基幹的な層では現在の状況に対応することは難しい。それだけに，重要な労働力となっているが，未だにマージナルな地位に置かれている女性の参画が第1章で提示したセクター間の役割分担の転換を考えるうえで必要不可欠であり，地域社会のこれまでの価値観を相対化する可能性を有していると考えられる。

3. 女性の参画の意義

　農村女性に関するこれまでの議論や先行研究の詳細については第3章に譲り，ここでは全体の分析との関係に絞って整理する。

　女性は，農村においてすでに重要な労働力となっているが，労働環境は依然として厳しい。たとえば，長野県についての調査をみると，低賃金，いわゆるM字型労働パターン，不安なパート労働など，男性に比べて労働条件は明らかに不利である[39]。

　また，農業経営においても，経営の意思決定や財産の名義において，男性主導であり，女性は農業生産に重要な貢献をしているにもかかわらず，正当に評価されていない[40]。その他にも，家事や介護，教育など生活全般においてきわめて重要な役割を担っていることは周知の事実であり，身体的かつ精神的な負

担は現在でもきわめて大きい。しかしながら，女性の地位は依然として低いままである。

　意思決定への参画という点では，いっそう不利な立場に置かれている。先の長野県の調査（1996年度）によると，長野県議会に占める女性の比率はわずか4％で，各種委員会への女性の参加もきわめて限定されており，政策決定の場に女性の意見を反省させることは困難である[41]。

　他方，介護に代表されるように，これまで家族という「私」的領域に閉じ込められていた問題を引き続き家庭内で対処することは困難になっており，社会で共有していくことが求められている。そのためには，これまで家庭において様々な役割を担ってきた女性グループが，積極的にかつ主体的に地域の意思決定に参画することが「社会化」を促す前提条件である。それによって，地域社会の閉鎖性が打破され，問題解決へのこれまで以上の積極的な取り組みが可能になると考える。

　文化活動における女性の活躍も目ざましい。たとえば，食など日常のくらしをみつめる活動や趣味のグループの結成から始まって，地元の文化や伝統の継承，新しい文化活動に至るまで幅広くかつ積極的にかかわっている。男性の場合，このような活動には対しては消極的である。逆に農閑期の過ごし方が疑問視されている[42]。

　しかしながら，農村女子の恒常的賃労働者比率の地域格差を，ジェンダー視点から扱った研究はまだ少ないという。女性に対する研究自体が少なく，しかもそのほとんどは労働力問題として対象化しており，戦前と変わらず「産業問題」における女性問題であるという[43]。

　近年，盛んに行われている女性起業についても，地域の活性化の大きな指標ともなっているが，ジェンダーの視点を入れて研究する必要がある[44]。介護についても，固定的性役割分業，ジェンダーが再生されやすい分野でもあるとの指摘もある[45]。

　ジェンダーの視点を入れることは，「男性」に込められた意味を再考することにもなる。つまり，「基幹的」でない男性，こども，高齢者，障害者，外国人などの多様な担い手の役割を見直すことでもある[46]。つまり，ジェンダーの

視点からの分析は，単に女性の問題だけではなく，地域社会の開放性や透明性，オープンさなどについても言及することでもある。

参考までに，都市の事例としては，東京都町田市の「ケアセンター成瀬」のケースがある。ここでは，女性を含めた住民が既存の自治組織の再編も含めたより横断的かつ包括的なネットワークを形成しており，きわめて興味深い[47]。

4. 現地調査の目的

第1章や本章で提起された問題すべてについて検討することは不可能なので，活性化を担う主体に絞って以下具体的な事例について分析を行う。

まず第3章で女性の起業による様々な活動について，農村地域における女性の仕事起こしを対象とする。これまでの農村女性に関する先行研究や調査を踏まえつつ，長野県上小地域における女性の主体的な活動と問題点について分析を行う。

第4章では，住民の主体的な仕事おこし（村営百貨店等）に取り組んでいる地域の事例を紹介する。住民参加型の地域活性化，コミュニティの再生の方向性を考えるうえでの具体的事例を提示する。

第5章では，地域における既存の組織についても農協を対象に，その役割について検討する。農協組織は合併推進の過程にあるが，地域においてどのように対応すべきなのか，といういわば存在意義が問われている。そこで合併を進めながらも新しい試みを行っている事例を紹介し，期待される役割について検討する。

第6章では，コミュニティにおいて，新しいコミュニケーションをとる手段としての地域通貨の可能性について注目したい。新しい活動を促進したり，既存の組織を活性化したりするには，基本的には住民間のコミュニケーションが大切である。地域通貨はそのためのひとつのツールとして期待されている。移出産業に依存しない経済のあり方を考えるうえでも参考になる。

生活防衛からさらに踏み込んで，個人の潜在能力，自己実現の場という観点

から地域社会を再構築できるのか，そのうえで，個人の主体的な活動を可能にするような「共」的空間の形成がどのようにすれば構築可能なのか，という問いに対して，実証的分析で少しでも迫ってみたい。

【注】
1) 守友裕一（2000）「地域農業の再構成と内発的発展」『農業経済研究』第72巻，第2号，66頁。
2) 宮本憲一（1989）『環境経済学』岩波書店を参照。
3) 宮本憲一・横田茂・中村剛治郎（1990）『地域経済学』有斐閣，佐々木雅幸（1997）『創造都市の経済学』勁草書房，佐々木雅幸（2001）『創造都市への挑戦』岩波書店を参照。
4) 佐々木雅幸（2001）『創造都市への挑戦』岩波書店を参照。
5) マイケル・J. ピオリ，チャールズ・F. セーブル著，山之内靖・永易浩一・石田あつみ訳（1993）『第二の産業分水嶺』筑摩書房，小川秀樹（1998）『イタリアの中小企業　独創と多様性のネットワーク』日本貿易振興会，石倉三郎（1999）『地場産業と地域振興——集中型社会から分散型社会への転換——』ミネルヴァ書房を参照。
6) 佐々木雅幸（1997）『創造都市の経済学』勁草書房，11頁。
7) 清成忠男・橋本寿朗（1997）『日本型産業集積の未来像「城下町型」から「オープン・コミュニティー型」へ』日本経済新聞社。
8) 同上，67～71頁。
9) 安東誠一（1996）「現代日本経済の地域性——高度成長が完成させた垂直的地域構造——」ヨーゼフ・クライナー編『地域性からみた日本』新曜社を参照。
10) 祖田修・大原興太郎・加古敏之（1996）『持続的農村の形成——その理念と可能性——』富民協会，263頁。
11) 守友（2000）66頁。
12) 保母武彦（1996）『内発的発展論と日本の農山村』岩波書店を参照。
13) 守友（2000）68頁。
14) 同上，68頁。
15) 斎藤修（1999）『フードシステムの革新と企業行動』農林統計協会を参照。
16) 同上，351頁。
17) 同上，358頁。

18) 同上，354頁。
19) 同上，363頁。
20) 竹中久仁雄・白石正彦編（1985）『地域経済の発展と農協加工　実態編――農協加工と地域複合経済化――』時潮社を参照。
21) 守友裕一（1993）『地域発展戦略と第三セクター』（財）農政調査委員会を参照。
22) 小田切徳美（1994）『日本農業の中山間地帯問題』農林統計協会を参照。
23) 同上，137頁。
24) 岡田知弘（1996）「地域産業の発展方向と農業の役割」『農林業問題研究』第124号，17頁。
25) 高橋彦芳・岡田知弘（2002）『自立をめざす村――一人ひとりが輝く暮らしへの提案（長野県栄村）』自治体研究社。
26) 岡田（1996），16頁。
27) 池上甲一（1999）「農村社会研究における地域」『地域農林業の課題と方法』地域農林業経済学会，92頁。
28) 祖田修・大原興太郎・加古敏之（1996）20頁。
29) 同上，140～148頁。
30) 小田切徳美（1999）「産業構造論的接近」『地域農林業の課題と方法』地域農林業経済学会，158頁。
31) 川上武・小阪冨美子（1988）『農村医学からメディコ・ポリス構想へ――若月俊一の精神史――』勁草書房，および池上甲一（2000）『アグロ・メディコ・ポリスの可能性――長野県佐久地方を事例として――』地域協同組織研究会ヒアリングシリーズ第2集，農林中金総合研究所（1996），池上甲一（1996）「佐久地方における地域形成の歴史的特質」祖田修・大原興太郎・加古敏之『持続的農村の形成――その理念と可能性――』富民協会を参照。
32) 池上（2000）3～4頁。
33) 寺本恵子（2001）『石見町における多様なネットワークの形成』地域協同組織研究会ヒアリングシリーズ第5集，農林中金総合研究所，33頁。
34) 小田切（1994）134頁。
35) 祖田修・大原興太郎・加古敏之（1996）254頁。
36) 同上，269頁。
37) 同上，261頁。
38) 守友（2000）68～69頁。
39) 宮本英子・島上宗子（1999）「農村部の家庭・地域と女性の役割」宮本憲一・

遠藤宏一『地域経営と内発的発展』農山漁村文化協会，158～160頁。
40) 同上，160頁。
41) 同上，176頁。
42) 同上，177～180頁。
43) 中道仁美（2001）「農村女性問題と地域活性化――ジェンダー社会の認知と課題――」『農林業問題研究』第141号，47頁。
44) 同上，47頁。
45) 同上，47頁。
46) 同上，47頁。
47) 金子郁容（1999）『コミュニティ・ソリューション』岩波書店。

第3章 女性及び高齢者の「農」を含めた仕事起こし

はじめに

　本章では，女性及び高齢者の仕事起こしについて言及する。それに先だって，若干の前提的議論を経ておきたい。

　まず第1は対象についてである。言及の対象を「女性」及び「高齢者」とした理由は2つある。1つは，両者ともに，通常の労働市場からは周辺的な位置づけとされている点である。村部で，子育てを一段落した女性や定年を迎えた人々が労働市場に参入することは容易ではない。そうした「労働市場から周辺化された人々」からの発信として「仕事おこし」を捉える必要があると考えた。いま1つは，一般的には「産業の弱体化」を促すとされてきたこれらの主体，「女性」や「高齢者」が，「生産効率」の観点からではなく，「公共性」の観点からみたとき，極めて重要な社会的役割を担っていると考えるからである。

　次に，表題として「農」そのものにとどまらず「『農』を含めた」としたのは，農業を中核に据えつつも，実際の事業は，そこから多方面への展開がみられる場合が多いためである。これは偶然ではない。農業が，閉じた産業ではなく，四方に開かれた行為であることは疑う余地がない。とりわけ教育，環境，福祉，観光，地域づくり等，農業が，社会性，公共性の高い複合的な事業であることは，数々の事例が物語るところである。「農」を拠点に，そこで育まれた価値を他の場面へと普遍化し，そのことが，農業のあり方にも再度跳ね返ってくる，そうしたダイナミズムを想定したがゆえに「農を含めた仕事起こし」とした。

　したがって本章のねらいは，第1に，これまで経済主体としては，周辺部あ

るいは弱者と考えられてきた担い手に対象を設定し，周辺からの視点ならではの発想や事業手法を相互に関連づけて描き出すこと，第2に，そうした発想や手法が今日の地域社会の困難を取り除くうえで重要な意味をもつこと，すなわち，農業というこれもまた今日の社会構造のなかで，淘汰の対象とされやすい営みがもつ，公益的な広がりを読み取っていくことの2つである。

1. 女性起業の全国的な動向

(1) 女性及び高齢者を中心とした起業の進展

　農業・農村女性が取り組む活動のうち経済行為を伴うものが「起業」と定義され，その広がりを農水省が最初に調査したのは1993年である。そこで集計されたのは1,255グループあったが，その後毎年調査するごとに「起業」数は増えつづけ，2002年には7,327グループを数えた。ただし，この数値は，全国の農業改良普及センター経由で集約されたものであるため，主として生活改善グループが母体となったもので，農協を母体としたもの，あるいは，いずれの既存組織とも接点をもたないもの等は含まれていない。また，普及センター関連の事業であっても，季節限定的だったり，任意団体だったりすることが多いため，「事業体」として捉えるべきかどうかの判断も曖昧だという問題はあるが，農協女性組織活性化の方途の1つとして経済行為を伴うグループ活動が奨励され，増えてきていること等を考えると，実質的にはもっと多くの「女性起業」が存在すると考えるのが妥当であろう。

　こうした女性起業の広がりを少し詳しく見てみると，まず，仕事の内容では，「食品加工」が67.7％，「販売・流通」が40.6％，「農業生産」が7.5％，「都市との交流」が6.4％，「食品以外の加工」が4.1％，「サービス事業」が0.4％の順となっており，「食品加工」と「販売・流通」がほとんどを占める。販売高では，「300万円未満」が64.8％，「300〜500万円未満」が11.2％，「500〜1000万円未満」が11.0％，「1,000万円以上」が11.2％であり，さらに，グル

ープ経営が多く（71.7％），そのなかで法人化しているのは2.3％にとどまる。時間軸で見てもこうした傾向に大きな変化は見られない。

　自給自足的な生活を基本とし，生産・生活技術を蓄積してきた農村社会においては，それをおすそわけし，さらにその延長上で地域内で販売することは広く行われてきた。こうした取り組みが女性活動の共通課題として取り上げられるようになったのは，1970年代，減反政策が始まるなかで「米に代わる収入源の確保」や「飲食費の節約」を目指して，農協女性部や生活改善グループが精力的に取り組んできた「農産物自給運動」をきっかけとしてであった。これらの動きは，食品添加物や残留農薬問題等，食品の安全性への不安が広がりつつあった時代背景もあって，より主体的に食の自給を追求する取り組みに発展したが，活動の深まりとともに暮らし全体の見直しや農家の自律性を取り戻すという性格をもちながら，自給から直売・加工，産直等へと社会的な広がりをもっていった。こうした新しい価値を提起する内容をもつこの活動への取り組みと，そのプロセスを通して主体的力量を蓄えてきた女性たちが「活動から事業へ」の道筋を拓いてきたと言える。とはいえ，封建的風土が堅固な農村社会において「女だてらに事業を起こす」ことは容易ではなかった。

　こうした女性たちの自発的な行動を後押ししたのが，1976年からの「国際婦人の10年」を契機に進んだ世界的な女性の地位向上の取り組みと，これに呼応して実施されてきたわが国の女性施策である。農山漁村の女性の地位向上が重点施策の1つとされるなかで，92年にはわが国で初めての体系的な農山漁村女性施策「農山漁村の女性に関する中・長期ビジョン」が策定され，今日「女性起業」といわれる活動への支援策が盛り込まれた。それ以降，女性起業支援策はソフト事業や融資制度等にわたって拡充されてきた。

　以上のように，農産物の生産・加工・販売を中心とした事業が量的拡大を続けている一方，新しい動きも見られる。その1つが新たな分野での起業で，農協法の改定や介護保険制度の導入に対応するため農協組織等が養成したヘルパーの活動を通して，福祉分野における有償の活動や起業的性格をもつものも現れている。

　運営面においても，当初の事業を核に業務内容を多様化したり（複業化），

事業体同士のネットワーク等が見られ，また，農業や地域への思いを共有する女性たちによる，農家と非農家，あるいは地域を超える起業等，立場の異なる構成員の参加・連携もでてきている。

(2) 起業の意義と課題

意　義

こうした展開をみている女性起業は，どのような意義をもつのであろうか。全国的な統計をもとに見てみたい。まず最初にジェンダー視点からの意義を指摘したい。統計が示すように，女性起業の業務内容は直売や農産加工が主であり，販売高は総じて小額であることが特徴であるが，それは女性たちが，これまでの活動のなかで蓄積してきた技術や地域資源を活かしつつ，身の丈にあった経済行為と結びつけてきたことを示している。

そして，そのことが「労働市場から周辺化された女性」にとっては，自分の能力を生かし，主体性を取り戻すことができる第一歩だったのであり，それにいたるプロセスとその後の多様な体験や出会いが女性のエンパワーメントに繋がっていくことになる。

したがって，女性の仕事起こしには，経済的地位の確立という意識もあるものの，自分らしく生きたいとの思いや自己実現を求めた行為が核になっていると言えよう。

しかし，経済的基盤が弱く，「出る杭は打たれる」農村社会にあっては女性が個人で仕事起こしをすることは難しいので，「一緒に川を渡る仲間」が必要になってくる。このことは女性起業にはグループ経営が多く，また「起業」した女性たちの多くは農協女性部や生活改善グループでの活動体験をもつこと等でも示されよう。農村社会の桎梏を乗り越えるには，こうした組織活動のなかで構築してきた人間関係を通して調整していくことが不可欠だったのである。そしてまた，起業をめざした女性たちは，協同で働くという関係のなかで，働くことへの強い思いをバネにして，「個」を確立してきたと思われる。

さらに，女性は農業経営や家庭生活を支えるのみならず，さまざまな地域活

動も担っているが，その労働が経済的評価を得ることは少ない。また，家族全員の成果として一括されることが多かったが，女性起業は，こうした「見えない」女性労働の経済的価値を「見える」ものにする役割を果たした。それは女性の果たす役割を社会に認識させ，ジェンダーバイアスの見直しを迫ることとなるので，女性たちをさまざまな柵(しがらみ)から解き放つうえでも貢献していると言えよう。

　意義の2点目としては，地域の人や資源の活用の視点を強くもった女性起業の地域活性化に果たす役割を指摘したい。統計が示すように，地域の農業や生活との密着度の高い農業女性による起業は，農業分野や農村の価値を掘り起こす分野での起業が多い。直売にしても，農産加工にしても地元消費者をターゲットにしながら，多様な作目への生産拡大や付加価値づくりによって新たな需要を創造することになるし，雇用機会も生まれる。さらには，地域に蓄積される資源の発掘・活用は，農村の生活文化の新たな価値の再発見と再生にも繋がることになり，地域活性化という効果を生み出す。

　とりわけ，市場出荷から排除されがちな高齢者にとっては，少量生産の販売ルートが創出されることで，農業への意欲をもてるようになり，経済効果ともあいまって「生きがい」を創出する。それは多少なりとも耕作放棄を防ぐことにもなろう。

　さらに，福祉の社会化が進んでくると，福祉に関する起業は地域に新たな雇用機会を創出する可能性をもたらす。同時に，福祉問題は人々の普遍的関心事となってきているので，福祉の起業によって誰もが参加できる活動の受け皿的役割を果たすことで，福祉を核とした人間関係を構築し，コミュニティづくりの推進力にもなりえよう。

　そして，こうした女性起業の発想や行動が提示している新しい価値を3点目の意義に挙げたい。統計結果は売り上げの規模が小さいことや法人化にはこだわらないことを映しだしているが，彼女たちが働くうえでまず大切にするのは，経済成果ではなく，自己実現や地域の暮らしやすさ，仲間づくりといった，いわば実質生活の向上につながることである。そのために，自分たちの暮らしに必要・役に立つと思えば小さい規模でも実行し，「規模の経済」にとらわれな

い。したがって，それを仕事として実践するために市場原理とは異なるワークシステムを創出することになるし，労働報酬についても，仕事の社会的価値や働き甲斐を重視する。

その意味で，女性起業がもつこうした発想と組織原理は，従来型の活動や仕事のあり方に新たな視点を提供するものと言えよう。

その結果として4点目の意義には，女性起業のもつ，新しい協同組合づくりとしての性格を指摘したい。女性起業は，その事業のなかに「生活」や「地域」の視点を強くもつことは前述したが，それは農業も含めて顕在化している地域の諸課題に対して，自らの手で地域をつくり直していこうという行動の現れであり，協同組合の目的や手段と共通すると言えよう。そしてまた，直売や農産加工等に見られる起業は，新しい価値や地場流通を創出しつつ地域の農業振興や経済の活性化を図ることで地域の自律性を高めるものであるし，「福祉」の起業も住民参加による地域福祉の自律性を高めるものであろう。その意味で女性起業は，地域のストックを最大限に活かして地域生活に自律性を取り戻す方向性をもつ新しい協同組合と位置づけられるのではなかろうか。

課 題

女性起業の課題には，起業そのものが抱える課題と，それをとりまく外部要因が考えられるが，まず前者についていえば，経済成果が第一義的目的ではないとはいえ，起業を維持・継続する上では目的（理念）と経営の安定性をどうバランスさせるかが最大の課題といえよう。しかし，経営面の課題を追求していくと，規模拡大や効率性，事業高追求になる可能性が常に付きまとう。そうすると女性起業のインセンティブを喪失しかねないし，それは起業の存在意義とかかわってくるので，経営と理念をどうバランスさせるかに頭を悩ませる。

そのなかでも，とりわけ問題となるのは，コストのなかでの比重が大きい「労働報酬」である。「新しい仕事・働きかた」という理念のなかに労働報酬をどう位置づけるか，適正な労働報酬をどう確保するか，といった課題はさしせまったものであろう。さらに，働くものが経営者でもある女性起業にとっては，メンバーの起業へのかかわり方や働くことの喜びが得られるか否かが，経営の

安定性や成長に大きくかかわってくるので，起業の労働主体として自らを確立することも課題といえる。

　しかし，これらの問題は，経済効率性重視や性別役割分業意識に基づく社会システムが背景にある。それは，例えば，「女性の経済的地位向上」を目的に起業が推奨されるものの，現実には，市場性に乏しく男性（市場）は参入しなかった，いわば性別役割分業の枠内での起業が多いことでも示される。こうしたねじれ現象のなかでは，起業する女性たちも，経営的な課題への対応と同時に，現代の経済システムや社会のあり方に対する疑問を投げかけ，それを問い直すことや男性の参加も働きかけながら新しい働き方を提案していく等，地域社会の主体を変えていく方向性をもつことも必要であろう。

　その意味でも行政等の施策がもつ視点は大きな影響を及ぼすことになろう。しかし，農水省が2002年度から新規事業としてスタートさせた「女性起業のe-ビジネス化支援事業」を見ると，その目的を「企業的経営感覚を身に付けたリーダー育成など，女性農業者による起業活動の経営拡大のための支援を行うとともに，高付加価値化やIT化の推進による販路の拡大や起業活動の高度化を図る」としている。つまり，起業した女性の経営規模の拡大支援である。しかし，女性起業は，必ずしも規模拡大にはこだわらず非経済性の部分も抱え込みながら発展を遂げてきた。したがって，女性起業を進展させるには，個別の女性起業の規模拡大支援にとどめず，起業が内包する社会的意義や役割を認識し，地域施策のなかに位置づけていくことが必要だと思われる。

2. 女性起業がもつ公共性

　筆者は以前，長野県東部の町村の，女性を主体とした事業体を歩きながら，その特徴として以下の7点を挙げた[1]。第1に，家族や仲間等，共に暮らす人々の行く末（高齢期）や地域の課題と結びついた形で事業を構想している点，第2に，化学物質を極力使用しない生産・加工プロセスへのこだわりと，それを客観的に示せる情報公開，第3に事業に携わる者どうしの互いの健康や暮ら

しに配慮した仕事の組み立て，第4に，小規模ながら確実な販路を確保する，堅実な経営志向，第5に，行政や上部団体と，自分たちとの間の垂直的な関係を再構成しようする試み，第6に貪欲な探求力とイノヴェーション志向，第7に，「生産者」か「消費者・利用者」かといった一元的な枠に囚われない，「生活者」としての複合的なアイデンティティ等である。

　総じて言えば，女性たちの協同事業は，自らも負うている地域や時代の「生きにくさ」や不安，孤立を敏感に汲み取り，そこに軸足を置いた活動となっていること，このことが，事業の「公共性」につながっているのではないかと考えてきた。

（1）先行研究に学ぶ

　以上のことを踏まえつつ，本項では，より系統的に，「女性起業」がもつ社会的インパクトについてふれた2つの研究成果を手がかりに，女性起業の「公共性」を整理しておこう。

　1つは，岩崎由美子・宮城道子編の『成功する農村女性起業』（家の光協会，2001年），もう1つは天野寛子の『戦後日本の女性農業者の地位』（ドメス出版，2001年）である。

　まず前者の主張をみてみよう。前書では，「農村女性起業」という言葉の新しさとは裏腹に，農村において，「起業的」な内実をもった活動は，過去からこれまで営々となされてきたこと，そこに最近，ようやく社会的な認知が伴うようになったことを指摘する。そして，農村女性起業は，こうした地域固有の，あるいは当事者固有の内発性に支えられているゆえ，極めて多様であること，したがって，本のタイトルに織り込まれた「成功」という概念の評価基準も，事業高や規模等，従来，企業活動を測るために用いられてきた一元的な尺度で考えてはならないこと，などが著者たちの一致する見解と読み取れよう。

　そのうえで各地の事例紹介をまじえて，農村女性たちの，理念先行型でない，日常的な暮らしの論理から編み出された活動の特徴及びその背景にある価値観が議論の焦点となっている。事業展開の特徴としては，「複業化」「ネ

ットワーク化」を挙げ，特に農業・福祉・教育の複合的展開を見て取る。また，消費者との関係においては，「生産者の側に消費者を引き寄せようという試み」を，そして地域との関係においては，地元農業や地域社会への経済的・社会的「波及効果」の存在や「地域振興の拠点」化を挙げたうえで，さらにアンペイドワークへの対応や「雇用労働」の文化の相対化といった，いわゆる「もう1つの働き方」の試行錯誤等も，その特徴として指摘されている[2]。

つづいて，生活改善普及事業と女性の地位向上との関連を考察した天野の見解を見てみよう。天野は，農産漁村女性のグループ活動について，その多様性を3類型〈典型的生活改善型グループ〉〈課題解決型グループ〉〈起業・自立グループ〉に整理し，各グループごとに綿密な事例調査を経たうえで，それらに「蓄積された能力」として以下の6点を挙げている[3]。

第1に「日常性を自らの手と工夫により豊かにすることができる生活技術」，第2に「家庭生活と相互扶助と自立との均衡」，第3に継続的な学習の蓄積の存在が，「新しい価値や施策を柔軟に理解し生活に取り込む態度」を可能としていること，第4に「煩わしい人間関係」を回避しない高度な「人間関係調整能力」の発揮，第5に，発表や討議の豊富な機会をもってきたことが，リーダー的な資質を醸成したこと，かつリーダーに対する協力的態度をも同時に形成したこと，そして第6に今後の「日本人の生活の質」向上のための具体的な提案能力を有していること等である。

いわば，天野が指摘したこれらの「蓄積能力」がベースとなって，岩崎・宮城らが挙げた起業の特質が顕在化しているものと考えることができよう。

(2) 公共性の背景にあるもの

2つの先行研究の指摘を受けて，あらためて女性起業における「公共性」の土壌を振り返っておきたい。上記のような「公共性」は，どのようなプロセスから醸成されるものなのであろうか。もとより，「女性」が担い手となることで，「公共性」が自動的に担保されるわけではない。発想や事業の公共性の源は，合理的な「暮らし方・働き方」をめぐってなされた共同学習とそれに根ざ

した地域での活動である。

　しかし同時に，家族農業のなかで，女性の無償労働が当然とされたり，一定年齢以上の女性が労働市場から周辺化されるという傾向が強い村部から，起業を通じた発信が際だつことにも目をむけるべきであろう。つまり「公共性」は，一方では，無償労働を当然とする前近代的な価値観に異議申し立てをし，自分たちが経済的対価を得ることなく担ってきた様々な営為を社会化しようという志向に支えられている。だが他方で，共同体的価値を単純に否定するものでなく，柵と信頼が綯い交ぜになった相互扶助という「社会的資本」を，現代社会の生きにくさを克服する視点から再利用する流れにも支えられている。

　農村女性の起業は，そうした伝統的価値とオルタナティヴな志向との両者を兼ね備えた複合的な価値のなかで育ってきたのである。むろんそれは，伝統的な価値の全面的な受け入れを意味するものではない。むしろそこに一石を投じつつも，伝統的な価値の体現者を，根気よく説得していく過程が多々見られることも付言しておきたい。

3．長野県における「女性起業」の概要

　前述のように全国的にみれば，2002年現在で，7,327件[4]にのぼるとされている「農村女性起業」であるが，関東農政局の資料によると長野県内には，80ヵ所の事業体が挙げられている。そのうち市部に位置するのは14ヵ所にすぎず，あとは全て郡部である。人口比からいえば，市部人口は県人口の65％を占めるものの，事業体の8割強が郡部に集中している。地域生活や地域経済の条件の厳しさが起業を生み出す土台となっているとも読めよう。

　また，起業にいたるプロセスをみると，普及事業に関連していたり，農協女性部等の活動がベースにあったり，あるいは，1997年以降，両者が連携する形で設立が相次いだ農業支援センターによる働きかけもみられた。普及所が担った長野県内の生活改善グループの団体数は，ピーク時からみれば減少傾向にあるものの，2001年度でも360団体にのぼる。こうした活動が苗床になって

起業につながっていった。

　あるいは，農協の生活指導員の地道な地域学習の積み重ねが，事業に結びついた例も多い。農協直売所における女性部の活動も見落とせまい。さらに，筆者が1988年に，上小・佐久で行った調査によれば，行政や農協といった既存の組織に依存せず，独自に活動を立ち上げたグループも全体の1割近く存在した[5]。

　いずれも事業化に至るまでに，グループ活動の蓄積があり，それが徐々に熟して事業へと結実した。「起業」が目的として先にあったのではなく，あくまで自分たちと地域社会とがよりよい「生」を実現してくために必要な活動を積み重ねたところに「起業」が手段として存在したのである。

　以上から浮かび上がってくる長野県の女性起業は，多様な母体を出自として，村部に集中し，日常的なグループ活動，あるいは多岐にわたる社会的活動[6]と，経済的な事業活動との間に位置づく，公共性の高い，独自の領域を形成していると言えよう。

4. 対象地域の農業の概要

　長野県の農業の特徴を一言でいえば，農業就業人口の多さと，低い1人当りの農業所得，そして高齢な担い手や女性農業者が多い点が挙げられよう。とりわけ，今回中心的に取り上げる地域（東部町，上小地域）は，農業地域類型からみると中間農業地域もしくは山間農業地域であり，生産効率の追求がそもそも難しい地域である。かつてはこうした数値を捉えて，「弱い農業」と解釈されていたが，現在にいたっては，これを「経済的非効率」としてのみ捉えることが，一面的であることは多言を要さない。65歳未満男性労働者に限らない農業の担い手の広がりは，その分，農業が「社会的存在」であることを意味し，生産手段，経済手段としての意味を保ちつつも，それのみに還元されえない，いわゆる農業の公益的な機能の発揮を促す社会条件を形成しているともいえよう。

さて，活動の担い手や事業の内容に言及する前提として，本節で対象とする地域の農業のあり様にごく簡単にふれておこう。

　まず上田市塩田平は，米，巨峰，花卉，きのこ等を主力生産物とした中間農業地帯である。近年は，農家と非農家との混住が進んでおり，郊外型スーパーの進出が際だって耕地の減少が加速した。いわゆる基幹的農業従事者の高齢化率は，67.5％と県平均を10％上回る。東部町は，全国でも有数の巨峰栽培の適地とされ，果樹やくるみなどを特産とする。基幹的農業従事者の高齢化率は高く，68.9％だが，果樹栽培のメッカとしても，また農業関連事業の展開についても，先進地域とされている。高齢化＝弱体化の等式はなりたたないことは明らかだ。武石村は，水稲，花卉，野菜の複合経営が軸となる。農業者の高齢化率は7割近くとやはり高いが，基幹農業従事者1人当りの粗生産額をみると県の平均を4割も上回る。

　かように，隣接地とはいっても自然条件，社会的条件，経済的条件が異なり，農村女性たちの活動のあり方もこれに呼応して多様である。また，単に担い手の年齢や性別だけで，農業の強さ，弱さが決定されないことは明らかであろう。むしろ，私たちが留意すべきなのは，年齢構成の如何にかかわらず，そこに暮らす人々が，自分たちが直面する課題や「生きにくさ」を，解決にむけて自ら具体化していくための「社会的資本」を「農」を軸としてどう構築していくか，である。

5. 事例から学ぶべきこと

　上記のような「起業」に対する考え方をふまえたうえで，本節では，数多く存在する事業活動のなかから，3つの例に着目し，女性たちがどんな思いをこめて事業に携わっているのか，それが地域で実際にどのような具体化をみているのか，そこで提起されている新たな価値とは何か等についてたどっていきたい。

(1) 東部町──味工房ゆらり（農事組合法人）

　東部町における女性起業の事例として、地域特産品の加工と販売に取り組む農事組合法人「味工房ゆらり」を取り上げる。それは、多くの女性起業が直面する課題である理念（目的）と経済性のバランスについて、一定程度の成長をとげた同法人から学ぶためである。同法人が経営のなかにどのような価値と方法を埋め込みながら、この課題に対応しているか、それが地域や女性にどのような影響をもたらしているか、みていく。

女性グループの活動から事業に
　農事組合法人「味工房ゆらり」は、都市との交流を目的に「農林漁業体験実習館」として、東部町が設置した温泉を中心とする保養エリア「アグリビレッジとうぶ」の一角に建設された加工所と隣接する店舗「味工房ゆらり」で、農産加工と販売事業を営んでいる。
　「味工房ゆらり」の母体は、1987年に農業改良普及センターが開設した「農村婦人学級」への参加を契機に、地域特産物の加工に取り組もうと考えた女性たちが結成したグループにさかのぼる。その後、グループでの加工研究を重ねるなかから、より積極的に農産加工に取り組みたいという女性たちが現れ、90年に結成された「東部町味の研究会」（42人）が母体となっている。グループ時代に鍛えた「おやき」に加えて彼女たちが加工のメインに据えたのが特産品の巨峰と町が産地復活に取り組んでいたクルミである。会発足2年後には巨峰の乾燥に成功し、94年には「ドライ巨峰」を販売するに至った。その間には、補助事業も利用したり、県の研究機関の指導を受けながら、コンクールやイベントに出品し試行錯誤を重ねてきた。
　そうしたなかで、かねて町や農協に要望してきた「農産物処理加工施設」が建設されることになったため、96年に、「東部町味の研究会」を中心に、自分たちの牛乳でアイスクリームをつくりたいという酪農家も加わって、63名で「東部町農畜産物加工販売組合」を結成し、翌年には本格的な営業展開をめざし農事組合法人「味工房ゆらり」（出資金は1人当り5万円）を設立したのであ

る。

徹底した地元産へのこだわりで生産コストを削減

　農産加工には，アイスクリームとパン・洋菓子，もち・和菓子の3部門があるが，パン・洋菓子部門と餅・和菓子部門は東部町味の研究会が，アイスクリーム部門は酪農グループが新商品の開発などの責任をもつこととしている。

　販路は「味工房ゆらり」のほかには，近隣の量販店での委託販売やイベント，宅配などであるが，量販店での直売コーナー設置の時には農協が仲介役をしている。

　加工にあたっては地元産原料へのこだわりが強く，農協を通して地元の小豆や小麦粉，米を購入し，野菜等は同じエリアのなかで生産者が運営している直売所「ゆらり市」(160名)から購入している。また，巨峰は乾燥技術を確立したため年間地元のものを利用している。

　大人気の「おやき」の具もこうした地元の季節の野菜を取り入れたものやドライ巨峰入りのもの，また皮の色も茶やよもぎを使って彩り美しく仕上げているし，アイスクリームにも地元のクルミや巨峰，イチゴなどの味をおり込んでいる。

　本格的な営業開始にあたってパンを取り上げたのは，中高年むけのイメージがある「おやき」に対して，若い人をターゲットにするためで，相乗効果も狙ったからだという。新たな部門であり，専門家の指導を受けたが，工夫を重ねながらリンゴを発酵させた天然酵母のパンをつくり，いまでは地元のリンゴ，クルミ，巨峰を使って30種類ほどつくっている。

　地元の安全な農産物を使った場合に問題となるのが生産コストであるが，最盛期には大量に取れたものを農家が持ち込んでくるので，それをジャムや砂糖づけにしてストックしておき，パンや洋菓子，おやき等に1年中使い，安価なものを組み合わせて商品をつくっていくことで，これをクリアしているという。地元産へのこだわりが産み出した知恵と言えよう。

　こうした工夫をしながら「商品力」を高めることによって，2000年度の販売高は5,200万円となり，年々アップしている。利益がでたら施設利用料（町

の振興公社）を支払うことにしているが，いまのところは経費を差し引くとトントンなので，支払っていないという。

　　働きやすくをモットーに
　役員は5人理事体制で，うち女性は2人（組合長は男性）だが，3つの製造部門も販売部門も責任者は女性，事務部門の総括的な責任者も女性であり，経営のイニシアティブは女性が握っているとのことである。定年退職した男性などが裏方として配達等の仕事を支えている。
　現在の組合員は66名だが（男性17，女性49），農業者であることを条件にしているし，「味工房で働くようになっても，自分の家の農業を減らさない」ことを申し合わせている。そのために，労働時間については，早朝がいい人や昼間がいい人等，それぞれの条件を大事にして，家事や農業等と両立できるよう無理のないローテーションを組んでいるし（時給700円），農繁期にはパートを採用している。
　平均年齢は53歳で，男性の定年退職者から30〜40代の若い母親までと幅広い。そこで，加工はベテラン女性，計算業務が伴う販売は主として若い世代が担当するというように，ライフステージに対応して仕事にかかわれる工夫もされている。
　こうした緩やかな勤務体制は専業農家にとっては働きやすいものの，子育て中でお金が掛かる人たちからは，もっと働く日数を増やしてほしいという要望もある。生産効率から考えると仕事になれた人が継続的に働くことが望ましいわけだが，リーダーは「出荷者も含め，できるだけ多くの人の参加を目指している」という。そこには地域の事業であり，多様な人がかかわることや限られたパイを多くの人で分かち合うという，という意識がうかがえるが，こうした方向性が，起業の社会的認知にも繋がる。
　現在，味工房が地域内から購入している農産物は年間約1,100万円ほどで，その意味では地元農産物の新たな需要を創造し，地域農業の振興に一役買っているといえるが，加えて，付加価値をつけることで地元の雇用や消費需要（販路）を創り出していることを考えると，経済効果は小さくない。

こうした地域の農業や経済へのインパクトに加えて、徹底した地域農業へのこだわりや、できるだけ多くの人の参加を重視するという経営姿勢は、地域社会のジェンダー観も揺さぶった。そのことは、「味工房ゆらり」を傍観していた農協が販路開拓への支援をしたことや、初の農協女性理事を誕生させたことなどからもうかがえる。

学校給食や都市との交流

東部町には、98年に建設された東京都大田区の休養施設があり、これを管理運営する町振興公社では、「アグリビレッジとうぶ」と連動させながらグリーンツーリズムを展開している。ここには味工房も注文に応じてパンやおやき等を収めているが、それだけでなく、新たな交流メニューも働きかけ、子どもたちにソバ打ち等を伝授している。生活改善グループ時代に鍛えた腕前を活かしたわけであり、今やおやき・ソバの体験学習は地元の中学校にも広がっている。

また、「アグリビレッジとうぶ」では、毎年「イベントカレンダー」を作成し、毎月実にさまざまなイベントを開催しているが、「味工房ゆらり」もその一翼を担い、季節に応じた加工品を提供している。例えば、4月の柏餅、6月の「桑の実のジェラート」、8月の「七夕まんじゅう」、9月の「彼岸おはぎ」等で、12月にはクリスマスアイスや賃餅も予約制で受け付けている。こうした地域性や季節感のある食べ物の提供は、集客効果だけでなく、都市住民に食文化や伝統行事等、農村文化の豊かさを発信する役割も果たしているといえる。

食や農業へのこだわりは、食の安全性や次世代の育成にも目を向けることとなり、学校給食とのかかわりも生まれ、現在は幼稚園や小学校にパンとおやきを提供している。そしていま、取り組んでいるのが現在の地粉50%のパンから100%のパンづくりへの挑戦で、安全性への関心が強い給食現場からの要望に応えたものである。量が多いので前日につくらなければならないが100%パンは時間がたつとパサつくので、試行錯誤の段階とのことである。

都市及び地域のこうした異質な人々との交流のなかで、発想や行動の仕方がトレーニングされ、新たな発想や加工品づくり等の生出しに影響しているとい

える。

農業とともに生きる

「東部町味の研究会」からのメンバーで，現在パン・洋菓子部門の責任者となっている竹内爾恵子さんは，農産加工と農業（巨峰の専業農家）で忙しいなかでも，足元にしっかり目配りしている。たとえば，休耕田を花畑にし，花見をする等して地域の人たちが集る場所や機会を自ら創ってきた。それは，後継者不足で活気を失っていた地域でも，自分の住んでいるところは良いところだと言える環境にしたかったからだと言う。今では中山間地直接支払制度の実施もあって，こうした取り組みが地域に広がってきている。

また，東部町では，巨峰の産地を守ってくために4年前から新規就農者受け入れ支援策をスタートさせ，現在9世帯が農業に取り組んでいるが，竹内さんは，その研修生を受け入れ，栽培技術の指導をしている。それだけでなく，一緒に花を植えて，花見を楽しんだりして農村生活の豊かさもエンジョイさせている。「ぽやきばかり言っていたのでは新しく農業をめざす人はこない。自分たちが充実して農業をやりながら，たとえ少人数でも自分たちのように生きたいという人がいたらいい」と考えるからである。新規就農希望者のなかには，作り手のいなくなった巨峰園を借りて農業を始めた人がでているという。

竹内さんの場合，仕事起こしの途上での産みの苦しみや，地域農業活性化に向けた取り組みの苦闘のなかで獲得したエンパワーメントと農業への価値意識が地域や農業へのこだわりを強め，農業を核に自らの人生を設計するという生き方に繋がっていったと思われる。そして，こうした竹内さんの行動や考え方，いわば生き方が地域の人々に農村や農業の価値を再認識させることとなり，意識と行動を変えさせたと言えるし，そのことが竹内さんにとっては，改めて地域や農業へのこだわりを強めることにもなっていったと思われる。

理念と経済性

「味工房ゆらり」は，グループ活動での蓄積を核として，経済活動に取り組む過程で女性たちがエンパワーメントしながら，市場経済を創出してきたもの

であるが，事業規模の拡大に伴って地域での影響力も増してくるし，事業としての安定性が求められてくる。そうしたなかでの現段階の課題としては，生産効率のアップや地元原材料の利用と生産コストのバランス等があるが，これらの課題への対応も，地域のストックを活かしきるという視点を貫こうとしている。それは，1つは人づくりや人の活かしあいで，多様な生産者や生活技術をもつ人々を活かすことであり，2つ目はメンバーの労働主体化やリーダー層の経営能力の開発等，起業主体のエンパワーメントである。そして，3つ目が農業・農村の多様な資源を活かすことである。

「味工房ゆらり」は，こうした地域資源を活かすことで市場経済とは異なる価値をつくりだしているのであり，そのことが女性起業のインセンティブを高め，地域の支持と共感を得ていくこととなり，起業の理念と経済性とのバランスが図られていると考えられる。

上記のような価値意識は，都市との交流や学校給食現場の人々の交流といった農業の外にいる異質の人々との社会的関係の広がりのなかで，農業や農村を相対化したことによって，いっそう強く意識することになっていったと思われる。そしてまた，こうした社会関係の広がりをもたらしたのは，起業のプロセスを通したさまざまな出会いと体験による女性たちのエンパワーメントや，地域社会における起業への共感と認知によるものであろう。

(2) 武石村に展開する農を核とした教育現場との連携

本事例では，JA信州上田の理事を務める児玉宏子[7]さんが，武石村で地域の仲間とともに進めてきた諸活動をたどりながら，その活動の裾野の広さ，とりわけ農業を軸として取り組んできた地元や県外の教育現場との連携に学びたい。自分たちにとって住み良い地域とは何か，その追求が，「生きにくさ」を抱える中学生，高校生たちへの働きかけに及んでいく，いわば共益と公益の「接続」が焦点となる。

徹底した農業へのこだわり

　まず，中心となる児玉さんの，農業とのかかわりから見ていこう。若い時分，保母を勤めていた児玉さんが，農業に携わるようになったのは1970年代後半。養豚から初めて，野菜，花と，様々な作目を試みた。農業を始めた頃は，ゆり，ほうれんそう，りんどう等薦められるままにいろいろ挑戦した。ほうれんそうではハウスも建て，年間4回出荷。大変な労力だったがこれを3年続けるうちに，連作障害などが起こり，これまでのやり方が壁にぶつかった。その経験から，土づくりのセミナーを受講し，土についての理解が深まってからは堆肥づくりに力を傾け，品評会で村長賞を取るところまでこぎ着けた。現在では，退職した夫と専業農家として花卉栽培を行っている。

　農業者ではあったが，早くから「消費者の会」にも加わり，複眼的な視点から農業を見てきた。土づくりの重要性についての確信も，生産者の立場からだけでなく，消費者の立場に立つことによっていっそう強まったという。こうした考え方が地域の農業者仲間とも共有されて，それが学校給食の産直化にもつながり，地元学校への農産物供給のために，男性10名による「せんぜい（千菜）畑の会」が発足したという。

農業と地域での支え合いにこだわった活動の蓄積

　武石村は，改良普及事業や公民館学習等の活動が活発だった地域であるが，農協女性部はない。その農協女性部不在の地域から初の農協女性理事が昨年誕生した。それが児玉さんである。理事選出の背景には，児玉さんが農業を核としながら，農業に密着した学習や地域生活に欠かせない相互扶助を一貫して模索してきた経過がある。

　児玉さんは仲間とともに，これまで生活改善活動を，グループ別に行ってきた。簿記，パソコン，おやき，味噌，ふれあい園（親子農業体験）等，身近な課題を軸に据えての取り組みである。構成メンバーは第一線で農業をやっている人ばかりで，グループへの定期的な参加は忙しさのなかで困難な面もあったが，なにより心の拠り所，仲間どうしの支え合いの意味が大きかったという。

　同時に，切実な生活課題についての取り組みも行ってきた。その1つが「お

でかけボランティア」だ。児玉さんの在住地域の戸数は55戸，人口は200名弱。高齢者が増え，特に昨年の雪の日の外出が大変だったことから，「おでかけボランティア」を立ち上げた。医者や冠婚葬祭などに出かける際の送迎が活動の中心である。部落52戸のなかから男性も多数含む21名がボランティアに登録した。当初は利用は少なく，利用をためらう高齢者に，「遠慮しないで利用して。助け合うのは順番なんだから」と声をかけてきた。大雪の日に何時間もかけて病院にたどり着いた高齢者を身近で見ているだけに，事業の必要性に対する確信は強かった。今夏になって利用者も増えてきたという。これと関連して，村内の特養「ともしび」を中心に始まった地域通貨の勉強会にも夫が積極的にかかわるようになった。

　児玉さんの活動の全てを網羅はできないが，以上から農業と地域での支え合いの2点にこだわった活動の蓄積の一端が確認できよう。

荒れ，学びから逃走する県外高校生たちの受け入れ事業

　児玉さんたちの活動は，自らの生業と地域の相互扶助にとどまるものではない。昨春から武石村の農業委員会主催で行っている，豊田市の高校の新入生合宿の受け入れ事業にも及ぶ。工業地帯の都市型生活に慣れ親しんだ生徒らが，農村生活を体験する，というこの企画は，高校生たちの，人とかかわる力を育てることをねらいとしている。この高校では，1年次の中途退学者が多いため，その解決策の1つとして，入学早々に，これまでとは違った環境のなかで合宿を組み，コミュニケーション能力の修得と共同生活の重要性と楽しさを伝えようと合宿及び農林業体験学習を企画した。昨年は村内60戸が1泊249名を受け入れた。農家側は，都市部の高校生の言動に戸惑いつつも，じゃがいも植えやしいたけの菌打ちなど，各家庭で仕事を用意して対応した。昨年，秋にじゃがいも等の収穫に訪れた際には，高校側は，例年と比べて学校離れが少なくなったと，この受け入れ事業を高く評価していたという。

　今年の受け入れは43戸で，ほとんどが昨年の受け入れ経験者。普段どおりの生活をしてほしいと言われても，作業で汗をかけば温泉まで送り迎えしたり……と農家側の負担も大きく，新たな協力先の開拓は難しいという。

しかし，こうした事業の意義が社会にも広く認知され，地元近くの中学校，高校からも「総合的学習時間」に農業体験をやらせてほしいと申込みが相次ぐようになってきている。子どものみならず教師の長期欠席が増える等，長野県内でも，子どもの指導に悩む教員が多い。そこで，子育てを学校まかせにせず，地域ぐるみでの子どもとの関わり，すなわち「余所の親に声をかけてもらいながら育てる必要がある」という発想が生まれ，近隣町村どうしが協力して，町村を変えホームステイをすることになった。

しかし一口にホームステイといっても容易に協力者が確保できるわけではない。地域で相互信頼関係が確立しているからこそ，はじめて成り立つ事業であることを強調しておくべきだろう。そうした相互信頼は，いかにして形成されるのか。たとえば以下のような，生活資源の共同開拓の積み重ねが信頼関係の厚い，社会関係の形成を担っているのではないか。

地域での手間替えで続けてきた味噌づくり

味噌づくりは，従来地域の手間替えでやってきたが，そのやり方だと全部の家を回るのに1ヵ月かかるという。作業負担も大きく，そのため手を患う人も出てきたためで，三相モーターの混合機を購入した。自分たちのことなのだから「多少の元手を負担するのは当然」として，補助金を活用し，残り半分は自分たちの出資。自給用を中心にしつつも，味噌加工の受託事業も行っている。経済的メリットだけを考えれば，現在設定している加工賃[8]は割に合わないが，地産地消の一環として意味は大きい。

かつてはほとんどが農家だったので近所の家に集まって，5軒1組でやっていたが，最近は勤めの人も出てきて近所で連携してつくるのが難しくなり，地元の大豆で自給的に味噌をつくるという，地域の貴重な発酵食品文化の維持がおぼつかなくなっている。仮に加工施設があれば，これまでと多少形は変わるが，地産地消が根づくことは可能だ。そこで児玉さんたちは，村やJA所有の，現在未使用の加工施設を，地元の味噌づくりに使わせてほしいと要求してきた。しかし思うような協力は得られていないという。「目の前で，せっかくの施設が朽ちていくのを見るのはしのびない」と児玉さんは繰り返した。

若い世代へのバトンタッチを視野に

児玉さんが加工施設にこだわるのは、地域ぐるみでの味噌づくり維持の他、もう1つ理由がある。「加工施設を本格化することと、若い人への参加を同時並行で進めるべき」というのが児玉さんの主張だ。加工施設がなければ若い人たちに負担の多い仕事を薦められないし、逆に施設だけあっても、それを使いこなす次世代がなければ投資が無駄になる。そこで農村女性セミナーの修了生に声をかけるようにしている。

今は、地域での様々な企画の際、30～70歳代まで幅広い年齢層の参加がある。児玉さんは、動員的な参加でなく、実質的に、若い農業女性にも活躍の場があることが大事であるとする。例えば前述の、県外からの高校生たちに出して大人気だった「じゃがバタおやき」のアイデアは一番若い母親からだった。90歳になる彼女の祖母がつくってくれたこのおやきが、高校生たちにも歓迎されるなどして、自信を深めたり、地域に対する愛着が育っていく。そうした仕掛けづくりに加工施設を活かすべきだという。

農村の女性が紡ぎ出した3つの諸相
——コミュナル，市場，公共性——（図3-1）

武石村におけるこうした活動は、当事者たちの暮らしと仕事の必然性のなかからその都度編み出されてきたものである。さらに言えば、自らの暮らしと仕事を大切にするそのことが、農村とは全く異質の、都市部の高校生の受け入れ事業とも連動した。

農村女性の仕事起こしがもつ社会的価値とは、徹底的した地域的内発性（武石村の例では仲間づくりや支え合い、地域の交通弱者に配慮した外出ボランティア等）に基くコミュナルな社会関係や経済活動と、地域外の他者をも包み込む地域単位よりもさらに広い公共性（都市部からの高校生の受け入れ事業等）そして市場にも対応し得る農業経営、これら三者が相互に活かしあう関係となっている点にあるといえよう。つづく事例（3）とも共通することであるが、「コミュナルな経済」と「市場的経済」、そして「公共的空間」といった3つの領域の緊張関係が、当事者たちの発想と事業、そして人間関係を豊かなものにしてい

図 3-1　農村女性の地域活動の多層性──3つの次元 ①

```
┌─────────────────────────────────────────────────────┐
│ 生活改善から発した地域ぐるみの味噌づくりグループ活動等 │
│ 仲間づくり，支え合い                                  │
│ 市場のペースでなく，地域の発酵食品文化や地産地消のライフスタイル │
│ を維持するための経済活動                              │
│              コミュナルな経済の醸成                   │
└─────────────────────────────────────────────────────┘
     ↓市場に対する規制           ↓「公共的空間」づくりの源基
┌──────────────────┐      ┌──────────────────────────┐
│ 個人の農業活動     │      │ 高校生ホームステイ事業      │
│ 品種改良，土づくり等の飽くなき │ 教育現場との連携を通じて，異なる価値 │
│ 研究の積み重ね     │      │ 観・利害をもった主体の協働   │
│   事業活動の高度化  │      │    より大きな公共的空間の形成  │
└──────────────────┘      └──────────────────────────┘
```

くのではないか。

(3) 上田市塩田平に展開する女性の複合的事業

本事例では，以下に述べる塩田平に展開する「そば処」「まめの会」「大豆オーナー制度」の3つの事業の結びつきに着目しながら議論を進めていきたい[9]。先取りして言えば，これら3つの事業は偶然に並行的に存在するものではない。後述する「コミュナルな経済」「市場」「公共空間の形成」という，異なる社会的役割を担った3つの事業の広がりと相互関連がどのようにお互いの存在を必要としているのか，そこを論点としていきたい。

観光地にそば処「北条庵」を立ち上げ

歴史的建造物や美術館，そして農村的な景観など観光資源が密集する上田市塩田平の一画に，同市の観光・地域振興施設「塩田の館」がある。特産品の販売や郷土資料の展示，おやきづくりの講習会等のイベントに活用されてきたが，2000年12月よりそば処「北条庵」が開店した。これまでもおやき，うどん，すいとんなどは出していたが，いっそうの活性化が課題とされてきた。そこで，施設運営者（上田市）から，西塩田営農活性化組合の女性部に声がかかったと

いう。

　西塩田営農活性化組合とは，地域営農システムの構築を目的に，上田農業支援センター[10]によって地区別に構成された農業関係者組織である。後にそば処の運営代表者となる花卉農家の石川香代子さんは仲間とともに，この活性化組合の「地域振興部会」として女性部を設け，1997年頃から大豆，そば，花づくりを担ってきた。集落ごとに2～3人ずつ12名が集まっての活動である。いずれも昭和10年代後半生まれの，60歳前後の女性が中心で，したがって経験も人脈も豊富である。当初は地元でのイベント時，昼食づくりを女性たちが担当する，などの活動にとどまっていたが，物足りなさもあったという。そんなとき，市から「館」での事業委託の話があって，そば処「北条庵」に本格的に取り組むこととした。

　店では，上田及び青木村のそば粉を使った手打ちそばを5枚の小皿に盛り分ける「皿そば」を提供している。皿そばは，現在，兵庫県出石町が著名だが，もともと出石町へそば職人を携えてそばの技術を伝えたのが，上田城主の仙石氏だったことから，「里帰りそば」と命名。このアイデアも石川さんたちによるものだ。石川さんは，バスで8時間かけて出石町に視察にいった際，「私たちの手でこの皿そばを里帰りをさせよう」と思ったという。仙石氏にこだわったのは，当時，同氏が「農業の活性化に力を尽くした領主」として塩田で評価されていたためという。

　そば打ちの技術修得のため，上田市の著名な蕎麦職人のお弟子さんから講習を受け，石川さんたちは1年半練習を積んだ。蕎麦に添えて，旬のものも一品出している。ふろふき大根，たけのこ，ふき，きゅうり，なす，かぼちゃ等，油を使わず，調理に手のかからない，そのままで旬の味が楽しめるもの，総じて「農家の女性らしいものを」という発想で開店当初からのアイデア商品だ。今度は何を出そうか……という工夫の楽しみがあるという。一品ものの原材料は，メンバーの農家で作っているものだが，安く買い上げて使用できる。

　事業の構成員は，全員農家に働く女性である。専業，兼業は様々だが，そば処に参加する女性たちは，いずれも農業の第一線で担う者ばかりで，2日にいっぺんのローテーションでも時間のやりくりは容易ではない。「まさか私た

ちがお店をやろうとは思わなかった」と副代表横山文子さん。シーズン中，大型バスが乗りつけてくると，11時から14時までの営業時間に150人をさばくこともある。通常，打ち手は2人，ピークにはもう2名補充する。昨年度は，年間12人のメンバーに対し，合計520万円の給料を出した。年間売り上げは1,300万円。

月1回，女性部全体で集まって，仕事のやり方でまずいところは軌道修正する。例えば一品料理の盛り方や，お客さんに対して声が出ていないなど，どうすればいいか，細かいことだが，仕事を着実により良いものにしていくには，欠かせない検討だとする。

そば処に至る前段階の諸活動

石川さんの活動は，「そば処」に限らない。すでに，1995年，忙しい花卉づくりの傍ら，地域の女性仲間に声をかけて1995年に「まめの会」を発足させている。減反の水田3反歩を利用して大豆700kg収穫する。さらに各自の土地でつくった豆も持ち寄り，廃校になった地元小学校の給食室を利用して，毎年約2,500kgの味噌づくりを手がけてきた。10kg 6,000円で販売している。販売先は，上田市役所の職員，親戚など限られたルートだ。2.5トンを11人の仲間で分けるので，販路を広げても対応が難しい。また生産を拡大するには，熟成場所が無いなどの課題も多いという。普及所からは，「ヒマなかぁちゃんたちの小遣い稼ぎ」と言われたが，仲間はみんな専業で農業をやっている人たちなので，味噌づくりに，年間10日間以上の拘束を求めるのは容易ではない。石川さんは「家業の農業は，あくまで個人の営み。仲間とともに工夫するといった場面はない。だから，まめの会の活動は，お金には換えられない『ストレス発散の場』でもある。仲間が集まってきて楽しみがあればいいと思って続けてきた」という。

こうした活動は，第1に地域農業を守る，第2に発酵食品の文化を自給自足の営みによって支える，第3にあえて市場化はせず，かかわる人々を限定しその結びつきや1人ひとりの充足感を大事にする等，市場経済と家族経済の間に立つ，コミュナルな経済領域といえよう。

大豆オーナー制度について

　上記のような活動がベースとなって，そば処に先立つもう１つの動きが生まれている。西塩田営農活性化組合では，2000年春から試験的に大豆オーナー制度を立ち上げた。農業支援センターが中心となって，活性化組合員らとTN法による事業案を固める過程で，地域資源として，歴史的文化財と並んで石川さんたちが手がけてきた「大豆生産」と「味噌づくり」が重視されたとの記録が残っている[11]。当初「かぁちゃんたちの小遣い稼ぎ」という位置づけだった活動も，数年して「地域資源」としての評価を得ている点に留意したい。

　事業内容は，オーナーに１口4,000円の拠出を求め，畑10坪分の大豆6kgを保障するというものである。希望者には，「まめの会」への委託加工も受け付けた。当初から，男性を含めた地元参加を意識的に呼びかけ，行政，農協もバックアップをした活動として，地域でも注目を集めている。石川さんは振り返って，「最初は力が入りすぎて，オーナーをお客さん扱いにしてしまった。オーナーだけでなく，受け入れる私たちにもメリットがないと意味がない」[12]としているが，女性たちの「豆づくり」や「味噌づくり」に託した想いが，社会的広がりをもって受けてとめられるようになったことは，大きな意味をもつ。

３つの活動の意味とそれらをつなぐもの（図3-2）

　上記では，「北条庵」「まめの会」「大豆オーナー制度」と３つの活動を追ってきた。そこに関わる女性たちは，自身と仲間の意向を尊重しながら，３つの微妙に異なる事業領域を，バランスをとりながら育ててきた。

　まず「まめの会」は，前述のようにコミュナルな経済領域といえよう。もとより，家業の農業からは独立領域である。かといって市場志向ではなく，味噌の販売先は気心の知れた，また石川さんたちの事業の意義を理解してくれる関係者に限られている。仲間が活動に楽しく参加できるかどうか，という点から事業規模を決定している点も，コミュナルな事業の特徴といえよう。

　それに対して，オーナー制度は，当初の意図としては，「まめの会」と重なる点も多いが，行政や，活性化組合の組合長を頂点とする地域の既成組織，そして多様な意図をもった都市からのオーナーたちとの協働が必要となる。利害

第3章 女性及び高齢者の「農」を含めた仕事起こし　99

図 3-2　農村女性の地域活動の多層性――3つの次元 ②

```
┌─────────────────────────────────────────────┐
│                   まめの会                    │
│  農村女性としての悩みやお互いの仕事の価値を分かち合える仲間  │
│  市場のペースでなく，自分たちの充足感を大事にした事業運営      │
│              コミュナルな経済の醸成               │
└─────────────────────────────────────────────┘
   ↓ 市場に対する規制              ↓「公共的空間」づくりの源基

┌──────────────────────┐  ┌──────────────────────┐
│    そば処　北条庵      │  │     大豆オーナー制度       │
│ 観光・地域振興の経済的主体│  │ 男性／女性，都市／農村，住民／行政等│
│ として，市場で機能      │  │ 異なる価値観・利害をもった主体の協働│
│    事業活動の高度化     │  │    より大きな公共的空間の形成    │
└──────────────────────┘  └──────────────────────┘
```

の異なるものが一堂に会した団体であるがゆえに，かかわった人々すべての充足感を確保するには，より高度な運営が必要となり，またその運営を支える制度も求められる。コミュナルな経済に比して，さらに複雑な公共的空間として位置づけられよう。

　また，「そば処」は明らかに「市場」の一画を占める活動である。観光客の動向にあわせてローテーションを組み，レジや接客の研修などもこなすことを要求される。本来「コミュナルな経済」の一環だった「我が家の旬の一品」も「商品」として店に出される。しかしその一方で，コストや手間がかかっても，添加物や輸入品はいっさい使わないというコミュナル経済の方針はここでも貫かれる。

　このように，女性たちが展開してきた活動は，コミュナルな経済を核として，より大きな公共的空間の形成と，市場的機能への接続という，2つの異なるステージをも生みだしてきた。重要なのは，この3つが図3-2のように相互に関連しながらそれぞれの存在感を増している点である。

　おわりに

　本章では，第1に，女性たちの「農」を主軸とした仕事を通じて，その発想

や事業手法が提起する「社会的価値」を描くこと，第2に，そうした事業としての斬新さが，地域の暮らしや仕事，及び，地域社会を越え出た公益的な広がりとどのような関連をもっているかについて考察することを目的としていた。事例で取り上げたのは，いずれも高齢者や女性が農業と地域活動の第一線にある姿といえる。事例が私たちに教えてくれたのは，昨今，着目される「女性起業」がけっして新しい「ビジネス」の面からのみ特徴づけされえるものではないこと，否，むしろ起業や仕事起こしの土壌として，地域の暮らしと仕事を，徹底して大切にする想いと，一見無縁なようでありながら，その想いの延長に位置づく他者への働きかけとの2者が存在し，影響しあっているということであった。

本章ではそれを「3つの次元」の相互作用と見てきた。第1の次元としては，地域社会における仲間づくりや，既存組織（生活改善グループや農協，社会教育グループ等）を媒介とした人間関係の構築，また，農業を核としながらこの地域で豊かに生きていこうとする想いの共有から発した地域事業を挙げた。第2には，学校給食への食材提供，都市部の教育現場との連携，新規就農者や都市住民の受け入れ等，地域内の相互扶助事業から少しかかわりの対象を広げた，公共的空間への関与である。

そうした土台に上に，商品開発の積み重ね，生産効率向上の工夫，地元産・自家産生産物の利用によるコスト減，労働に対する経済的対価の保障等を追求する姿，すなわち，市場的価値への志向が存在しているとはいえまいか。あくまで，自分たちの暮らしと仕事を豊かにする「地元」拠点にしながら，「公共空間」と「市場」に関わる，この三者の緊張関係が，女性たちの仕事起しの広がりを保障としていると考えられるのではないか。

【注】
1）　田中夏子「中山間地域における女性たちの仕事起こし——食と農を結ぶ試みが提起する新しい価値」『地域開発』第431号，日本地域開発センター，2000年，11〜15頁。
2）　岩崎由美子・宮城道子編『成功する農村女性起業』家の光協会，2001年，6

〜 21 頁。
3) 天野寛子『戦後日本の女性農業者の地位　男女平等の生活文化の創造へ』ドメス出版，2001 年，221 〜 285 頁
4) 農業水産省経営局女性・就農課『農村女性による起業活動実態調査の概要』2002 年。
5) 田中夏子「長野県上田・佐久の農村地域における女性の仕事おこしに関する調査報告」長野大学産業社会学部『長野大学紀要』第 21 巻第 3 号，1999 年。
6) 筆者は起業にいたる前提となる「社会的資本」として，農村女性が展開してきた，質的・量的に膨大な「社会的活動」を重視している。田中夏子「農村女性の「社会的活動」と地域社会のおける公共圏の形成——信州における農村女性の生活時間調査及び仕事おこし調査をふまえて——」日本地域社会学会編『日本地域社会学会年報　第 14 集』ハーベスト社，2002 年，168 〜 189 頁。

7) 取材に応じていただいたのは，児玉宏子さん（JA 信州うえだ理事／武石村生活改善グループ協議会／武石村在住）。関連情報として，『東信ジャーナル』2002 年 4 月 20 日号，『信濃毎日新聞』2001 年 4 月 25 日，2002 年 4 月 20 日号，農村女性ネットワークながの編『農村女性ネットワークながの　30 周年記念誌　未来を開く』長野県農政部農業技術課，2002 年，79 頁（ふれあい園活動報告）。
8) 各家庭から，米 1 斗，大豆 1 斗を預かる。塩や保管のために必要な道具は受託者が負担。味噌 52kg で 9,700 円（200 円／kg）で受託する。本来は kg 900 円くらいが相場。たとえばある農家では，150kg 出して 26,000 円を加工賃として払う。労働報酬は 23,000 円で時給に換算すると 300 円。
9) 取材に応じていただいたのは，横山文子さん（農業／そば処北条庵副責任者），石川香代子さん（農業／西塩田営農活性化組合女性部責任者／そば処北条庵責任者），また，竹堤やす子さん（農業改良普及センター）からは，大豆オーナーについてのお話とともに活性化組合についての貴重な資料提供をいただいた。
10) 上田市，農協，農業改良普及センター，農業委員会，農業者等，地域の農業に関わるあらゆる主体による参加のもと，運営委員会を構成し，それが市内 16 の地域にわたって集落営農の基本単位である「活性化組合」を編成している。事務局は農協が担う。
11) 21 上小農業活性化協議会／上小農業改良普及センター「地域営農システムと普及活動化構想からはじまった住民主体のむらづくり」上小農業改良普及セン

ター，2000 年，34 頁。
12) 『信濃毎日新聞』2001 年 12 月 12 日でも，「同事業は，まだ農家の収入に結びついていないのが悩みだ。宮沢組合長は『少しずつ成果は出てきている。今後，リンゴやブドウも含めて事業を広げたい。収益に結びつけたい』と話していた」と報じているように，受け入れ農家側の経済的メリットをどう生み出すかが，本事業の課題とされている。

第4章　住民参加型の地域活性化

はじめに

　農協の合併は，1961年に農協合併助成法が制定され，これが82年で期限切れになってからも引き続き推進されるなかで進展し，農協数は大きく減少してきた。とりわけここ数年は，金融自由化に伴う「農協信用事業の健全化」のプレッシャーが強まり，そのテンポを一層速め，91年度末には3,394あった農協が，10年後の2001年度末には1,041と，ほぼ1/3になっている。
　それは当然のこととして，支店・支所の統廃合に繋がる。この推移を「総合農協統計表」から見てみると，合併が進むなかで97年までは支店は増加し，出張所は減少を続けており，合併とともに出張所は減らし，合併前の本所は支所として残したことがうかがえる。しかし，98年以降は支所数も減少しているのである。ちなみに，98年は前年に比べると212の支所がなくなり，さらに翌年は113，翌々年は87減少したので，3年間では412の支所がなくなったことになる。そしてまた，支店・支所には購買店舗を併設しているところも少なくないが，これらも多くの場合閉店されることになる。
　しかし，農協の支店・支所・出張所や購買店舗は，農協業務を遂行したり，物を買うという場所だけでなく，地域の人と情報が行き交う拠点としての機能を担い，そして農協と組合員や地域住民とをつなぐ役割を果たしてきた。したがって，その減少は生活上の利便性を喪失させるとともに，こうした機能や役割をも後退させることとなる。
　こうしたなかで，農協の支所や店舗の廃止に対応するために，各地でさまざまな動きが見られるが，なかでも京都府南丹地区の8農協と1専門農協による

合併(京都南丹農協。2001年にはふくちやま農協と合併して京都農協に)に対応した美山町の取り組みは,農協支所の廃止を契機に新たな地域づくりへと展開している。そこで,当町の事例を通して,これからの地域づくりのあり方を見ていくこととする。

1. 美山町の地域づくり

(1) 美山町の概況

　美山町は,京都府のほぼ中央に位置し,町域面積 340.47 km² と京都府内町村では一番大きい。京都大学演習林のある芦生原生林を源とする由良川が中央部を西流し,その支流を含めた川沿いに 57 の集落が散在する。96%が山林であり,平坦部の標高が 233m の山間地域で,年平均気温 13℃,積雪も比較的多い(地図)。
　1955 年に 5 か村が合併して美山町が誕生したが,高度経済成長のなかで過疎化が急激に進み,合併当時の人口 1 万人余が 90 年には半減,それ以降は人口減少に歯止めがかかったものの,近年は少子高齢化が進み,2000 年には人口 5,231 人,高齢化率は 32.36%と激増している。世帯数は 1,922 戸,うち 861 戸が農家世帯である。
　美山町には鉄道は走っておらず,京都市から JR バスが運行していたが,94 年に JR バスの町内路線が廃止されたため,現在は,JR 京都駅から隣町の京北町までは JR 西日本バスが運行し,そこから美山町までは町営バスで対応している。
　山間地域である美山町は,戦前から自給的な零細農業と薪炭林を基本とする山村経済であり,戦後は森林公団が森林造成を積極的に行っていたため,60 年頃には林業就業者が 3,000 人ほどいたが,今では 120～130 名程度にすぎない。しかし,それでは木の育成に手が回らないため,森林組合が呼びかけて 92～93 年頃から新規に就業希望する都市の若者を受け入れている。

農業について言えば、農家の78%が兼業農家で、1戸当りの平均耕作面積は56aと零細な農業経営であるが、79年に新農業構造改善事業や団体営ほ場整備事業を導入し、土地基盤整備（ほ場整備率99%）や農業近代化施設、集落環境整備を実施してきた。現在は、各集落に設立した「農事組合」を中心とした集落営農や野菜のハウス栽培、酒米、酪農・養鶏、農産加工等に取り組んでいる。

とりわけ、畜産部門（養鶏・酪農）や農産加工部門が盛んで、加工については63年創業の芦生なめこ生産組合や、89年からスタートした「村おこし運動」のなかから農産加工グループが多く誕生しており、これらの特産品開発グループは現在までも続いている。最近では酪農・養鶏の経営者が「農事組合法人おもしろ農民倶楽部」を結成しハム・ソーセージの加工・販売をしている。

こうした地域資源を活用した農林業の振興と同時に、この10年ほどは都市農村交流による産業おこしに力を入れており、これが地域経済を支えつつある。

(2) 美山町における村おこしの歩み

しかし、高齢化と過疎化、そして基幹産業であった農林業が後退しつづけるなかで、都市交流による町づくりに活路を求めるに至るまでには、長期にわたる地域活性化の取り組みがあった。その村おこしのプロセスを概観しておく[1]。

美山町役場の資料によれば、現在は村おこし運動の第4期であり、第1期は、高度経済成長のあおりを受けた過疎化に減反政策が拍車をかけ、農地の荒廃化が目立ってきたことに対応するための農業基盤整備からはじまった。まず

78〜80年には，集落の活性化に向け，意向調査や集落懇談会を実施した（78年には年間183回）。そのなかから住民要求を掘り起こすとともに，町内全集落に「農事組合」「造林組合」設立し，「田んぼは四角に 心は円く」をキャッチフレーズとして，住民参加による「住みよいふるさとづくりをめざして」（実施方針）いくこととしたのである。79年以降は，新農業構造改善事業をはじめとした国や京都府の補助事業を導入するなかで，農地は見違えるように変わり，多くの集落で多彩な集落営農が実践された。

　第2期は，80年代末からの都市との交流による村おこしの推進であり，「豊かな自然を活かした村おこしの推進」をキャッチフレーズとしながら取り組みを進めてきた。それは，芦生原生林や由良川の流れがつくる渓谷といった美しい自然景観や，茅葺の北山型民家が残る農村風景に惹かれて，80年代半ばに入る頃から，美山町を訪れる人や美山町での暮らしを志向する人が増えてきたことが契機となる。町では，村おこしを従来の農林業振興から農村振興に方向転換することとし，89年には「村おこし課」を設置するとともに，ふるさと創生1億円を用いて5つの旧村単位に「村おこし推進委員会」をつくった。地域住民の創意工夫による村おこしを目指したのである。

　同年には，都市住民との交流拠点となる「美山町自然文化村」を開村し，以後も「緑と清流の京都美山塾」（95年に「美山まちづくり委員会」へ）を開講し，地域住民の創意工夫を汲み上げた地域活性化ビジョンを作成したり，不動産会社による土地などの買いあさりを防ぐために第三セクター方式で「美山ふるさと株式会社」設立するなど，ソフト・ハード両面から都市交流のための環境整備を進めてきた。「美山ふるさと株式会社」は，土地・住宅斡旋，供給事業に取り組み，2001年3月現在では63世帯222名が定住しているが，その他も含めれば定住促進策による転入者は合計500人ほどになるという。ちなみに，これは総人口のほぼ10％に相当する。

　そして第3期は，「外部者のためのもの」というこれまでの都市交流による村おこしへの批判もでてくるなかで，都市交流による産業おこしを重視した村おこしを展開していく。それは93年に「北集落」が国の「重要伝統的建造物群保存地区」に選定されたことを契機とするもので，町では，「グリーン・ツ

ーリズム整備構想策定委員会」発足し，グリーン・ツーリズムと新産業おこしに取り組むモデル構想を策定した。

それらは，都市住民を呼び込むためのハード・ソフト面からの環境整備で，「美山町自然文化村」や「芦生山の家」を拠点とする原生林を生かしたハイキングや野草教室などの宿泊体験メニューの用意や，北集落でのかやぶき民宿の開業や美山ホール建設等，交流施設の整備である。この間には，第三セクター方式での「美山名水株式会社」の設立や（95年），京都市内でのアンテナショップ「美山ふるさと館」の開設（97年）など，町主導で新しい産業おこしを進めた。北集落においても，それぞれのグループが実施してきた民宿や農産加工，レストラン等の事業を包括する有限会社「かやぶきの里」を集落ぐるみで設立している（2000年）。こうした，取り組みの結果として99年には年間入り込み客が44万人に達した。

第4期のスタートは，99年3月の美山町農協通常総代会において，農協合併に伴い町内3つの支所の廃止を決定したことを受けて，そこを拠点に旧村単位で住民出資の有限会社が設立されたことから始まる。それは，これまで村おこしのさまざまな実践をしてきたにもかかわらず，高齢化の急速な進展で集落や地域，町段階で従来の機能が失われつつあるという町の危機感もあって，行政と旧村単位で再編した住民組織（地域振興会）との協同による村おこしに発展するが，これについては後述する。

(3) 美山町の村おこしの特徴

こうした美山町の村おこしに大きな影響を与えたとされているのが63年に設立された「芦生なめこ生産組合」である。そこで，簡単にその概要にふれつつ，当町の村おこしの特徴を見てみる[2]。

芦生集落は，由良川の源流がある芦生原生林の入り口に位置しているが，燃料革命とともに過疎化が進んできたなかで，61年に，6戸9人が，集落ぐるみで取り組める産業として原木栽培によるなめこ生産に取り組み始めた。63年にはなめこの生産と缶詰加工・販売を目的とする「芦生なめこ生産組合」を設

立し,さらに,66年には加工場を建設し,徐々に生産・加工・販売を本格化すると同時に,京都府立芦生青少年山の家の管理運営や町道除雪作業,町営マイクロバス運行等,行政からの受託事業により,販売高と組合員数が拡大し,集落の大半が組合に参加するようになっている。

　近年は,山の家を拠点とする原生林の自然観察ツアー等のグリーンツーリズムに取り組むことで他出した若者や都市の若者を迎えているが,いわば,地域の資源を生かした産業おこしからスタートとした当組合は,そのために不可欠な地域の資源を守ることで新たな仕事を創造したと言える。

　こうした「芦生なめこ生産組合」の取り組みがその後の村おこし運動に大きな影響を与え,当町の地域活性化の土台を形成している。その特徴として第1に指摘できるのは,地域資源を徹底に活かすという発想であろう。地域活性化に取り組む場合にも,いわゆる工場誘致という方法ではなく,「芦生なめこ生産組合」に代表されるように地域資源を活かすことで新たな産業を創造してきた。

　第2には,それゆえに,町のもつ自然や景観を大事にしてきたことが,地域に新しい価値を生みだすこととなり,これを資源として都市住民との交流を軸とする新たな産業の創造につなげてきたことがあげられる。過疎・高齢化の地域における活性化策には,外部からの経済効果を呼び込むことが欠かせないからである。さらには,町の担当者が,「2・3期の町づくりができたのも都市との交流による住民の意識改革があった」と語るように,都市との交流は住民が地域を相対化する契機となり,村おこしに取り組む意識を醸成することにもなった。

　3番目には,住民主体の村おこしが追求されてきたことがあげられる。そもそも村おこしの出発点も各集落に「農事組合」を結成し,住民主体による農地保全の取り組みを促進してきたし,その後も「村おこし推進委員会」や「美山塾」の設立等にみるように,核となる組織をつくり,住民参加の仕掛づくりや合意形成を図る仕掛がされてきた。「美しい村づくり」にしても「ホタル条例」(98年施行)にしても,住民自らが実践できる仕掛けをつくりつつ参加の裾野を広げていったことがわかる。

　しかし,こうした発想や取り組み方法も含めて,美山町の村おこしは一貫し

て行政が主導して進めてきたことも特徴的であろう。そのうえで農協や森林組合等の協同組合と連携しつつ仕事起こしに取り組んできたと言える。関係者が「零細農林家が多い過疎地にあっては，部門ごとに帳尻を合わせることはできないため，小さいを金にすることが大切」と語るように，小規模自営業や農林業の地域においては，それに相応しい仕事起こしを進めるうえで行政と協同組合が連携して，互いの機能を補完しあって支えることが不可欠だったと思われる。

2. 旧村単位に住民参加で営農と生活の拠点づくり

(1) 「タナセン」の設立過程とその活動

農協支所廃止への対応

　前述のように，1999年の美山町農協通常総代会では，合併が正式にスタートする1年の間に本店を含めた5ヵ所の店舗のうち3ヵ所の廃止を決定したわけであるが，それは併設されている購買店舗も閉鎖することも意味する。したがって，これまで支所が果たしてきた集落維持の機能がなくなるだけでなく，商店も少なく，しかも町の中心地から遠く離れたところに位置する地域においては，生活上の利便性が低下することにもなる。農協としても，過疎の町で町や地域住民との協同によって紡いできた事業や協同意識を根づかせたいという思いがあった。そこで，町と協議した結果，99年9月には住民に無償で貸与することを条件に，廃止する3支所を町に簿価で買い上げてもらうこととした。

　同時に，不採算部門の事業は合併農協に継承しないことも決定されたため，美山牛乳や漬物などの加工施設と販売事業は「美山ふるさと株式会社」が継承することとした。そのために同社はこれまでの定住促進部に特産振興部を加えた2部制に改組している。美山牛乳については，生産調整が義務化された時も加工用に回る生乳の差額分は農協が負担しながら下支えしてきたが，合併後の農協管内に進出する全農系の乳業会社に組み入れるという方針だったため，加

工事業を継続するために加工施設を町に無償で譲渡したのである。
　他方、稲刈りの受託作業やコンテナ産直(家庭菜園の延長で女性が主体的にはじめたもので、農協や町は経営を軌道に乗せるためのノウハウや配送費の助成などで支援してきた)、フレッシュ便(食材の共同購入)は取り止めている。福祉事業についても、合併農協では取組まない方針であったために、これまで農協が養成してきたヘルパーたちは社会福祉協議会のヘルパーに登録したりボランティア活動に取り組むこととなった。

「タナセン」の設立

　地区住民に無償で貸与されることになった農協支所を拠点に、住民参加の組織づくりに最初に取り組んだのが鶴が岡地区である。当地区は美山町のなかでも山間部に位置する地域で、高齢化や林業の衰退とともに山が里に下りてくるという状態にあったため、第１期の村おこし運動のなかで、(83年から88年にかけて)圃場整備が進められた。こうした取り組みを通して、住民のなかには農地を守ることは集落を守ることであり、自分たちの集落は自分たちで守るという意識が少しずつ生まれてきたという[3]。しかし、高齢化の急激な進行で、農地保全が急務となってきたことから、農業公社の設立等も視野に入れながら、地区出身の町議会議員等を中心に先進地を視察していった。そこから学んだのは、公社方式のところでは、いずれも農協や行政が負担しているが経営は厳しいこと、そして、行政が財政負担できる間はいいが、できなくなると地域は荒廃する懸念があること等であり、何か良い方法はないかと思案していた。
　しかも、集落ごとの対応に任せていては進まないので、地区(旧村)として検討する必要に迫られてきていた。そこに農協合併による支所廃止問題浮上したこともあって、跡地利用の方法も含めて検討する住民組織の代表者による地域振興協議会を設立した。さまざまな情報を集め検討しているなかで大宮町常吉地区の取り組みを聞き(後述)、現地視察にも行った結果、こういう形ならば自分たちが主体的に関わっていけると考え、住民主体の法人化の方向を探ることとしたのである。
　採算性への不安もあって住民からは異論がだされたが、リーダーたちは、70

回を超える集落座談会を重ねながら，熱心に集落を説いて回った。その結果，組織形態は農事組合法人あるいは有限会社を前提とすることで住民参加の組織化に合意した。こうした熱意の根底には，自分たちの集落は自分たちで守るのが基本であり，そのプロセスを通して地域内の人と人とのつながりを強められるとの考えがあったからだと言う。

(有)タナセンの購買店舗．向かって左には高齢者施設「よっこらしょ」が，そして右には鶴が岡振興会の事務所が併設されている．

　農協の購買店舗を引き継ぐので，商業者との調整には危惧したが，話し合いの過程で，生活上の利便性確保だけの購買店舗ではなく地域コミュニティの場とすることで合意していった。しかし，購買事業だけでは事業の伸びは期待できないし，問題となってきた農地保全と高齢者対策に力を入れた方が納得を得やすいことから，これらを組み込むことで，出資者を広く地域内から募り，12月には支所廃止地区のトップをきって有限会社「タナセン」を設立した（**写真**）。

　住民106名が出資者となり，これに鶴が岡自治会が300万円出資し，出資金は合計1,000万円となった。これは運転資金として使うこととし，購買店舗や農作業受託等の事業開始にあたって必要な経費は農事組合から340万円（中山間地域直接支払の助成金，3年計画で返済），農協から800万円借り入れた。ちなみに，旧支所の跡地利用に際して農協からは各地区に100万円負担してもらうこととした。

　社員は「タナセン」を立ち上げた28名で，このうち代表取締役1名，取締役4名，監査役2名の計7名が役員に就任している．

　組織機構は，総務部（総務全般，総合規格）・購買部（購買全般）・農事部（農地保全，加工品・野菜振興）・福祉部（高齢者生活支援，生きがい対策）の4部制で，4人の取締役が，それぞれの部門の責任者となっている．

中心になった人々

「タナセン」の設立を担ったのは，農協理事や町議，自営業者（左官，タクシー運転手，工場経営など）等を加えたネットワーク組織「ワーキングの会」の28人である。彼らは，高齢化する地域の将来を考えようという前議員の呼びかけに集った人々で，いわば，旧来の自治組織とは異なり自発的に結集した人々といえよう。

しかし，こうした人々が村おこしをリードできたのは，旧来のリーダーとは別に，地域を憂え何とかしたいと考えていた人々がいたことと，町がそうした人々を表舞台にだしたことにあると考える。山間地である当地区には林業地主がおり，林業衰退のなかでもこれらの人々は依然として住民組織のリーダー的立場にいることが少なくなかった。それゆえに，村おこし運動も進みにくく，法人の立ち上げも懸念されていた。そこで，従来の住民組織とは別の集団（組織）であるこのグループに行政が働きかけたのである。町としては，村おこしの取り組みが遅れていた鶴が岡地区を，新しい地域づくりを進めるうえでのモデルケースにしたいと考えていたからである。

ちなみに，これまでも町当局は，「むらおこし推進委員」には旧来型のリーダーとは異なる人々を委員にするよう提案してきたとのことであり，こうした働きかけが功を奏し，大野地区や知井地区においては，村おこしが進んだという。

取り組みの内容

購買部の事業としては，これまでの農協店舗と同様に日用品等を販売しているが，そのほか，地元野菜や鯖寿司など女性グループの加工品も販売しており，初年度である2000年の売り上げは3,100万円に達した。これは農協時代を上回る実績で，しかも2001年度の売り上げはこれを超え，剰余金も50～60万円ほど出せるとのことである。こうした順調な事業実績となっているのは，距離的にはAコープ（宮島地区。1つ残った農協支所のある地区）の方が近いにもかかわらず，わざわざ「タナセン」に買いに来てくれる人が少なくないからだ

という。それは「タナセン」が当初から構想していたコミュニケーション機能の発揮を意識した事業展開をしているからであろう。

　農事部が主として取り組んだのは、「広域農場づくり」で、そのための体制と作業受委託体制の整備等である。具体的には、地域を3地区に分けてそれぞれ広域営農組合をつくり、1/3のブロックローテーションを実施するための土地利用計画を策定し、各広域営農組合で割り当てられた転作ブロック（大麦、緑肥）について「タナセン」が全面作業受託するものである。それにより、転作助成金の経営確立加算の対象とする。そして、「タナセン」がいったん受託したものを、各広域営農組合へ再委託し、作業料金を支払うという仕組みをつくっている。こうした仕組みにしたのは「タナセン」が農地保全の中心的役割を担うことで、「タナセン」の取り組みに対する住民の信頼感を確得することと、それぞれの地域の主体性を重視する、いわば話し合いの場づくりとコミュニティの再生を意図したためである。

　ちなみに、当初はこうしたやり方について意見がまとまらず、結果的に中山間地域直接支払い制度の補助金は各集落に配布されたが、それでは農地保全の目的は達成できないので、3年目からは集落が拠出して広域営農組合でやるということになったとのことである。「タナセン」がこの制度の受け皿となることで、地域活性化に活かしたわけである。

　オペレーターについては公募したが、圃場整備が進んでいることもあって予想を上回り兼業農家30〜40人が応募してきたとのことである。こうして定年退職者も含めた担い手の組織化をしているが、定年退職する人が続くのでしばらくは担い手を供給できるし、それにより農家は「タナセン」への期待を強めていくと考えている。

　2001年度からは集団転作麦の作業委託もしているが、麦ができない部分では「そるご」（6反）や蕎麦づくりもしている。それは転作作物への助成が廃止されることも視野に入れているからで、今後は、新たな作目導入と販路の開拓を課題とし、都市交流事業とも連動させつつ、生産・販売を拡充していくとしている。

　福祉部は、設立時に高齢者生活支援事業を計画に掲げ、厚生労働省の介護予

防拠点整備事業（99年度の国の3次補正事業）を導入し，浴室・厨房等の設備のある元気老人づくりの拠点施設を店舗に隣接して設置（2,000万円）している（施設名は「よっこらしょ」）。ここを拠点にした事業展開を考えているが，今のところはボランティアがミニデイサービスに取り組んでいるに留まる（弁当代として実費500円を徴収）。

　この他にも，新たに2002年6月からは地域の生活改善グループ員の協力を得て，「ちまき」や「さんけら餅」「寝ずし」等の郷土食伝承講座も始めているし，地区内の農事組合や老人クラブ，婦人会，青年団，学校，消防団と協議しお祭りなどの伝統行事を盛り上げながら，役員たちは新しい地域像を探ろうとしている。

新たな組織づくり

　また，2001年3月には「タナセン」のなかに「ごんべの会」という新しいグループが生まれている。規約によれば，構成員は「農林産物を創りだす喜び，楽しみ，苦しみを体験することに，同調し納得する同志」となっており，目的は「美山の豊かな自然が育んだ風土を活かして，安心して使える食材，物づくりを皆で創造し，合わせて相互の親睦を図ること」である。年会費は1万円である。

　内部にこうしたグループをつくったのは，1つには，「タナセン」創設時の28人の結束が固く，それ以外の人が参加しにくくなることが懸念されるため，新たなメニューに取り組むことで参加者を広げるという。さらに，新たな活動を通して都市との交流を広げながら売れるものづくりや，販路を拡大していくことも目的の1つとしている。

　こうした思いが創立時の事業計画にもあらわれており，そば・赤米・むらさき芋・なめこ・大豆等の栽培あり，学童農園の取り組みあり，特産美山そばの試作あり，多様なイベント（蕎麦打ち，餅つき，木工教室，陶芸教室，川遊び，ハーブづくり等）ありで，実に盛りだくさんの活動を計画している。

　その1つである特産美山そばの試作のなかでは，京都市内の老舗蕎麦屋の会と一緒に「そばづくりオーナー制」にも取り組んでいる。蕎麦屋の経営者たちも創業者の子や孫の世代になり，蕎麦についての知識も不十分なため単に蕎麦

を売るだけの蕎麦屋になっていることに危機感をもち，交流に積極的だという。生産物は均等に分けて「タナセン」が預かっておき，穀物通帳をつくり，注文に応じて分配するという仕組みをつくっているが，このグループが京都で実施する麺祭りや蕎麦打ち研修などにも参加している。

その一環として水車づくりにも取り組んでいるが，そこにはその利用方法についてさまざまなアイディア（電力利用，脱穀，喫茶店など）を語りながら，地域づくりについての意思疎通を図るという意図があった。夫婦で参加している若い世代も現れているし，蕎麦屋を開業する人も生まれている。

(2)「タナセン」が学んだ農業生産法人「有限会社・常吉村営百貨店」

「タナセン」が，農協支所の跡地利用を検討する際に参考にしたのが，同じ京都府の大宮町常吉地区（旧村）にあって，住民出資で設立した農業生産法人・有限会社村営百貨店である。大宮町は，京都府北部の丹後半島のほぼ中央に位置し，全域が中山間地域に指定されている。「村営百貨店」がある常吉地区（上常吉，下常吉の2集落がある）はそのなかでも山間部に位置している。世帯数は157，農家数87，人口は570人余で，高齢化率は30％に近い。

「タナセン」と同様に，「村営百貨店」も1996年度末にJA京都丹後の常吉支所の廃止が明らかにされたことを契機に，その跡地を利用するために下常吉地区の住民33人が出資者となって設立したものである（資本金350万円）[4]。

事業は大きく分けて農業生産部門と販売部門があり，販売事業を営む購買店舗「村営百貨店」は（売り場面積約83㎡），農協から借りた元倉庫を，ログハウス風に改装したもので，店長のほかパート2人で運営している。改装オープンに際しては農協から支払われた支所立退き料300万円（土地は地区所有）と，借り入れ金300万円を充てている

「村営百貨店」というネーミングには「百貨店」に対する子どもたちのあこがれと，「何でもある」という意味が込められている。実際に地元の米や野菜，食料品，日用雑貨，生産資材等のほか，「買い物をするところがほしい」という子どもたちの夢を実現するためにお菓子や雑誌もおいてある。クリーニ

ングや宅急便の取り扱いも行うし，電話での独居老人への声かけや注文品の配達もする。事前予約すれば法事などの料理もつくる。店の隅には4～5人は座れる椅子が置いてあるが，ここは高齢者たちの交流の場になるし，これまでは月1回公民館でやっていた町の保健婦の検診場所にもなっている。『常吉情報新聞』も発行しているし，店舗の前には郵便ポストも設置している。つまり，「村営百貨店」に人が集る仕掛けをつくることで，生活総合拠点に変身させたと言えるが，こうした事業展開によって，売り上げは2000年度には約4,800万円となり，農協時代の購買実績の3倍を超えた。

　農業生産部門についても，農作業の受委託事業や，専従職員を1人雇用して野菜や花卉等の施設園芸に取り組むほか（町内業者や県外のスーパーに出荷），高齢者の生きがい対策として野菜づくりを奨励している。高齢者のつくった農産物や加工品は百貨店で販売しているが，社長も「地域で野菜が売れることがわかった。これは地域で金が動くこと」と語っているように，地区内でお金が循環していく仕組みを創造したことにもなる。

　しかし，住民の営農と生活を守るには「村営百貨店」が存続し続けなければならないし，それには収益力をつけることが必要となる。そこで，集落営農を実現して地域の農業生産力を高めるとともに，新たな作目も導入して販路拡大や（インターネットの活用等），特産品・加工品の開発による百貨店の品揃えの充実，郷土料理を提供する農村レストランの開設等，新たな仕事づくりを構想している。そこには独居老人の弁当づくりをはじめとする高齢者福祉ビジネスも視野に入っている。

　設立までのプロセス

　こうした取り組みの出発点は，町の基幹産業であった織物（丹後ちりめん）と農業の低迷が続いたため，85年以降，大宮町が商工会や農協と一体となって取り組んできた地域活性化の取り組みにさかのぼる。それは「人材育成」を柱とするもので，「ふるさと創生1億円事業」等も利用しながら，町職員や公募した若者を全国に派遣して研修する事業やリーダー育成塾の学習活動を10年余り続けてきた。しかし，研修成果を検討するなかで，地域の活性化には，

行政主導から集落レベルでの取り組みを基本とするボトムアップ方式への転換が必要であることが提起され，94年からは集落単位でのむらづくり運動が展開されていった。

　下常吉地区においては，集落のほぼ全ての住民組織の代表が参加したむらづくり委員会（21人）を95年に組織化するとともに，住民のフリートーキングをもとに地域課題を発見し，整理する作業をしていった。そのプロセスを通して農業・農村活性化構想を策定し，作業部会を設置しながら構想を具体化していった。これと併行的に実施したのが，お寺でのジャズコンサートや子どもを集めた「寺子屋」活動等，実に多様なイベントの開催であるが，こうした「楽しい」ことを続けることでむらづくり運動への住民の共感を広げていった。

　こうした地道な活動が少しずつ受け入れられてきたときに浮上したのが農協支所の廃止問題である。「むらづくり委員会」では，それまでの地域活性化策の検討を通して，地域活性化には生産振興と同時に地域内に売る場所が必要だと考え村営百貨店構想を暖めていたので，支所廃止問題で紛糾した組合員総会でこれを提案し，参加者の賛同を得て実現させたのである。

　こうした実現した「村営百貨店」は住民に何をもたらしたのか。当時のむらづくり委員長であり，「村営百貨店」社長である大木氏は「老人には安心感，子どもには夢，現役世代にはひょっとしたら何かできるかもしれないという希望」と語るが，地域の農業と生活を守ることを基軸におく事業展開によって，各世代それぞれに生活の質的向上をもたらしたと言えよう。

(3) 美山町内への波及——その他の地区の活動

　「タナセン」の取り組みは美山町内に波及していき，2000年4月には大野地区に（有）「大野屋」が，次いで同年9月には知井地区に（有）「村おこしセンター地井の里」が，それぞれ住民参加方式で設立された。ちなみに，農協は合併の翌年には旧農協の本所も廃止することにしたが，3支所の場合と同様に町が買い上げ，その活用法も住民参加による法人組織づくりを検討しているという。

そこで3番目に設立された知井地区の(有)「村おこしセンター知井の里」について簡単に紹介する。

当地区には美山町のなかでもかやぶき住居の残存数がもっとも多く，1993年に国の重要伝統的建造物群保存地区に選定された北地区があることもあって，「かやぶき」を軸に都市との交流による地域活性化にいち早く取り組んできた。いわばむらおこしの先進的地域であるが，商店が多い地区であるため農協支所の跡地利用への対応は足踏みしていた。しかし，町が提唱したことや，重要な課題となってきた農地保全への取り組み等を考え，2000年9月に有限会社「村おこしセンター知井の里」を設立した[5]。

出資方法は「タナセン」とは異なり，各集落から戸数に応じた出資をしてもらい，集落代表が出資者になっている地域ぐるみの会社である。出資者は48名で，出資額は1口5万円，資本金は475万円である。

組織機構は，総務部，農業部，福祉部，観光部，店舗部の5部体制で，都市交流の中心地を抱えていることから観光部を設置している点も「タナセン」とは異なる。

事業面で特徴的な点は，野菜生産の奨励と，観光地でもあることから，観光客や宿泊施設で販売する「地産地消」の促進である。米については，都市への販売も検討している。米はこれまで農協が集荷していたが，売り渡し価格が低下し，受委託で作っても採算性がとれないので生産者の受け取り額を引き上げるためだという。今のところ会社としては農作業の受委託事業は行っていない。

福祉部では高齢者の生きがい対策として，女性グループの農産加工・販売による仕事おこしに取り組んでいるが，現在は，生活支援策として定年退職者や元気な高齢者に老人家庭の草刈・雪おろし等を手伝ってもらうシルバー人材センターの設立を準備している。

注目したいのは2002年度に計画している下部組織づくりである。有限会社といっても集落からの出資や地区財産区管理会からの助成を得ているので，地区住民全体が関わる組織とするためだという。具体的には，①農事組合を中心に集落協力委員の設置（農作業の委託希望者のとりまとめ等，受委託関係への協力。「知井の里」への米出荷等），②集落婦人組織の結成（家庭菜園の苗の注文や

生活用品の共同購入の手伝い。農協を通してやっているが人手不足なので,「知井の里」が一定の手数料をとって実施),③生産,加工組織の結成(家庭菜園の野菜を販売する組織や,鯖寿司以外の農産加工の組織),である。いわば農協や農協組織が実施してきた営農と生活に関わる事業や活動を,集落単位で取り組んでいくための組織づくりであり,農協合併による集落での協同活動の空白を埋めるものでもあろう。

3. 住民参加の動き

(1) 地域振興会の設立

一方,行政サイドは,高齢化の急速な進行や住民意識の多様化に伴い,集落における住民組織の機能低下が顕著になったことに加えて,町村合併の促進によって過疎地はより一層追い込まれてくるという危機感から,自立性のある地域づくりの必要性を感じてきた[6]。そこで,これまでの行政主導の村おこし運動の反省と,旧村単位での有限会社設立の取り組みを通して台頭してきた地域意識を受けて,住民主体の村おこし運動を展開していくこととし,2000年10月に「新たな美山町づくりをめざす検討委員会」を設置し,検討していった。

その結果,検討委員会が提唱したのは,旧来の自治会・村おこし推進委員会・地区公民館を改組して,新たに旧村単位での「振興会」を設立し,そこに役場職員(地域振興課)を派遣するというものであった。そこには,これまでのように各集落ごとに地域政策を策定し,活動していくのが難しくなったため,集落機能を旧村単位で再編するとともに,そこに役場支所の機能をもたせて旧村単位で行政と住民組織による新たなむらおこしに取り組もうという目的があった。

これを受けて,2001年4月には,5つの旧村が振興会を設立するとともに,行政はそこに地域振興課を置き,2~3名の地元出身の職員を配置した。それは有限会社の購買店舗と同じく,旧農協支所内に置かれている(図)。

図　美山町組織再編図

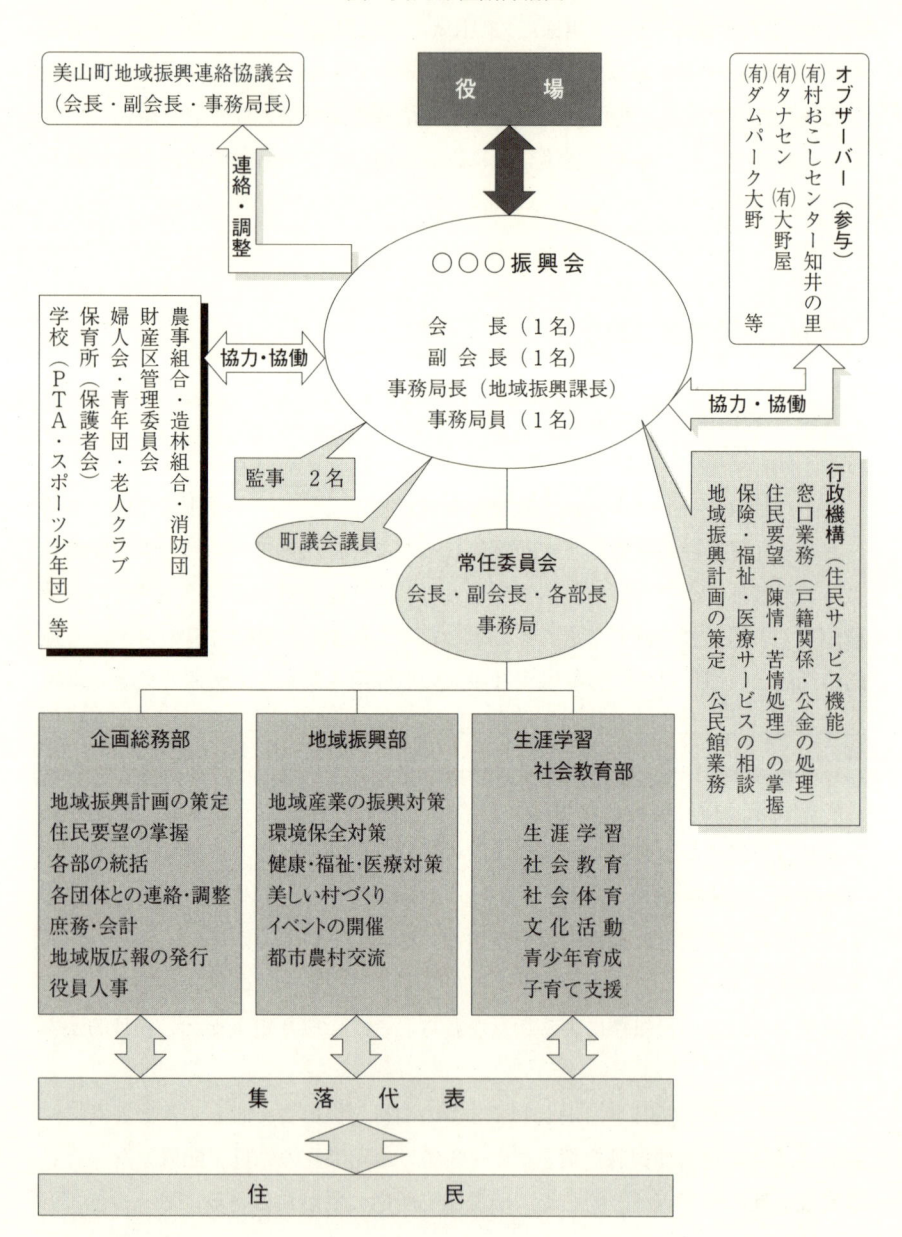

```
美山町地域振興連絡協議会                           役　場
（会長・副会長・事務局長）
        ↑                                          ↕
        │連絡・調整
        ↓
                        ○○○振興会                        オブザーバー（参与）
                                                          ㈲村おこしセンター知井の里
                        会　　長（1名）                    ㈲タナセン　㈲大野屋
  農事組合・造林組合     副 会 長（1名）                   ㈲ダムパーク大野　等
  財産区管理委員会       事務局長（地域振興課長）
  婦人会・青年団・老人クラブ  事務局員（1名）
  保育所（保護者会）                                       協力・協働
  学校（PTA・スポーツ少年団）等
        協力・協働                                         行政機構（住民サービス機能）
                                                          窓口業務（戸籍関係・公金の処理）
                   監事 2名                               住民要望（陳情・苦情処理）の掌握
                                                          保険・福祉・医療サービスの相談
                   町議会議員                             地域振興計画の策定　公民館業務

                        常任委員会
                        会長・副会長・各部長
                        事務局

  ┌──────────┬──────────┬──────────┐
  │ 企画総務部 │ 地域振興部 │ 生涯学習   │
  │            │            │ 社会教育部 │
  │地域振興計画の策定│地域産業の振興対策│生涯学習│
  │住民要望の掌握│環境保全対策│社会教育│
  │各部の統括  │健康・福祉・医療対策│社会体育│
  │各団体との連絡・調整│美しい村づくり│文化活動│
  │庶務・会計  │イベントの開催│青少年育成│
  │地域版広報の発行│都市農村交流│子育て支援│
  │役員人事    │            │            │
  └──────────┴──────────┴──────────┘
              ↕        ↕        ↕
              集　落　代　表
                    ↕
              住　　　　民
```

地域振興会の財源は，これまでの自治会費に代えて各戸から徴収する「振興会費」で，鶴が岡の場合は月額500円（2002年度には400円に改定）と，町事業に基づく地域振興補助金等である。ちなみに，2001年度の収入483万円の52.7％は補助金で，そのうち地域振興補助金等が約175万円，財産区からの寄付が80万円（美山町に寄付された400万円を5地区に分配）となっている。

　運営についても，それぞれ独自の規約に基づくが，ほぼ各地区とも共通しているので，その概要を紹介すると，①組織──地区住民をもって組織する，②目的──住民の主体的参加と行政と住民との連携によって，地域づくりを推進する，③役員──会長・副会長・企画総務担当・地域振興担当・生涯学習担当をおく。ただし，すでに地域経営方式での都市交流や産業起こしがあった大野地区は，これらを内部化したため，産業部と文化観光部を設けている。ちなみに，役員は旧来の組織リーダーが横すべりする形となっている。④職員──振興会には職員を置き，町長が任命，等である。

　さらに，図に示すように，地域内の住民組織等を協力・協働関係と位置づけているが，なかでも有限会社についてはオブザーバー（参与）と位置づけ，振興会との一体的取り組みを組織的にも明確にしている。とりわけ，鶴が岡振興会では，会長が認めた場合はオブザーバーが役員会等に出席できるとする等，有限会社の位置づけを強めている。

(2) 住民参加の現状──鶴が岡地区を中心に

旧住民組織から新組織へ

　鶴が岡振興会が設立後の1年間に実施した事業には，行政の窓口業務と公共事業に関する対応を別にすると，集落座談会や住民アンケートの実施，『鶴が岡振興会新聞』の発行，京都麺組合との交流によるそばの収穫際やイベントへの参加，学校週5日制の導入に対応するための地域ボランティア指導員会の設立，パソコン教室，スポーツ大会，歩こう会，健康講座，映画の上映会等がある。こうした取り組みから見えてくるのは，振興会が住民のニーズや地域課題を掘り起こし，地域施策や活動を決定し，実施する機能や，さらには社会教育

的な活動を通した人材育成の機能などを担う，地域経営の核になっていることである。

そして，振興会の協同・協働組織と位置づけられた「タナセン」も農協の店舗事業を継承するだけでなく，農地保全に関する取り組みは着々と進行しているし，高齢者生活支援の活動も少しずつ動き出している。最近は生活改善グループ員の協力を得て新たに郷土食の伝承講座も始める等，その事業活動の範囲を広げてきており，振興会のなかでの「タナセン」の比重が次第大きくなってきている。

例えば，「タナセン」が企画・実践してきた蕎麦づくりや京都の蕎麦屋との交流を振興会との共同開催にしたり，「タナセン」が開講した伝統食講座に振興会が協賛するなど，「タナセン」の活動を振興会が積極的に支援し，地域振興策のなかに活かしているのである。いわば，地域づくりの実践部隊として企画力・行動力のある「タナセン」の機能を生かすことで，住民参加を促進している。両者が互いの役割・機能を明確にして共存していると言える。このように自発性に基づいて結集した新しい形の住民組織が排除されることなく，地域社会のなかに確かな地歩を築きつつある。

行政もこうした住民参加の活動を促進するため各地区振興会に予算配分しているが，鶴が岡振興会ではこれを活用して，2002年度には住民の創意・工夫あふれるプランの実現に助成する独自の「平成むらづくり維新プロジェクト」事業を立ち上げている。

ちなみに，その内容は，事業主体は各区および大字で，50万円を上限に事業費の80％を助成するもので，事業対象は，①農林業をはじめとする地場産業の育成，②美しい集落づくり，③高齢者が活動できる地域づくり，となっている。

美山町では，財政面からもこうした住民参加を促す措置を講じながら，住民組織と行政との連携による住民参加型の新しい地域づくりが進行していると言えよう。

加えて，地域づくりのリーダーの世代交代を進めようとする動きもある。例えば，「タナセン」の設立を担った人々は旧来型のむらリーダーではなく，

自発性に基づいて結集した多様な職種の人々であり、かつ地域の次世代を担う人々であるが、こうした村の新しいリーダー層を行政は積極的に支援してきたし、振興会のなかに位置づけている。

しかも、「タナセン」の内部組織として「ごんべの会」という組織をつくり、主体的な活動ができるようにし、そこでの活動体験を通して地域づくりの新たなリーダーを育てる等、旧来型の組織リーダーからの転換が意識的に進められている。

ちなみに、リーダーの世代交代の動きは知井振興会にも見られ、振興会設立の1年後には規約を改定し、各部門に副担当制を導入するとともに、30～40代の人を登用している。その理由は、各部門とも、主として60代の人がこれまでの住民組織を代表する形でリーダーとなっているので、副担当制の導入によって世代交代を図るためであり、それによって、旧来のリーダーが陥りがちであった行政主導型の地域づくりを改めたいからだと言う。

このように、地区による対応の違いはあるものの、住民主導の地域づくりを、リーダーの世代交代を図りながら進めようとしている点は共通していると思われる。

さらに、鶴が岡地区では、地域施策を住民の意思に基づいて決定、実践する方向も打ち出している。それはまだ緒についたところであるが、2002年3月に住民アンケートを実施し（10～80代までの男女422人が回答、回答率46％）、回答数の多かった「冠婚葬祭など生活改善を見直すべき」（50％）や、集落全体で抱える問題として提起された「人口減少・少子高齢化」（30％）、「農地保全」（20％）、「日役・行事への参加」（13％）、「役員のなり手がない」（10％）といった結果を踏まえて、2002年度には新たに「生活改善運動の再点検」「集落を大字単位に再編成」「年代別懇談会の開催」「出前講座」等を事業計画にのせている。こうして住民が地域施策を決定する一歩を踏み出したわけである。

さらに、住民アンケートには、「固定された考えではなく、さまざまな考えを出し合い実行するリーダーを」「振興会の三役は選挙で（会費を払っている会員が選出すべき）」「旧組織役員がそのまま役員なのは納得がいかない、14年度には改選を」といった役員の選出方法に関わる意見が少なくなかった。任期の2年

を経過した2002年には選挙で選ぶ体制に移行する予定であるが，それが難しければ信任・不信任は問いたいと考えている。役員選出方法に関しては，選挙によってこそ住民を牽引できるリーダーが選出できるとして，振興会を立ち上げる際に町当局は公選制を提案したが，結果としては今までのリーダーが横滑りし，今後の検討課題として残された経緯があった。その意味でも住民の意思が反映される地域づくりに一歩近づいているといえる。

(3) 住民参加を進展させたもの

　美山町において，こうした住民参加を重視する地域づくりが進展している要因を検討してみると，まず第1には，「地域」や「生活」の視点を重視した広い意味での生活保全の取り組みがあげられる。高齢化や農業の衰退が進んでいる地域においては，生活のあらゆる場面にかかわる包括的な対応が必要とされる。そこで，購買店舗の継承という生活の利便性確保だけを目的とするのではなく，農地を守ることが集落を守ることであり，農地や景観の保全を含めて取り組むことが人間関係の繋がりを強められるとの視点にたっている。したがって，農協支所の廃止という事態に対しても，残されている地域の資源や条件（労働力，生産条件，人々の地域への思い等）に即しつつ，それを活かして営農と生活システムづくりを進めてきた。高齢者対策にしても，高齢者を地域と農業の担い手として評価し，位置づけるとともに，生活支援の仕組みもつくることとした。高齢化や過疎化が進む地域においては，こうした広い意味での生活課題への取り組みが地域づくりに対する住民の関心や参加を誘ったと思われる。

　第2には，徹底した住民の合意形成を追求する姿勢である。「タナセン」の設立にあたっても住民の合意を形成するために70回に及ぶ集落座談会を実施しているし，そうした住民の意向を重視しながら地域課題に取組む姿勢は振興会にも貫かれている。それは，かつてのむらおこし運動が集落での話し合いを基礎としてきたことが土壌にあったと思われる。

　そして，設立後は住民のニーズに基づいて多様な活動や事業を実施するとともに，新たな組織を立ち上げたり，生活改善など住民が主体となって取り組め

る活動も取り上げながら，1人でも多くの住民が地域づくりを自らの問題として受けとめ，参加するような仕掛けをつくってきたこともある。

　3点目には，こうした地域づくりの活動に対する住民の理解と関心を高めるために，事業や活動と，その成果が住民に「見える」ような形で展開してきたことが指摘できる。それは，当初の店舗運営や高齢者福祉等の取り組みだけでなく，農産物の栽培を奨励し，それを地域で販売する仕組みをつくったり，農産加工等の仕事づくりをすすめることで経済的メリットを産み出していること等である。さらには，都市との交流や水車づくりにみられるように「楽しい」イベントを数多く展開することで，地域内に常に動きをつくりだしている。そしてまた，学校週5日制に対応して地域ボランティア指導員会を設立したり，ガーデニング教室を開催して美しい集落づくりに取り組むなど，活動が何らかの形で住民と繋がり，その成果を実感できるようにしているのである。

　しかし，「タナセン」の立ち上げが示すとおり，住民参加が進展した要因として欠かすことができないのはリーダーの集団がいたことであり，4点目として人づくりを重視してきた行政の姿勢と役割が大きかったことがある。美山町の町づくりは行政主導で進んできたとはいえ，そこに貫かれていたのは人づくりと住民参加の視点であったことは間違いない。それゆえに，「芦生なめこ生産組合」をはじめ，何とか地域で暮らしていこうとした人々の仕事おこしを支援したり，「タナセン」の設立にも関わってきたように，住民の主体的活動を支えてきた。こうしたプロセスを通して育ってきた人々が地域づくりを牽引してきたのであり，「住民参加」の意義を前向きに理解する視点と訓練が行政サイドにあったことの意味は大きい。

　さらに5点目には，旧村単位での取り組みがあげられる。それは，住民のなかには，高齢化の進展による農地の荒廃や自治会，農事組合等の集落機能が低下していることへの危機感があり，これらの問題への対応は集落単位では不可能だとする現実が突きつけられてきたことがある。高齢化率50％の集落もあるし，雪も降るという地域では，集落を超えた旧村単位で実働可能な人材を結集して解決しないと生活できないからである。加えて，地縁で結びついた旧村のまとまりが，市場原理とは異なる価値観で生活維持を目的とした仕組みをつ

くることを可能としたと考えられる。

4. まとめに代えて

　美山町では，農協合併によって支所が廃止されたことを契機に，農協の旧支所を拠点に住民参加による有限会社が設立されたが，閉鎖された購買店舗を引き継ぐだけでなく，農地保全のために広域営農体制づくりや作業受委託体制を整備し，野菜生産や農産加工などによる地域農業振興も視野に入れた取り組みを展開している。鶴が岡地区（タナセン）では厚生労働省の高齢者の自立支援のための補助事業を導入して施設を整備し，すでにディサービスに取り組み始めているし，人材バンク方式などによる高齢者生活支援活動も検討されている。
　一方，行政は，予想を越える高齢化と過疎化の進展によって，集落の住民組織の機能低下が顕著になってきたため，その対応策を模索していたが，有限会社が取り組む活動のなかで芽生えてきた地域意識に着目し，住民参加による新しい地域づくり運動を展開しようと，その方向を検討していった。
　その結果提唱されたのが，自治会・公民館・むらづくり推進委員会を発展的に解消し，新たに旧村単位で「振興会」を設立し，そこに役場職員（地域振興課）を派遣して，旧村単位の自治体行政と住民組織による新しい住民組織をつくるというものであった。そして，2001年4月には5地区に「地域振興会」が設立され，住民と行政の協同による地域づくりが進められてきた。
　こうした取り組みは住民参加の地域活性化に取り組む上で多くの示唆を与えてくれるが，その1つは，農協支所廃止を契機に有限会社を設立したことである。これは自発性に基づき結集した人々が，住民参加によって地域課題に総合的に取り組むというものであり，その意味では旧村単位に協同組合を設立する試みと言えるのではなかろうか。
　2つ目は，この有限会社と住民組織を再編して設立した振興会が，協同・協働して地域課題に取り組むことにより，地域づくりを実践するための核をつくったことである。

そして，3つ目にあげたいのは，再編された住民組織に行政が職員を派遣し，現場の実践活動レベルで公と民とが連携して地域課題に取り組み，住民参加の内実をつくる試みであるという点である。

4つ目には，こうした組織と体制による地域生活課題への総合的取り組みは，高齢化・過疎化が進む地域生活に安心システムを構築することとなり，地域問題を自分のこととして受け止める住民の主体性と参加意識を醸成していることがある。

さらに，設立まもない振興会の役員には旧来の住民組織からの横滑りで就任している場合が少なくないが，有限会社を協同・協働組織として位置づけたり，役員にしながら，伝統的な組織の枠組みから脱皮しようとする試みも示唆的である。

とはいえ，住民参加型の地域づくりの中核となっている「タナセン」も振興会も，美山町行政との連携で成り立っているので，地方交付税の削減問題や町村合併の動向はその運営に影響してくるし，さらには，高齢化が急速に進んでいるなかでは住民参加による地域づくりは容易ではない。

したがって，真に住民参加による地域づくりを実現するにはこれまでの延長上の取り組みだけではなく，克服すべき課題も少なくない。まず第1に重要だと思われるのは，地域づくりを担う主体の形成であろう。それは住民1人1人の参加意識の醸成と，現実の地域づくりの核となっている住民組織と行政との連携を確かなものにすることである。そのためには，有限会社や地域振興会に対する理解と，行政と住民組織との協同という地域づくりの方向性を住民共通のものとし，そこでの事業や活動への住民参加を徹底していくことであろう。その意味で重要なのが振興会に派遣されている町職員の役割である。町当局は，地域の特性をつかみ，核となる人材を養成するコーディネーターの役割を期待しているとのことであるが，住民組織が行政を巻き込んで多様な活動に取り組みながら，互いに研鑽しつつ主体形成していくことが求められている。

第2の課題としては新たな仕事づくりがある。それは，住民のニーズ実現にとっても不可欠であるし，住民組織の自立基盤を確保するうえでも必要だからである。行政も自立性のある地域づくりをめざすうえで新たな産業おこしを重

視しており，具体的には，高齢者の生活支援にかかわる仕事や，都市との交流による仕事づくりを想定している。その場合に重要なことは，これまでの地域づくりのなかで実践してきた「地域資源を活用」「小さな仕事を金にする」視点と同時に，アンケートのなかにも見られた労働交換や地域通貨の活用等，市場経済とは異なるシステムを創造していくだと思われる。

3番目には，美山町の特性を生かしたライフスタイルを創造することを指摘したい。なぜなら，町では都市との交流を仕事起こしの柱の1つに据えているが，都市住民が求めているのは豊かな自然や環境だけでなく，そこでの人々の暮らしの営みやふれあい等もあるからである。したがって，都市交流を継続的に進めるには，美山町の自然や風土が育んできた生活文化を活かした暮らしを創造していくことも必要だと思われる。それは昔の生活に戻れと言うのではなく，商品経済に絡めとられる生活から，地域の資源や知恵を最大限に生かしながら質を高める生活のオルタナティブの提示であり，住んで面白い地域づくりにもなるのではなかろうか。地域内にも「経済性重視の町おこし」とのせめぎ合いがあるとのことで，その意味でもこうした生活レベルからの価値意識の見直しは欠かせない。

そして4番目には，女性や新住民を地域づくりの中心に位置づけていくことを指摘しておきたい。「むらおこし運動」の先進地といえる美山町においても，今のところは地域づくりの主体のなかにこうした人々の姿がほとんど「見えない」（振興会のなかでは知井地区の副会長と鶴ヶ岡地区の生涯学習・社会教育副部長が女性のみ）。しかし，地域のなかには都市との交流のなかで生まれた女性の農産加工グループが多数あるし，現在はそのうちの10グループで「美山町農産加工協議会」を結成し，新商品の開発に知恵をだしあっている。農協女性部もこれまで生産や加工，伝統料理をはじめ多様な協同活動に取り組み，こうした草の根的な活動が「タナセン」等の有限会社の土台を支えているという。また，現在の「美山町農産加工協議会」の代表は新住民の女性とのことで，いまや町民の約10％を新住民が占めるに至っている。こうした人々は美山町で暮らすことを選択した人々であり，客観的な視点から地域づくりへの新しい発想や知恵を期待できよう。いずれにしても，住民参加の新しい地域づくりにとっ

て，地域の暮らしを支え，かつ地域づくりの現場で中心的な役割を担っている女性や新住民を積極的に位置づけていくことが不可欠である。そのためにも，新しい地域づくりのなかに性別役割分業の見直しや，多様な価値観を共有する地域づくりの視点を組み込んでいくことが重要となっている。

さらには，4つの地区に有限会社が設立されようとしている現在，全町的視点にたって有限会社や振興会の方向性等を検討していくことも必要になっていると思われる。

　農協に求められていること

それでは，こうしたむらおこし活動に農協はどのように関わっていけばよいのであろうか。

農協は2000年の合併につづき，翌年にはふくちやま農協と合併し京都農協となったが，現在町内にあるのは美山支店とAコープ店のみである。

さらに，合併農協は，これまでの「地域の農協」から，組合員は農協事業を全利用することを前提として「組合員重視の農協運営」を打ちだしているが，組合員も多様化しているなかでのこうした事業展開は，組合員とのパイプすらいっそう細くなる可能性がある。農協女性部も事業の利用者組織という色彩を強めることとなり，学習や協同活動が後退しかねない。

しかし，当町の農協は，これまで行政と連携しつつ「地域に根ざした協同組合運動」を展開してきたし，そのなかで農協女性部も協同活動を創造・展開する組織として大きな役割を果たしてきた。

そして，今は，こうした多様な協同活動を発展させていくことが，一層重要になってきているのである。なぜなら，協同活動への参加を通した多様な体験や出会いが住民の主体形成に繋がり，地域づくりを進める力となるからである。それゆえ「タナセン」も多様な協同活動を実践しているが，事業体であるために事業内容が経済事業重視になりがちで，協同を欠落させる懸念もあるからである。

したがって，農協合併とともに多様な協同が消えていく事態に直面している今，農協が果たすべき役割は，住民組織と協力しながら協同活動や事業を積極

的に担っていくことであり，それは生活課題で結集できる可能性をもつ農協こそが担うべきなのではなかろうか。農協の事業基盤である地域の空洞化を防ぐ上でも協同活動の再生は不可欠となっていると思われる。

【注】
1)「京都府美山町における村おこしの取り組みと課題」(美山町)。
2) 渡辺信夫「食と協同組合のコペルニクス的転換」『文化連情報』(2001. 4)。
3)「有限会社タナセン」については柿迫義昭氏からのヒアリング。
4)「村営百貨店」については大木満和氏からのヒアリングと「京都と塾」(21 ふるさと京都塾)。
5)「美山町知井振興会総会」(美山町知井振興会)。
6) 鶴が岡振興会については地域振興課長上田氏，ならびに「総会資料」。

第5章 農協組織の課題
――支店を軸とした地域協同組合，
福岡市農協を中心として――

はじめに

　地域社会における暮らしの豊かさを実現するために，人々はさまざまな行動を起こし，また起こしつつある。それは，崩壊しつつある地域社会をなんとか自らの側に引き寄せ再編しようとする動きでもあるわけだが，その場合，既存の組織として，農業協同組合の存在を無視するわけにはいかない。協同組合としての農協の協同活動は，とくに農村地帯を中心に，人々の暮らしを基盤で支えるものとして現在まで最も伝統をもち，最も結集人員も多く，そして最も多彩にかつ，少なくとも戦後から今日まで民間としては質的にも最も充実したものとして機能してきた。しかし，今日その協同活動が，人々の福祉や相互扶助といった協同組合の根幹部分で希薄化する懸念を生じてきた。いや実際に大型合併の進展とともに，組合員や地域住民と最も密度濃く接する第一線の部分で，施設の統廃合や，人員の傾斜配置のあおりを受けて，協同活動が後退してきている。それは我々が実態調査したいくつかの農協で共通の問題意識としてあった。

　現下の経営にたしかにさしたる余裕はない。しかし，協同組合としての経営とは，協同活動を基軸に考察され，方向が模索されてこそである。その意味で，都市部における生協とならび，依然として農協の協同活動が地域社会の人々の暮らしにとって重要であることは間違いがない。実に，協同組合は物心両面の豊かさを求める人々の連帯を源として公正な社会の実現を目指すという理念をもつ。したがって，農協の組織活動・協同活動のあり方如何が，住民主体の地域社会の今後の方向性をある程度決してしまうと言っても言い過ぎではないの

である。それだけ農協の責任もまた重い。

　全国的に大型広域合併が進められている。その評価は序章で若干明らかにしたが，他方現実的には次々と大型合併農協が誕生している以上，その現実のなかで現実的対応策を提示することが1つの指針として有効だろう。なぜなら対応策を見出せず，いや協同組織や協同活動の基盤が崩れて行きつつあることに気づかず，その崩壊が協同組合としての農協の崩壊につながる恐れのあることにすら気づいていない農協があるからである。

　ここに紹介する福岡市農協は，そのことに気がついた。福岡市の中心部とその周辺部を抱える大型農協として，事業も経営も今のところ順調ではあるが，地域社会における農協の役割の確認なくしては農協の発展もないと改めて意識させられたのであった。いわば足元から這い上がる薄ら寒い風に気がついたのである。そこで農協はどうしたか。組合員や地域住民と日常的に接する部分の強化という「原点」に立ち返った。支店機能に注目し支店における協同活動を充実，強化することから農協の組織活動を再編しようと歩みだしたのである。その場合，より地域住民の生活や地域社会そのものの活性化を視野に入れざるをえないことは当然である。

　以下ではできるだけ，福岡市農協の活動の実態を忠実に明らかにし，それを題材として農協の将来方向を考えてみたいと思う。かなりの部分で農協の既存のデータや調査結果をよりどころにしているので，若干煩瑣になることをあらかじめお断りしておく。

1. 福岡市農協の概要と特徴

(1) 地域社会の基礎的条件

　福岡市農協の位置と同農協の活動領域の基本的な人口や産業の構造を，まず簡単に明らかにしておこう。
　農協が事業と経営を展開する地域は，福岡市東部農協管内である東部の一部

を除く福岡市全域で,博多駅を含む極端に市街化された地域と,その周辺部の都市的農業地帯,中山間地とを含む。福岡市の人口は134万人,60万世帯(2001.4.1現在)に達し[1],うちおよそ100万人が当農協管内に住むと推定されている。産業別には第3次産業の比率が圧倒的に高い。

福岡市は九州地方の玄関口として,陸と空と海の交通の要衝にあり,また中央の官庁の出先や民間会社の支店が数多く集まるところである。支店の多く集まる都市特有の単身者が多く,後にみるように,貸家,アパート,マンションの林立も,周辺部からの中央集中という人の流れに加え,単身者(世帯)用の住宅需要を含めてのことである。

(2) 農業および農家の実情

農業はどうか。全体の耕地面積は2,468haで管内面積の7.2%にすぎない[2]。しかし早くから当農協が,都市近郊地帯の農業として無農薬や減農薬農業に取り組んだり,施設園芸への転換を促したりと,消費者との連携を意識した農業展開を行ってきたことは特筆されよう。

実際にどんな農業が行われているのか,作付面積別の実態は表5-1のとおりである。水稲が最も多く,花卉,果樹と続いている。前述のように野菜と花卉は施設栽培が多く導入されている。農地改廃・転用が進むなかで,集約的都市型農業へ転換していったことが分かる。レンゲとあるのは,肥料用に加え美観と環境に配慮した農業を消費者に訴えるためでもあるという。

農家戸数は4,287戸,うち専業415戸(9.7%),第1種280戸(6.5%),残りの3,592戸が第2種兼業農家であり83.8%を占める(福岡市農協しらべ,1998年度現在)。うち農業後継者のいる農家はわずかに47戸(同)でしかなく,このことは農協が組合員後継者対策に腐心せざるをえない根拠ともなっている。

農家を規模別に見れば(表5-2),30a以下の農家が1,884戸で全体の43.9%を占めているように都市地帯故にきわめて小規模,1戸当りの平均耕作面積は57aである。

推移を少し見ておけば,農家戸数は1988年の4,960戸から98年には4,287

表 5-1 品目別作付面積（1998 年度）

(単位：ha)

水稲	麦	大豆	レンゲ	飼料作	野菜	花卉	果樹	その他	計
1,162	8	13	336	60	491	129	103	320	2,622

注：その他のなかには農協預託を含む．
資料：福岡市農協「農業振興計画書」(1998～2001 年度)．

表 5-2 耕作面積別農家戸数とその割合（1998 年度）

(単位：戸，％)

	30a 未満	30 以上 50 未満	50 以上 100 未満	100 以上 200 未満	200 以上 300 未満	300 以上	計
戸数	1,884	713	983	570	90	47	4,287
割合	43.9	16.6	22.9	13.4	2.1	1.1	100.0

資料：表 5-1 に同じ．

戸へと 673 戸減少，耕作面積も同じ期間に 2,891ha から 2,438ha へと 453ha 減少している．ただし，専業，1兼，2兼という農家の構成はほとんど変化がなく，各階層がほぼ同じ速度で減少している．専業農家 415 戸 (1998 年度) の存在はむしろ意外に思えるかもしれないが，西部地区を中心に軟弱野菜，水稲，花卉，イチゴなど各種の専業農家が存在する．

(3) 農協の事業，経営の概況

農協が現在の規模になったのは，1978 年 4 月．福岡市と合併した早良郡の早良農協との合併による．しかし原型はそれ以前の 59 年市内 24 農協のうち 19 農協 (5 農協は現在の福岡市東部農協) が合併し，当時としてはきわめて大型の農協として誕生したときにさかのぼる．

農協の事業・経営の特徴を概括すれば，都市型の信用事業中心の農協，わけても貸出が多く，貯貸率は 60％ を超え，実質農協経営を支えているが，総合事業体として都市近郊農業の育成と地域特性に配慮した消費者との連携にも力が入れられている，といえようか．

2001年3月末現在、組合員は20,064人、うち正組合員（個人）は6,529人、准組合員（同）は13,535人で、准組合員が正組合員を大きく上回り、准組合員比率は67.5%に達する[3]。准組合員の多くは借入に際して加入したものであり、一部に次世代対策としての准組合員後継者も含まれる。また特に女性を対象とした1戸複数組合員化も進められており、正組合員に占める女性比率は2割近くに達する。当然に准組合員にも女性がおり、正・准合わせた女性比率は22%に及ぶ。女性比率は年々上昇してきており、実質的な組織の担い手としての女性を組合員として運営参画させようという積極的意図が見て取れる。その背景には世代交代に伴う正組合員絶対数の減少があり、組織防衛への対応策という側面も見逃せない。組合員2万人は維持したいというのが農協の方針である。

表5-3　事業の成果
（単位：百万円）

年度末	1997	1998	1999	2000
事業利益	368	616	624	822
経常利益	440	715	726	1,072
当期剰余金	303	377	540	762

資料：福岡市農協「第39年度通常総代会資料」

　2000年度末（2001年3月末）の事業取扱高は、以下のとおりである。

　まず、金融事業は、貯金が1,990億円、貸出金が1,249億円、貯貸率は62.1%、長期共済保有高が7,605億円である。他方、経済事業では、購買事業が生産・生活両資材を合わせて36億円、販売事業が35億円（うち野菜が21億円、次いで米7億円、花卉5億円）の規模である。

　一見して、信用、共済両事業取扱高の突出していることがわかる。貯貸率の62.1%は同時点の全国平均31.4%に比していかに高いか知れよう。これは、全国的に貸出伸張がさけばれるなか、地域特性を生かして、組合員のビル、マンション、アパート、貸家経営等への投資資金を積極的に供給してきたことによる。

　貯金、貸出金とも年々増加してきているが、近年の貯貸率の推移をたどれば、97年度末54.7%、98年度末56.9%、99年度末61.2%、2000年度末62.8%であり、貸出の増加傾向が明らかである。

　このことは事業の成果としての経営実績にも表れ、経営の安定と剰余金の拡大に寄与していることがわかる（表5-3）。

2. 農協組織活動の実態と地域社会への接近

(1) 農協組合員組織, 地域組織の内容とその活動

　農協の協同活動を担う組合員組織には, 集落の組織である農事組合, 青年部, 女性部, 各生産部会, 年金友の会, および都市地帯の農協に見られる資産管理部会, 青色申告会など多様なものがある。その他横断的な組織として運営への参画および意見具申の単位としての協力委員（会）がある。
　協力委員会は, 総代の一部, 青年部, 女性部の代表, 一部に員外と准組合員とから成る。したがって集落組織としては, 肥料や農薬の取りまとめ等農事に関する組織である農事組合と農協の総代および協力委員会とがあることになる。農事組合は農事, 総代は組合員の代表, 協力委員会は支店と一体となった具体的な農協施策, 方針への参画というような形に分類できるが, その三者の関係があいまいで, 整理・統一はひとつの課題である。協力委員には上記のように員外や准組合員が加入している地区もあり, むしろ協力委員を集落の核として機能させた方が, 地域に開かれた協同組合を志向する以上, 実態的で有効であろう。
　当農協は, 極端な市街地から周辺農業地帯までを含むため, それぞれに特徴があり, 地区ごとに組合員組織の成員にかなりのバラツキがある。また, 女性部は全ての地区に組織されているが, フレッシュミセス（若妻たちのグループ）や青年部のない地区がある。
　生産部会の内訳は, 普通作（水稲）部会が最も多く, 次いで花卉, その他野菜, 春菊, いちごの各部会の順であり, 都市近郊農業の様子が見て取れる。農業の振興については, 農業改良普及所と一体となり, 1997年に都市農業推進協議会を組織, 施設園芸に力を入れてきた。施設園芸の生産高は減反の始まった3年後の83年には, すでに米の生産高を超えている。
　これらの農協組合員等組織とは別に, 各支店の准組合員と員外利用者のなかから数名を選んで, 利用者懇談会が年1回開催されている[4]。さらに利用者懇談会のメンバーのうちの20～30名からなる「モニター会」を組織し, 本・支

店管理職との意見交換を行っている。設置の目的は「農協を愛してもらいたいから」といい，個の時代でもあり，組織という言葉は使わずモニター会と呼称したという。地域住民の意見を直接汲み上げる組織として位置づけられている。

　むろん，組織基盤の強化のため，一般の住民向けの広報・情報活動も行われており，「JAプレス」が年4回各3万5千部発行されている。これとは別に組合員向けに「JAM」が毎月1万部発行されているが，2002年度から両者を合体させて，若者へのアピールを考慮した内容へと変更する。そして支店の店周を重点に配布し近郊から着実に利用者の拡大を目指す方向だ。さらに，利用者のサークル活動等に全支店施設を無料開放したり，支店を事務局とした一般住民も参加可能な趣味のグループ活動が行われている。その際，あくまで農業との接点が他の金融機関との差別化になるとの考え方から，市民農園の提供，農業と信用事業との提携商品などが考案されている。

　これらの，地域社会に向けての発信や地域住民に対する組織活動，また地域住民との提携の道については，のちに支店の具体的活動のなかでもふれる。

(2) 農協活動への期待

　福岡市農協は，中期計画に反映させることを主目的に3年毎にかなり綿密なアンケート調査を行っている。それは，正組合員はもちろん准組合員・事業利用者（員外），および役員と職員とにわたるものである[5]。これらのアンケート結果のうちまず，利用者の立場から正組合員および准組合員・事業利用者調査（以下単に準・利）の結果について，農協支店のどこに不満をもち，何を期待し要望しているのかという点にしぼって，検討を加えていくこととする。組織基盤の強化，地域社会に対する役割と機能といっても具体的な利用者の意識が分からないことには前に進めない。手がかりとして利用させてもらおう。

　なお，調査項目は，ここでは主題ではないので紹介しない部分を除いて，共通項目は少ないが，できるだけ比較検討することとしたい。

表5-4 支店を利用して日頃感じる不満
(複数回答, 2つ以内)
(単位：人)

項　　　　目	2000年	1997年
必要な用事が足せない	28	32
対応が遅い	15	20
事務ミスが多い	15	12
質問しても分からない	17	21
不親切	6	2
寄りつきにくい場所にある	10	5
有益な情報の提供なし	30	19
会議室など利用しにくい	6	3
その他	20	21
回答者数	258	190

注：調査対象者数は総組合員から無作為抽出した500名，うち回収者（回答者）数は2000年が258名，1997年が190名．当該設問に実際に何名が回答したのかは不明（表5-5も同じ）．
資料：福岡市農協「組合意・事業利用者の意向調査結果（正組合員）」2000年および1997年を一部要約．

正組合員の意識

最初に，支店利用時の不満を見たのが表5-4である。

これによれば，不満の内容として「有益な情報が得られない」，「必要な用事が足せない」の両者が多数を占め，基本的な機能に不満をもっていることがわかる。「対応が遅い」や「質問しても分からない」などの実務的な面は改善されてはいるのだが。「その他」の内容には，「以前は良かったのに，話にくくなった」「支店の雰囲気が入りにくい」「職員の数が減った」「金融だけになり組合員同士の顔あわせが少なくなった」などとあり，自己の組織に不安を感じている人がいることを示している。

では，組合員の日常の拠点としての支店に何を望んでいるのだろうか。前問を裏づけて「役立つ情報を」が最も多く次いで「相談窓口の充実」である（表5-5）。情報化社会といわれて久しいが，組合員は適切な情報に飢えているし，それを引き出すべく相談窓口の充実を訴えていることになる。これらは農協に，豊富な情報の確保と選択能力の保持，そしてそれらの情報を提供する方法の構築，という課題を提示しており，准・利でみる「力を入れて欲しい情報発信」の回答を参考に，情報のあり方を再考する必要を示している。しかし，表示はしていないが，職員に望むことで最も多かったのは「業務知識」であったから，まず前提となる職員の資質の向上が基本的な課題であるといえるだろう。

「支店よりセンターや本店を充実して」，という回答は19名（9名）と少なく，

広域合併に伴う支店とセンターのあり方に一石を投じているように思える。センターに機能を集約するのは効率化の観点からやむをえない面もあるが、前問で「支店で必要な用事が足せない」と多くの人々が答えており、効率化と組織再編、施設再編のはざまで、正組合員とくに農業を基盤とする正組合員と農協の距離が離れていくようなことがあれば、施設や相談機能のあり方に何がしかの工夫が必要である。

表5-5 支店での組合員サービス改善のために希望する対応（複数回答、2つ以内）

(単位：人)

項 目	2000年	1997年
訪問日などによる相談活動の充実	31	20
相談窓口の充実	76	71
役立つ情報提供の充実	79	69
集落座談会の頻度を増やす	8	5
支店より各センターや本店を充実し専門的相談を	19	9
集まりやすい場所に移転	7	4
支店施設を利用しやすく	17	9
その他	11	6
回答者数	258	190

注：センターとは、主として営農指導や経済事業の集約拠点のこと。
資料：表5-4に同じ。

准組合員・事業利用者

正組合員は、支店活動に望むことの多くが、相談活動と役に立つ情報の提供であった。では、准・利は情報についてどういう希望をもっているのだろうか（表5-4および表5-5の支店活動についての設問は准・利の調査にはない）。今後の地域活動を考える場合このことは極めて重要だ。

問題は情報の内容であろう。どんな情報をほしいと考えているのか。力を入れてほしい情報発信の内容について問いかけている。項目は多いが、都市地帯の住民の意見として参考となると思われるので、多い順に列挙していく（表5-6）。

地域の特性もあり、金融情報がトップだが、食べ物と健康、朝市、家庭菜園、特産品・宅配など農業に直接つながりのある情報を多くの人々が求めていることは注目されよう。それと並んで事業の総合情報が多いのは、金融・共済情報

表 5-6 力を入れて欲しい情報発信の内容
（複数回答，いくつでも，回答出現率）

(単位：%)

項　　目	2000年	1997年
① 金融商品	27.4	① 31.3
② 食べ物と健康	24.0	② 21.9
③ イベント	21.9	⑧ 9.4
④ 朝市・夕市	21.2	④ 21.1
⑤ 事業の総合情報	15.8	② 21.9
⑤ 共済商品	15.8	⑤ 14.8
⑦ 特産品・宅配	14.4	⑦ 10.2
⑧ 家庭菜園	13.7	⑥ 13.3
⑨ 不動産の売買や賃貸	11.6	⑨ 7.0
⑩ 地域の催事	9.6	⑬ 5.5
⑪ 農産加工品	8.2	⑨ 7.0
⑫ 貸農園や観光農園	6.8	⑨ 7.0
⑬ 農業関係	5.5	⑭ 3.9
⑭ 料理・着付けなどのサークル	4.8	⑫ 6.3
⑮ その他	1.4	⑭ 3.9
回答者数（人）	146	128

注：1. 調査対象者数はCIF登録のある総准組合員・事業利用者から無作為抽出した300名，うち回答者数は2000年が146名，1997年が128名（表5-7も同じ）．
　　2. 1997年の丸数字は，1997年の順位．
　　3. 比率は回答者数に対する回答数の割合．
資料：福岡市農協「組合員・利用者の意向調査結果（准組合員・事業利用者）」2000年および1997年．

のバックグラウンドとしての農協の内容を知りたいという意味もあると考えられる．すでに農協に関する情報はかなり提供されていると思われるのに，これだけ高い回答があるところをみると，総合情報の提供の仕方に問題を含むのかもしれない．

なお，イベント情報が2000年に急増しているのは，従来に増してイベントそのものの開催が頻繁になったことと関係があると思われる．

さて，准組合員や利用者が，農協の組織活動に参加するという場合，農協の開催する各種文化サークル活動などへの参加という形をとる例が多いだろう．どのような文化サークルに参加したいと思っているのだろうか．数多い選択肢が用意されているが主要なもののみ列挙する（表5-7）．

こうしてみてみると，趣味，食，健康に関するものが多く，多様性をうかがわせるが，それほど実施に困難なものはなく，職員の工夫次第でまた組合員相互を結びつける形で実現可能なものばかりである．ただし，農協がこうしたニーズにすべて対応する必要があるかどうかは考慮の余地がある．自らの活動とし

て内包するか住民の自主的活動と連携の道を探るかどうかは，地域の実態に応じて検討されてよい。

(3) 役員・職員の意識

農協の運営と事業に携わる役員・職員はどんな意識でいるのだろう。ここでも，農協が総合3ヵ年計画策定に当たり実施した調査結果を紹介し，少し分析することでそのあり方を考えてみよう。

表5-7 参加したい各種文化サークル

2000年	1997年
① パソコン・ワープロ	① 旅行
② 旅行	① 園芸・盆栽づくり
③ 園芸・盆栽づくり	③ パソコン・ワープロ
④ 健康管理	④ 家庭菜園
⑤ 書道	⑤ 健康管理
⑥ 家庭菜園	⑥ 書道
⑥ 各種スポーツ	⑥ カラオケ
⑧ 英会話	⑥ 各種スポーツ
⑧ 美術・工芸	⑨ 着物着付け
⑧ 高齢者福祉	⑨ 料理
	⑨ 高齢者福祉

資料：表5-6に同じ．

役員，職員とも他項目にわたる調査を行っているが，農協運営や組織のあり方，組合員や地域住民との関わり等についてしぼって検討していくことにする。

まず役員について
【組合員の意見反映】
最初に，農協の方針が組合員の意見（設問では意見ではなく気持ちという微妙な表現になっている）を反映したものになっているかどうか，現状に対する役員の評価は次のとおり，「そう思う」と肯定した人は，わずかに4名（2000年）にとどまっている（表5-8）。
【組合員との情報や意見交換】
その原因を探る意味で，組合員との情報や意見交換についての評価を明らかにしたのが，表5-9である。これによれば，表5-8とは逆に十分に「行っている」という評価が高い（2000年）。

表5-8，5-9からわかることは，農協は情報や意見の交換を比較的良くやっていると思うが，実際の方針には意見は十分反映されたものになってはいない

表 5-8 JA の方針は組合員の気持ちを十分反映したものになっているか

(単位：人)

項　目	回答者数	
	2000 年	1997 年
そう思う	4	9
どちらともいえない	16	13
そうは思わない	4	6
計	24	28

資料：福岡市農協「役員意識調査結果」2000 年および 1997 年.

表 5-9 JA は組合員との情報や意見交換を十分に行っているか

(単位：人)

項　目	回答者数	
	2000 年	1997 年
行っている	12	8
どちらともいえない	6	12
不十分である	6	8
計	24	28

資料：表5-8に同じ.

と見ていることである。

【総代の組合員の意見反映，女性総代】

では，組合員の代表者として基本的な機能をもつ総代は組合員の意見を農協に反映させているのだろうか。役員は総代をどう評価しているのか。「不十分である」が7名（97年は10名），「そう思う」が5名（同3名），「どちらともいえない」が12名（同15名）という結果である。

これによれば，総代が十分機能していないと見ている役員の多いことがわかる。総代会が形骸化しているともとれる。ならば実質的協同活動の担い手としての女性を参画させる道はどうなのか。15名（62.5%）の役員が「そう思う」と賛意を表し，「そう思わない」3名，「どちらともいえない」6名で，この点では方向は明確である（2000年調査結果，1997年は調査していない）。

【集落組織，協同組織】

他方，協同組合を基盤で支える協同組織の活動をどう見ているのか。農事組合については2000年調査では，「活発に機能している」と答えた役員は7名，他方10名の役員が「改善の余地あり」と答え最も多い。農事組合の位置づけのあいまいなのは前述のとおりである。それにひきかえ各組織の代表からなる支店協力委員会の評価は，半数以上の役員が「活発に活動している」としている。

活発に活動していると思う組織の内容については，当農協の特性である資産管理委員会が最も多いが，女性部，青年部，年金友の会，生産部会を挙げた

人も多く，拠りどころにすべき組織活動活性化のヒントが得られよう。さらに，いわゆる地域密着ないし地域の協同組合として広く住民とともに活動を進めるという農協の方向の評価については，「そうすべき」と圧倒的多くの役員（2000年24名のうち19名，97年28名のうち22名）が答えている。

【将来のあるべき姿】

上記のような評価，意見を踏まえて，役員は結局のところ福岡市農協のあるべき姿をどう考えているのか。

調査結果の意見は，おおよそ次のように概括することができる。すなわち，基幹部分としての組合員との結びつきには女性の参画が必須であり，そして地域特性を認識したうえで，総体として准組合員，員外も視野に入れた地域協同組合を志向するよう，各役員の認識は共通しているといえるだろう。その際，農業のあり方もより消費者との連携の必要性が強調されている。都市地帯の金融主体の農協とはいえ，年齢の高い役員層の構成を考えれば，かなり開放的で（あくまでその意味で）先駆的な見解といえるだろう。

農協の将来についての意見のなかからその内容をひろえば，たとえば「農業基盤が都市化されていくなかで，地域協同組合としての性格を一段と強めて……」であり，「組織の活性化による地域との共生」「地域に貢献できる事業体」「准組合員の組織化」「農協未来型都市型経営」などである。農業についても「農業と消費者との仲介的役割」とか「地産域消（地産地消）ネットの構築」「直売所による農業収入の拡大」といった意見が多数を占める。反面，「経営体として利益追求はやむをえない」「不採算部門の見直し再編」を指摘する声もある。大きな将来方向とは別に目先のいい意味での効率化はおろそかにはできないのは当然である。

職　員

【事業が組合員のためになっているか】

最初に，JAの事業が組合員のためになっているかという質問の結果からみる（表5-10）。

これによれば，次にみる組合員の意見反映如何とは異なり，少なくとも実際

表5-10 JAの事業が組合員のためになっていると思うか
(単位：％)

項目	構成比 2000年	構成比 1997年
なっていると思う	40.5	38.9
それほどでもない	52.0	52.0
なっていない	5.1	7.1
不明	2.3	2.0
計	100.0	100.0

資料：福岡市農協「職員意識調査結果」2000年および1997年．

表5-11 JAの事業に組合員の意見が反映されていると思うか
(単位：％)

項目	構成比 2000年	構成比 1997年
反映されている	11.8	11.4
それほどでもない	69.2	64.4
反映されていない	16.7	22.5
不明	12.4	1.7
計	100.0	100.0

資料：表5-10に同じ．

の事業は組合員のためになっていると答えた人の方が多い。ただし，管理職ほど「なっている」と答え，一般職員になるとその比率がさがることには注意が必要だ。

【組合員の意見反映】

では，組合員の意見反映という視点から見たらどうか。役員の設問は「事業ではなく方針への反映（前出表5-8）」であったため若干ニュアンスが異なるが，比較してみよう（表5-11）。

この結果は役員の認識と大差ない（前出参照）。そのことより，役員，職員とも「反映されていない」という人の方が多いのは問題だし，なぜそう感じるのか。実際の事業活動は組合員のためになっていると思っているのに，意見は反映されていないというズレは何か。

農協は出資金を有し事業活動を行う経営体でもあり，組合員の意見がすべて事業化されるわけではないから，この結果の評価は難しい。方針，方向は組合員と地域の状況を基盤に決定するのは当然だが，個々の事業展開は社会環境，経済環境を視野に入れた農協独自の判断により具体化していくという選択も，実際上やむをえないという考え方なのであろうか。単純には言えないがしかし，主人公である組織の構成員の意見を反映しなくては，協同組合とはいえなくなる。組合員の意見を活動として実態のあるものに育て，その過程で事業として展開しうるものは進んで行う，という整理が妥当であろう。

(4) 農協3ヵ年計画にみる将来展望

3ヵ年計画の策定方法

　福岡市農協は，将来の方向性を決めるに当たって，今まで見てきたようにかなり綿密な調査を基礎としている。けだしそこには地域社会と組合員と地域住民の変化を的確にとらえ，地域とともに歩もうという明確な意思がみてとれる。

　環境の変化と一口にいうのはやさしい。しかし，それを実態的にとらえるのはそう簡単ではない。しかもその変化を協同組合としてどう考え，どう運営に生かすかは，なお難しい。

　さて当農協は，1959年福岡市内の19の農協が大同合併して発足した当初から，3ヵ年計画を積み上げてきた。現在第13次の3ヵ年計画を推進中である。

　その3ヵ年計画はいかなる手順で練り上げられるのか。手順を示しておくと図5-1のようになる。

　一見してわかるのは，点検，分析，評価，課題の整理までに多くの労力を割いていることである。多くの農協で計画を策定する場合も同様な方法をとるわけであるが，課題を引き出す前提がしっかりしていないと画餅に終わる危険性がある。

　特徴的な経営総点検の内容に少し立ち入れば，①外部環境分析は，社会経済情勢から始まり，金融，農業に加え，流通環境，農協環境，さらに支店環境にまでおよび，②内部資源分析として，経営総合診断，各部門別・職場別の経営状況分析をもとに，今後3ヵ年のシミュレーションを行う。そして，③現3ヵ年計画の成果と残された課題を洗い出し，④組合員，利用者，役員，職員の意向調査結果を分析し，⑤上記の各点検結果を総合的に分析評価し統合するという作業経路をたどっている。以下，課題——基本方針——基本目標——基本戦略とたどる道筋にも，部門間，本支店間の横断的協議会が設けられている。

　単年度計画は当然に3か年計画を受けて策定されることになるが，ここに次節でみる支店行動計画が組み込まれていることに意味がある。支店を再評価し，支店を協同活動，組織活動の拠点として見つめなおすという戦略が，農協の方

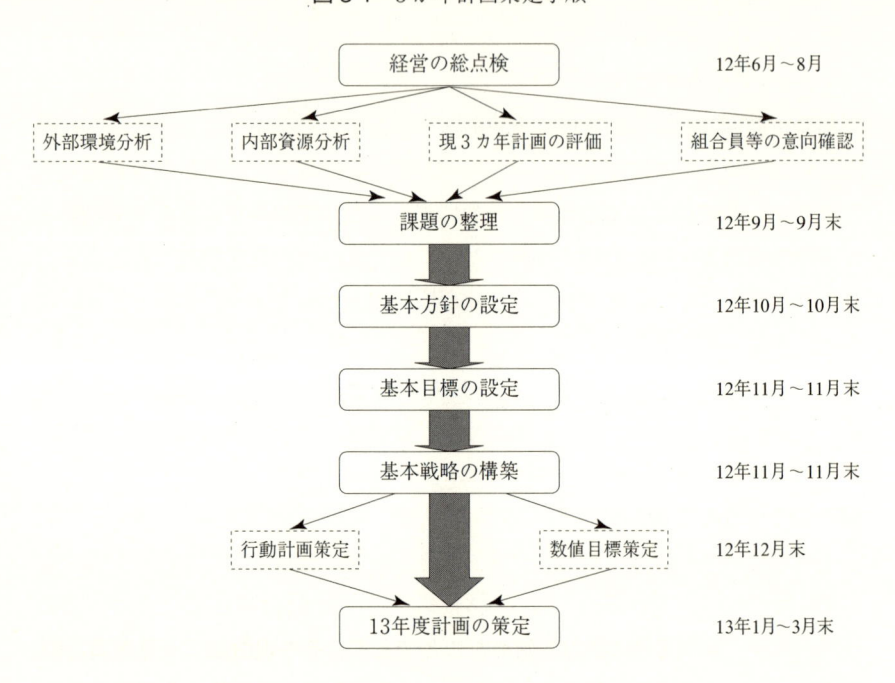

図5-1　3か年計画策定手順

```
                    経営の総点検                    12年6月～8月
           ↙      ↙      ↓      ↘
    外部環境分析  内部資源分析  現3ヵ年計画の評価  組合員等の意向確認
           ↘      ↘      ↓      ↙
                    課題の整理                      12年9月～9月末
                        ↓
                    基本方針の設定                  12年10月～10月末
                        ↓
                    基本目標の設定                  12年11月～11月末
                        ↓
                    基本戦略の構築                  12年11月～11月末
                   ↙        ↘
           行動計画策定      数値目標策定           12年12月末
                        ↓
                 13年度計画の策定                   13年1月～3月末
```

針として位置づけられている。2000年度から事業計画書のなかには各支店ごとの行動計画が明示され，協同活動の強化が鮮明に打ち出されている。

3ヵ年計画の内容

　経営理念としてあげられているのは，大きく2つ。1つは人と自然とのかかわりを大切にするということであり，それは農業を基盤とし環境と生態系に配慮した運営姿勢と読み取れるし，もう1つは地域に愛される農協，つまり地域社会の人々と共に発展を目指すというビジョンである。その経営理念が「安心・安全（な食料の提供）」「参画」「社会的責任（経営の健全性，透明性）」の3つの目標になり，実行方策の4つ，①活力ある地域農業の創造，②地域との共生・組織の再構築，③事業基盤の強化，④経営基盤の強化，に結果する[6]。

　活力ある地域農業といい，地域との共生，組織の再構築という。しかしその

活動を担うのは人である。農協の内部では職員であり，地域では地域住民である。その意味で，アンケート結果にあるように，職員への期待が大きいだけにさらなる人材育成が必要であるし，地域住民や地域のさまざまなグループおよび組織と農協の組織活動との関わりのあり方が問題である。これらが3か年計画ではそれほど鮮明に表れていず，課題として残される。その意味で，この3か年計画をもう一歩地域に向けて，場合によっては農協の内からの発想を捨てて，踏み出さなければならないと指摘しておこう。

3. 支店を軸とする協同活動

(1) 支店行動計画の目的とあらまし

支店重視の方向

　農協は2000年度から新たな試みを実践する。それは「支店行動計画」を軸とする支店重視の運営に注力し始めたことである。その理由は，一見順調な経営・事業に差す組織的な若干のかげり，つまり組合員の高齢化，若年層の組合帰属意識の希薄化，後継者や若者たちの農協へ無関心といった状況が生まれ，組織基盤を強化するためには，組合員との関係強化は当然として，地域住民へのアプローチとより明確な地域組合化が求められたからである。大型合併の進展とともに組織基盤弱体化の懸念が指摘されるなか，協同活動の拠点としての支店を改めて重視しようといういわゆる「地域密着」の戦略が進められたのである。協同組合としての自己の再確認を求めたといってもよい。けだし，地域社会に目を転ずれば，農協の協同活動が担うべき分野は多くあり，地域社会とともに歩む姿勢がなければ，とうてい協同組合としての農協は存在しえなくなるからだ。

　こうした方向は，地域の実態が異なるとはいえ，別の章や多くの農協で見る支店廃止の選択とは異なるあり方である。支店重視の方向を打ち出した農協の判断は次のとおりである。それは，「組合員の高齢化，世代交代による農協離

れ，農業離れが進行しているが，一様に高齢者福祉活動だけではないだろう。地域の組織活動は支店によってまちまちだ。農協の支店を使ってどうしたら，組合員の農協離れ・農業離れに対処できるのか，地域住民を農協にひきつけられるのか，農協の組織基盤を強固にできるのか，そのための基本的な行動計画を，地域の人たちと一体になって考えて行ってください」というものである。そこにあるのは，ピラミッド構造による集権化，上意下達の意思決定を捨てて，徹底的に協同活動の基礎部分の行動に任せ，大幅な裁量権と選択権を支店にもたせることで，職員の内在する活力を呼び起こし，組合員や利用者・地域住民とともに豊かな地域社会を実現するという方向である。

　支店行動計画は最初こそ本店の模倣が多かったが，その後独自の取り組みが増加しつつある。支店行動計画には次に具体的に見るようにさまざまな内容がある。本店はその計画についての人的支援は行わず，行動計画の内容について担当セクションが協議し予算面での支援を行うのみで，行動はあくまで支店の独自の判断で実行される。

　行動計画による地域活動はあくまで将来への種まきとして位置づけられているから，単年度の事業活動が優先されるのは仕方ない。しかし，付加価値目標に基づく実績評価はかつての個人単位から支店単位に変更されており，支店間のチームワークがとりやすくなっていることも見逃せない。また，業績評価金を分ける権限は本店ではなく支店長に委ねられている[7]。

支店行動計画の実際

　当農協の日佐支店（次に詳述）を例に，2001年度の行動計画を見てみると，地域との共生の項には，①女性部の活性化と部員増強，②資産管理部会の活性化，③朝市の充実とPR強化とあり，事業基盤強化の項には，①利用者ニーズに応える金融商品の発売，②窓口対応の強化，③低利用先の取引拡大，④渉外活動の強化があげられている。農協全体の4つの実行方策の全てについて行動計画が策定されるわけではない。支店の実態に応じ選択的に実施される。むろん本店は支店の特性を無視して押し付けたりはしない。

　このうち，2001年度に実施するのは，①女性部の活性化と部員増強，②利

用者ニーズに応える金融商品の発売の2つ。さらにそれを具体的な改善課題として分解し，それぞれにそれを取り上げた理由，達成目標，前提条件，行動計画（何を，いつ，だれが実行するのか）が示されるという念の入ったものとなっている。改善課題は，①支店企画商品の拡大と地域住民とのふれあい，②転作田を活用した市民農園の展開，③女性部の活性化と部員の増強の3つである。

「支店行動計画」が最初に実施されるのは，1999年11月，それが翌2000年度事業計画に盛り込まれ，全支店の行動計画が組合員にも明らかにされた。行動計画は組合員の意向，地域特性をふまえ，職員のアイディアを募り，支店全職員協議のもとで策定される。まず3ヵ年計画の実行4項目が大前提としてあり，その実行のための課題を抽出，重要性・緊急性を判断し，より重要性・緊急性の高いものから着手する。行動計画は支店長会議に付議，同時に集落座談会で組合員と協議，さらに女性部，青年部，准組合員の代表などで構成する協力委員会に諮り決められる。この過程で協同活動の事務局を実態的に担う職員の意見が重要であるが，「動機づけをうまくやればアイディアは引き出せる」（日佐支店長）という。

実は地域特性の把握のためには，3ヵ年計画と呼応してすでに「支店運営点検」が1994年から3年ごとに実施されており，管内情勢（立地条件，管内人口，産業など），支店経営状況（組合員・組合員組織，店舗，事業量，組合員利用量，管内シェア労働効率，生産性，経営の健全性など）の各般について，強み，弱み，良い点，悪い点などの詳細な分析が行われている。また，合わせて膨大な評価事項にわたる「経営の評価」が各支店に求められており，否応なしに，自己の支店の現状と課題を細部まで把握せざるをえない仕組みがほどこされている[8]。

(2) 堅粕および日佐支店の活動事例

支店の位置と特徴

我々は，支店行動計画表を点検し，その内容および福岡市農協企画部の意見を参考として，堅粕および日佐支店の活動をモデルとして，組織活動の実態を検証した。

㋐　堅粕支店

　堅粕支店は，福岡市博多区にあって，博多駅を含む高地価地帯にあり，周囲はビルやマンションが林立する。周囲を見回しても農地らしきものは見当たらない。ただし極端な都市化地域は博多駅周辺集落のみで，少し離れれば自家菜園をもつ農家とおぼしき家々が点在する。当農協は繰り返し指摘しているように金融依存度が高いが，当支店はそのひとつの典型。支店の貯貸率は100％を超えており，1件当りの融資額も貯金額も大きい。

㋑　日佐支店

　日佐支店は，博多駅から南方へ6km弱のところに位置し，基本的には金融中心であることは変わらず貯貸率も85％に達するが，小規模ながら農地も残している。農家がもつ農地は1戸平均10〜20aで，アパート，貸家を営むかたわら細々と農業を続けているというのが実態である。ただし市街地農業として意外に健闘しており，稲作やほうれん草，春菊などのハウス栽培が行われている。稲作は減農薬，無農薬栽培が普及している。数戸の専業農家は市場へ，他品目少量栽培農家は朝市へというのが出荷パターンである。

活動の内容

　支店活動の内容は実に多彩である。そのうちの特徴的な活動のいくつかを紹介する。まず堅粕支店。

① 「友遊クラブ」

　1998年から若者対策を主目的にレクリエーションクラブをつくる。高齢者は農協に対して愛着があるが，若者は特別の愛着もないのが実情だから，世代を超えた活動の場が必要になるとの判断がその理由である。年2〜3回，潮干狩り，土にふれたイベント（さつまいも植付け・収穫，バーベキューなど）を実施。支店職員が事務局を担当。正・准組合員が主体だが，一般の利用者の参加も可能だ。

② みそづくり講習会

　管内の小学校で女性部が中心となりみそづくり講習会を開催する。組合員が提供した農業体験田で収穫された米で，父兄，学校関係者が参加して，みそづ

くりをするというもの。地域への農業の理解を深めるとともに，農協の存在を親しみのあるものとする効果が期待できる。

③　ボーリング大会

組合員の子ども，孫を対象に2001年から始められ40名程度が参加する。

④　相談活動（税務，相続）

都市化の進んだ地区柄，相談開発課を設けて対応している。職員は全て研修を受け，誰でも相談に応じられる体制を敷いている。

次いで日佐支店。

①　朝　市

朝市自体は各地の農協で実施されておりめずらしいものではないが，全くの都会で支店前の広場を利用して開かれ，地域にとけ込んで盛況である点，記録しておいてよいだろう。月2回，第2，4日曜日に実施され，組合員組織（女性8名）が運営し，支店職員1名が手伝う。2年ほど前から始められたが，今では固定客も多い。組合員組織は売上の5％を手数料として農協に支払う。

②　「ファームクラブ」

組合員から農地の無償貸与を受け，一般住民に貸出す。1区画22〜23m^{2}で，25区画。料金は無料である。ただし，年金振込みか定期積金の利用者が条件。参加者はほとんど員外で，年配者が多い。残念なことに適当な農地がなく需要に応じきれないという。

③　「ポテコーン君」

これも組合員から農協が農地を借り，職員が野菜をつくり収穫時に農協利用者家族に一緒に参加してもらうというもの。定期積金1万円×2年のコース入会者が条件で，250口の募集に対し280口の応募があった。昨年はじゃがいも（**写真**），今年はたまねぎ，来年

家族参加のじゃがいも掘り

はえだまめを作付けする。収穫時には30名ほどが参加した。参加できなかった残りの加入者には収穫物を職員が配布する。

④ 「蛍の会」

市内の中川に蛍を呼び戻そうという運動。各家庭でホタルを育て川に放す。民間のグループが主導し，区役所，学校，農協が協賛している。支店は費用も助成する。

⑤ 青空市場

地域住民も参加し，餅つき，直売，バザーなどのイベントを実施している。これは青年部が中心となって行う。特筆すべきは青年部の活動が活発なことであり，組合員が実験田を用意し，小学校4校で稲作体験をしてもらっている。農業への愛着と土と農の文化の体験を子どもたちに，というねらいだ。実験田を開始してから，小学生が農協にやってきて農業や農協について質問する例もあるという。

こうした「支店行動計画」に基づく活動は，支店職員自らがアイディアを出して企画するケースが多い。確かに職員にとっては負担になる面はあるが，全職員による話し合いが常時持たれむしろ積極的な提案があるのが実態である。

組合員や地域住民の協同活動を実際に意識づけたり，支援したり，また事務局を担当したりするのは職員であるから，職員の意欲，行動が農協組織基盤の将来を決してしまうといってもいい。その点，支店の独自性が認められアイディアの発揮の場が広がったことで，職員はより行動的になったように見える。

また，個々の協同活動を通じて共通していることは，農業につながりのある活動であることであり，地域と環境に溶け込んだ活動であることである。地域活動のあり方を展望するとき基軸にすえるべきものもまたそれであろう。

(3) 地域社会の変化と支店活動の課題

共通している課題のひとつは，相変わらずややもすると農協の内からの発想にとどまる点である。どういうことかと言えば，地域社会全体の発展と方向性を求め，そのなかで農協や農業の発展を求めるという視点の弱いことである。

長年そういう思考をしてこなかった故だが，そこに住む人々の暮らしの向上と豊かな環境を求めることが協同組合としての究極の組織目的なら，さらに地域に思考も活動も事業も踏み出したい。2つには，そのためにも，より地域社会の人々の暮らしの実態を知ること，そしてなんらかの具体的なグループや組織の活動が存在するなら，そのグループや組織からの発信に耳を傾け連携の道を探ることである。その意味では双方向の情報と交流の必要性を指摘しておこう。その際地域の資源（物的，人的，文化的）を発掘することも重要だ。3つには，たくまずして活動の基軸には先にも触れたが農と食が据えられていることである。これに健康（安全）を加えたものが地域社会の人々との連携のカギになるのではないか。4つには，具体的な問題として「年金友の会」の活性化がある。これだけ多数の人々を結集している有力な組織は農協だけである。信用事業を有する事業体であるが故のこの利点を最大限に生かしたい。ゲートボールや旅行だけではいかにももったいない。メンバーには多様な分野での専門家も多いはずである。その体験と知識を活用してもいい，また小さな重層的グループを内包させるのもいい，活性化の策はあるはずである。そして年金友の会の活性化は，さらなる参加と組織の拡大をもたらすことにつながると思われる。

　では，福岡市農協の実態に立ち返り，課題を考えてみよう。本項の最初に指摘したように，支店の置かれている環境によって課題が異なるのは当然である。

　博多駅を含む都市化の進展の著しい地域をもち，より信用事業に特化した堅粕支店では，1件当りの融資額，貯金額が極端に大きいという特色がある。したがって既存の利用者の脱落はそのまま事業・経営に大きな影響を及ぼす。そこでまず現在の利用者を農協につなぎとめておく手立てを講ずること，そして世代交代の危機にさらされているから後継者の農協への帰属意識をたかめることが当面最大の課題となる。そのためにアンケート結果を参考に事業以外の文化，教養，娯楽などの幅広い面で，利用者，後継者，若者との接点をつくらねばならない。若い人をねらいとしたイメージ戦略をどう組むのか，大都会だけに対象がとらえにくいのが難点だ。

　組織基盤の強化という点では，組合員の増加が求められ，農協では現在の組合員を軸に家族構成員などの組合員化を図るのが現実的であるとしている。し

かし，総合事業としての特性を生かした商品開発が行われているように，農協の存在を地域住民に知ってもらい，また農協も地域住民の意向を汲み上げる活動を通じて，組織基盤強化の道はある。

日佐支店でも事情は相似している。ひとつは組合員とその後継者に対する相続・税務相談活動の充実という現組織維持対策であるが，農業色の存在する地域でもあり，より農業を軸にすえながら，住民や学童へ働きかけることが，組織の裾野を広げる意味で重要だろう。そのためには，現在の学童農園や文化講演会などの内容の充実と住民参加の拡大が考慮されてよい。

組織基盤強化のために堅粕支店同様，当面1戸複数組合員化を重点とし，毎年30名の組合員化という具体的目標をもっている。だが，農業を生かしながら多様な活動が行われているだけに，一般住民の組織化の戦略は立てやすいはずである。その一方で，女性部員の減少が目につき始めていることは問題で，女性たちの女性部からの脱落は全国共通した課題であるが，なにがその原因なのかさらに検討を要する。もし，女性部の構成や運営に原因があるとすれば，思い切った組織再編も考慮されてよいし，農協の組織活動という括りでは女性たちが充足されないとしたら，一度女性たちの自主的活動に委ねてみるのも一策であろう。

さらに，両支店に共通する課題として，先に組合員組織に際しふれたように，集落に存在する総代，農事組合（長），協力委員の3者の役割が重複したり，分断したりと不明確なことである。農協としては，農事組合は農事に関するものに限定したいようだが，集落のとりまとめ機能を担っている場合もあり簡単ではない。総代と協力委員，農事組合長と総代の役割と位置づけもはっきりしない。地区の協同活動の活性化，農協への意見反映，運営参画などの点から最も適切なあり方が模索されているが，女性部や青年部をはじめ准・員外代表者も含む協力委員の拡大と重視による組織再編が，今後の農協活動の方向を考えると妥当であろう。

4. 地域協同組合としての方向性——新たな提携への道

(1) 農業の再生，文化の共有

　組合員や地域住民との直接的な接点を求め，そこに協同活動を少しでも根づかせるために，もう一度足元から組織基盤を強固なものにしようとしている農協として，福岡市農協の実態を見てきた。

　協同組合は相互扶助，連携を原理として，人々の暮らしの豊かさを求める組織である。だとすれば，すでに指摘してきたように，協同組合の内からの発想を捨てて，地域社会そのものをいかに豊かなものにするか，そのなかに協同組合も位置づけられるのだという意識を明確にもちたい。農業協同組合はなんと言っても農業を基盤としている。そして，その基盤も，これだけ国際化し，市場経済化した現代社会においては，地域社会の全体をいかにするかというなかに農業を位置づけることなくしては，存続すら不可能になる。そしてさらにその業としての農業を超えた「農」と土，そこから育まれる命と文化を再発見することで，根源的意味の人間の「生」への問いかけまで視野に入ってくるであろう。

　さて，農協が地域社会により視野を広げ，より地域住民に開かれた組織として地域住民とどう連携していくのか，特に農業を基軸にしたそれにどんな具体策があるのか，今までふれてこられなかった福岡市農協の活動をいくつか挙げて考えてみたい。

　1つは，「青空市」。確かにめずらしいことではない。しかし，わずかずつではあるといえ芽生えつつある農業への再認識，さらに自ら土に親しもうとする人々の増加に呼応し，定年帰農者を含めて地域に「出荷者運営協議会」を設置し，小さな地域の農＝産と消（費）の循環の回復を図ろうとする活動には意味がある。直売所を中心に新たな地域住民間の交流が生まれる例は多いが，生産（者）と消費（者）と2分して考えたくはない。共通の地域の生活者ととらえたい。

　2つは，同じ協同組織としての「生協」との提携で，主として米の提携が行

減農薬の「赤とんぼ米」のうちの「ふくおか市民米」「博多米」、品種によって愛称を変えている。

われている。「都市住民に理解されない農業はやれない」と早くから無・減農薬栽培に取り組み、農協の取扱米の半数（およそ2万俵）を地元生協に供給している。総称して「赤とんぼ米」と呼ばれ（写真）、農協挙げて「赤とんぼの里づくり」が行われ、年間契約者とは「赤とんぼ米クラブ」を組織し、農業体験、親子料理教室などの交流事業も盛んである。これも目新しくはないが、徹底した地産、地消が目指され、ほぼ全量が管内消費である点、地域の農業理解に役立っており、農業を通じて地域や環境をそして自らの暮らしを考える地についた活動といえるだろう。

(2) 協同と地域

　農協は農業者だけの組織ではない。しかし、相変わらず地域の一般の人々が誤解している傾向は先のアンケート結果にも現れていた。まず、この意識を払拭させること、そして農協は誰でもが利用できることを理解してもらう活動が先決だ。それには、農協が提供し、あるいはお膳立てし、消費者ないし住民に参加してもらうという農協側の意識も変えなくてはならない。女性部の減員や、農協の活動から離れ独自のグループによる活動にシフトしたりする傾向は、こうした女性部や職員の意識の側に問題がなくはないのである。地域社会を暮らしやすくするために、何が求められ、何をしなければならないのか、何ができるのか素直に考えてみることである。

　組織も、いつまでもそのままでいいとはならない。人々の暮らしにとって何

がもっとも必要なのかという観点に立てば，集落の組織も，女性部をはじめ各協同組織も思い切った再編も有効だ。先にも指摘しておいたが，つまり一度解放し「個」として再編する。それにもし耐えられれば組織は強固になり，地域住民もきっと受け入れる。そしてそれを通じて協同活動の再編と活性化が行われ，農協が地域社会そのものの活性化に向けてより機能すれば，そこから社会全体を地域住民のものにするというさらなる展望もまた開けるかもしれないのである。

【注】
1) 福岡市「福岡市政要覧」(2001年度版)
2) 福岡市農協「JA福岡市のご案内」(2001年)
3) 同「第39年度通常総代会資料」。以下計数は原則として総代会資料による。
4) 同「利用者等懇談会のご報告」(1999年)
5) 調査要領。4種の調査要領は下表のとおり。

項目＼調査種類	正組合員	准組合員・事業利用者	役員	職員
調査時期	2000.9 (1997.8)	2000.9 (1997.8)	2000.9 (1997.8)	2000.8 (1997.8)
調査対象	正組合員 6,539 (6,651) 名のうち， 500 (500) 名． 50才未満男子199(198) 50才超男子151 (152) 女子150 (150)	CIF件数 (104.945) のうち 300 (300) 名． 50才未満男子100(100) 50才超男子100 (100) 女子100 (100)	非常勤役員全員 31 (28) 非常勤理事 24 (22) 非常勤監事 7 (6)	全職員 (回収数) 467 (481) 男279 (286) 女178 (184) 不明10 (11)
調査方法 (2000, 1997 とも同じ)	① 正組合員台帳から無作為抽出 上記対象を，各支店正組合員数に抽出率を乗じて各支店に配分 ② 郵送	① CIF台帳から無作為抽出 上記対象を，各支店CIF総件数に抽出率を乗じて各支店に配分 ② 郵送	郵送	無記名方式 直接配分し， 職場毎に回収

6) 福岡市農協「総合3ヵ年計画」(2001～2003年度)」。総合3ヵ年計画は，年度別に細分化して目標が示され，具体的でわかりやすい．
7) 同「支店業績評価」「職務権限規定」
8) 同「支店運営点検表」「経営の評価について」

第6章　地域通貨の現状とその可能性

1. 地域通貨とは

　地域通貨は，国が発行する法定通貨と異なり，限られた地域やメンバーのなかでのみ流通する通貨である。地域通貨は，通常の貨幣価値に置き換えにくいサービスや，地域経済の活性化に役立つモノやサービスの交換の媒介として利用される[1]。地域通貨が法定通貨と大きく異なるのは，利子を生まないことである。法定通貨の場合には貸し借りに利子が生じるため，利殖が発生し，持てる者と持たざる者との間の貧富の差も拡大する。一方，地域通貨には利子がないため，蓄積しても利殖にはつながらず，純粋にモノやサービスの交換のための媒介手段として機能する。つまり，使うことに意味がある。

　日本国内では，ここ数年地域通貨への関心が高まり，ブームともいえる現象が起こっている。『日経地域情報』（2002年2月18日号）のレポート「急増する地域通貨」によれば，2002年初めの時点で一時的な実験が行われたものも含め，全国150か所で地域通貨の誕生が確認された。本章では，日本におけるいくつかの地域通貨の導入あるいは導入実験を例にとり，地域発展のためのツールとして，地域通貨の果たす役割について考察する。

2. 地域通貨の仕組みと特徴

(1) 地域通貨の仕組み

　まず，地域通貨の基本的な仕組みについてみておきたい。地域通貨は限られた地域やメンバー内で流通するが，多くの場合，その参加者は自分の提供できるモノやサービスを事前に登録しておく。事務局は，サービス項目のリストを作成し，参加者はそのリストを見て自分の欲しいモノやサービスを提供する人に連絡をとり，サービスの提供を依頼する。この際，適切なサービス提供者をみつけるために，参加者が自らリストを探して相手と直接連絡をとる場合と，調整役を通して適切と思われる人を紹介してもらう場合の2つがある。

　サービス交換の媒介となる地域通貨の形式は大きく分けて，①クーポン発行形式，②口座変動形式，③借用証書形式の3種類がある[2]。

　紙幣等が用いられる①クーポン発行形式の場合には，事務局はあらかじめ紙幣を印刷しておく。参加者は，提供するサービス等を登録する際に，一定額の紙幣の配布を受け，通常の通貨と同様モノやサービスと交換に紙幣を支払う。

　この方式は，交換手段が目に見えシステムとして理解しやすい反面，偽造券が作られる恐れや，発行量を管理する必要が生じることがある。また，通常紙幣には匿名性があるが，現段階での日本における取り組みでは，紙幣の裏に利用者名や利用目的を書き込むスペースがあったり，交換手帳と同時に利用したりすることが多く，匿名性を有しないケースが多い。

　他方，紙幣のように目に見える媒介手段を使わないシステムがある。②口座変動形式と呼ばれる方式がこれに該当し，後で説明するLETS等で採用されている。その仕組みを具体例によってみてみよう[3]。仮に通貨の呼称をLとすると，図6-1のように，AさんがBさんにモーニングコールを500Lで行う場合，Aさんの口座の残高はプラス500L，Bさんの口座はマイナス500Lになる。そして，BさんはCさんに対して雪かきを1,500Lで行うと，Bさんの口座の残高はプラス1,500L，Cさんの口座はマイナス1,500Lとなる。これらの取引の結果，Bさんの口座はマイナス500Lとプラス1,500Lで残高は1,000L

になる。そして，Aさんの口座のプラス500L，Bさんのプラス1,000L，Cさんのマイナス1,500Lを合わせると，全体としてはプラスマイナス0になる。

この方式の場合，事務局はあらかじめ参加者に通帳を配布しておく。通帳への残高登録は当事者同士で行うケースと，事務局に連絡して集中的に行うケースがある。当事者同士で行う場合でも，一定の期間ごとに事務局に残高を通知すると決めているケースもある。

図6-1　口座変動方式の取引イメージ

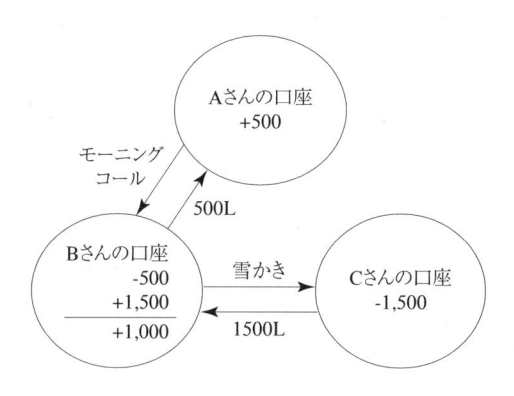

```
         Aさんの口座
           +500
      ↗ モーニング
     ↙  コール
       500L
Bさんの口座  ──雪かき──→  Cさんの口座
  -500      ←──1500L──      -1,500
  +1,500
  +1,000
```

資料：注3資料を参考に筆者作製．

口座変動形式では，クレジットは数字でのみ現れ，サービスを提供した人にはプラスの残高，利用した人にはマイナスの残高がつく。クレジットの合計は常にプラスマイナスゼロになるため，発行量を管理する必要がない。ただし，いくらでもマイナスをつけることが可能であるため，マイナスの限度額を定めているケースもある。

③借用証書形式は，商取引で使用される手形に類似しており，個人間の貸し借りという形でクレジットが創造される。相対取引を多数の間で行うという形式のため，発行基準を整備したり，流通量を管理したりする必要がなく，運営のために事務局を設ける等のコストや手間がかからない。一方で，相対取引のため，どこでどのように利用されているのかを把握することが難しい。

(2) 地域通貨の特徴

発 行 主 体

地域通貨の形式は，通貨の発行主体とリンクする。クーポン発行形式の場合

は，最初に紙幣を印刷する運営団体あるいは運営団体が別途設けた委員会等が，通貨の発行主体となる。他方，口座変動形式と証書借用形式では，サービスを受けた人がお礼の気持ちを表す瞬間に，500Lや1,500L分の地域通貨の価値が生み出される。つまり，クレジットは利用者自身が生み出すものであり，通貨の発行者は個人ということになる。

管理形態

クーポン発行形式の場合は，インフレが起きないように紙幣等の発行量を管理することが必要になる場合がある。アメリカ・イサカ市のイサカアワーでは，発行量や発行時期については，隔週毎に行われる地域通貨委員会で決定される。

日本における地域通貨の場合は，①実験段階の取組みが多い，②利用者数がそれほど多くない，③市場の財やサービスとの交換が限られている等により，発行量の管理が大きな問題となるケースはみられない。また，使用期限を設け，一定の期間が過ぎると取引を0に戻すケースも多い。

前述のとおり口座変動方式と借用書形式では，発行量を管理する必要がない。

円との交換／計測基準／市場の財・サービスとの交換

日本において，円への交換が可能である地域通貨はいまだ発行されていないとみられる。現在のところ，法定通貨である円とは切り離され，地域や仲間内でしか流通しない通貨として発行されることに価値を見出している取り組みが多いと考えられる。

地域通貨を支払う際の目安としては，市場の価値を基準とするもの，時間を基準とするものが多い。両者を組み合わせて目安としているものもある。市場の財やサービスとの交換取引の場合は，市場の価値を基準として交換が行われるが，市場の財やサービスとの交換取引でない場合は，計測基準はそれほど厳密ではないとみられる。海外の事例においては，時間を基準と定めていても，提供されるサービスの種類によって価格に差がつけられるケースもあるが，日本の事例では，価格設定においてそうした事例は見られない。

特に，交換の対象となるサービスの領域がボランティア的なものに限定され

ているエコマネーの場合は，商店で商品を買う等の商取引を行うことはできず，価格設定はそれほど重視されていないとみられる。

(3) 地域通貨の歴史と代表的な地域通貨

地域通貨の歴史

通常，地域通貨の始まりは，ロバート・オーウェンの「労働交換券」とすることが多い[4]。オーウェンは，協同組合思想家あるいは社会思想家として広く知られており，産業革命後，経済的弱者を救済するという意図のもと，ニューハーモニー建設等各種の社会改良運動を行った。そして1832年には，資本家に搾取されない公正な取引の実現を目指して「労働交換券」を考案した。参加者は生産物を「労働交換所」に持ち込むと，その生産物の労働に要した時間を記した「労働交換券」を受け取ることができ，その「労働交換券」で他の生産物を購入することができた。つまり「労働交換券」は，国家通貨とは異なる，参加者間で流通する民間通貨として機能した。しかし，時間の計算が難しかったことや，外部市場経済との関係が未整備だったこともあって，約3年で幕を閉じた。

その後およそ100年を経て，ドイツの経済学者シルビオ・ゲゼル (1862～1930) の理論を応用した「スタンプ貨幣」が，ドイツ，オーストリア，アメリカ等で相次いで誕生した。スタンプ貨幣は，定期的（たとえば毎週水曜日など）に一定額のスタンプ（切手）を購入して紙幣に貼らなければ利用できないという仕組みをとる。つまり，貨幣を保有することに対して課税されるのであり，貨幣の価値は時間がたてばたつほど減っていくことになる。貨幣の所有者は，スタンプの購入を避けるために一刻も早く使用しようとするため，貨幣の流通速度が速くなり，地域経済が活性化するというものであった。

しかし，1930年代に流通したこれらの地域通貨は，そのいずれもが中央銀行によって1年足らずで禁止され，その後ナチスの台頭，共産主義の進展，アメリカのニューディール政策の実施などとともに消滅していった。

これらとは別に1934年に，地域の中小・零細企業の支援を目的とした地域

通貨システム「WIR（ヴィア）」がスイスに設立され，現在もヴィア銀行として営業を続けている。システムは時代によって変化しているが，現在は口座変動形式をとり，スイスフランと併用されている[5]。

現代の代表的な地域通貨

現在の地域通貨再発見の先鞭をつけたのは，カナダのバンクーバー島コモックスバレー（人口約5万人）で開始された「LETS」で，1983年のことである。LETS は Local Exchange and Trading System の略で，先に述べた口座変動方式を採用し口座間の出し入れで財やサービスの交換を行う。LETS は，カナダはもとよりイギリス，オーストラリア，ニュージーランド，ドイツ（「交換リング」，LETS 方式の各国版，以下同じ），フランス（「SEL」），アルゼンチン（「RGT」）等各国で実施されるようになった。特にイギリスでの普及が著しく，LETS LINK UK [6] によれば，現在約450の LETS に4万人が加わっているという。

アメリカでは，1987年にサービスを時間で測る「タイムダラー」のパイロットプロジェクトが国内6ヵ所で始まった。その仕組みは比較的簡単で，どのような内容でも1時間のサービスを1タイムダラーとしてやりとりを行う。会員間の相互扶助を目的としたシステムであり，口座変動形式をとる。現在，全米で展開され，およそ5万人が参加しているとされる。

1991年には，アメリカニューヨーク州イサカ市（人口約3万人）を中心に，「イサカアワー」が5種の貨幣の発行方式で開始された。1イサカアワーは1時間当りの平均賃金に相当する10ドルと等価とされ，イサカアワーズ管理委員会によって発行量が管理されている。最初は，生協マーケットで利用されはじめ，次第にアパートの家賃，弁護士費用，さらに銀行のローンや手数料，健康保険料の支払いにまで使われるようになっている。

現在，数千人の住民とおよそ400の企業が参加しており，流通量はおよそ6,700アワー（67,000ドル）と推定されている。日本円にして800万円ほどであるが，絶えず地域内を循環することで2億円以上の経済効果を生み出していると言われる[7]。なお，アワーとドルは併用されている[8]。

日本の地域通貨

　日本国内でも地域通貨がブームになる以前から地域通貨に類する取組みは行われていた。1973年に設立された「ボランティア労力銀行」は，『労力にインフレはない。労力を新しい愛の通貨にしましょう。労力銀行の利息は友情です』をキャッチ・フレーズに，1時間の労力を1点とし，その労力を互いに貸し借りするシステムをとっている。「時間貯蓄」，「点数預託」，「労力預託」，「タイムストック」等の呼称やシステムは異なるが，同様の取組みは全国各地で行われており，さわやか福祉財団では，これらの活動を総称して「ふれあい切符制度」と呼んでいる。ふれあい切符制度とは「家事援助などのボランティア活動をした時間（または点数）を貯めておき，いずれ，自分や家族等がサービスを必要とするときに引き出して使うシステム」[9] である。

　その後，1995年にはタイムダラーの仕組みを取り入れた「だんだん」が愛媛県関前村で，99年には千葉県千葉市でLETSの仕組みを参考にした「ピーナッツ」の導入が行われた。滋賀県草津市では，草津コミュニティ支援センターの利用クーポンから発展した地域通貨「おうみ」が生まれた。2000年に入ると，北海道栗山町でエコマネー「クリン」，長野県駒ヶ根市で同「ずらあ」，兵庫県宝塚市で同「ZUKA」の流通実験が行われる等，地域通貨の導入・流通実験が相次いだ。

エコマネーとは

　国内の地域通貨について分析する際に特筆すべきは，いわゆる「エコマネー」である。エコマネーの「エコ」は，「エコノミー」と「エコロジー」と「コミュニティ」をかけた造語で，経済産業省の加藤敏春氏が1997年ごろから提唱しはじめ，99年5月にはエコマネーネットワークが発足した。

　エコマネーはクーポン発行形式をとるが，最も大きな特徴は，適用される分野である。加藤氏によれば，国内外の地域通貨は，自立分散社会を形成しようという点において共通の基盤を有しているが，縦軸にボランティア経済か貨幣経済か，横軸に信頼関係か債権関係かという2つの判断基準で類型化すると，エコマネーはボランティア経済と信頼関係の象限に位置するという[10]。加藤氏

によれば，ボランティア経済とは，通常の貨幣では表しにくい環境，福祉，教育，文化などの領域において互酬の関係を構築する部分であり，債権関係のように約束の履行を強制力で担保するのではなく，メンバーの信頼の醸成によってエコマネーは流通する[11]。

エコマネーは円との換算レートをもたず，市場で取引される財やサービスとの交換はできない。エコマネーネットワークのホームページによれば[12]，エコマネーを使って提供できる代表的なサービスとして，福祉・介護，環境，高齢者へのインターネット普及，都市部と山間部の住民の交流促進等が挙げられている。同ネットワークによれば，現在日本国内の100を超える地域でエコマネーの導入，あるいは導入の準備が進められている。

エコマネー実践者は，エコマネーの使用をボランティア経済の領域に限定し，エコマネーは地域通貨とは異なると考える傾向がある[13]。しかし，一般的には，エコマネーも含めて地域通貨と呼ぶことが多く，ここでもエコマネーを地域通貨の1つのカテゴリーとして取り扱うこととする。

(4) 地域通貨の類型化

こうした基本的な仕組みを踏まえ，本章では「クレジットの発行・管理」と「市場の財・サービスとの交換」という2つの軸を使って代表的な地域通貨の類型化を行った（図6-2）。

地域通貨を誰が発行するかは，地域通貨の仕組みを分ける大きな差であるため，これを「クレジットの発行・管理」として縦軸とした。クレジットの発行主体が参加者個人である口座変動形式の場合は，全体としてプラスマイナスすると合計は常に0となるため，通貨の発行量を管理する必要がない。

クーポン発行形式のように，クレジットを事務局が発行する場合には，インフレを招くことがないように紙幣の発行量を管理する必要が生じることがある。スイスのヴィアの場合は，通帳・小切手併用の口座変動形式であるが，利子率の操作によりインフレが起こらないよう管理されているため，上の象限においた。栗山のクリン等エコマネーについては，事務局が通貨を発行しているが，

第6章 地域通貨の現状とその可能性　167

図6-2　代表的な地域通貨の類型化

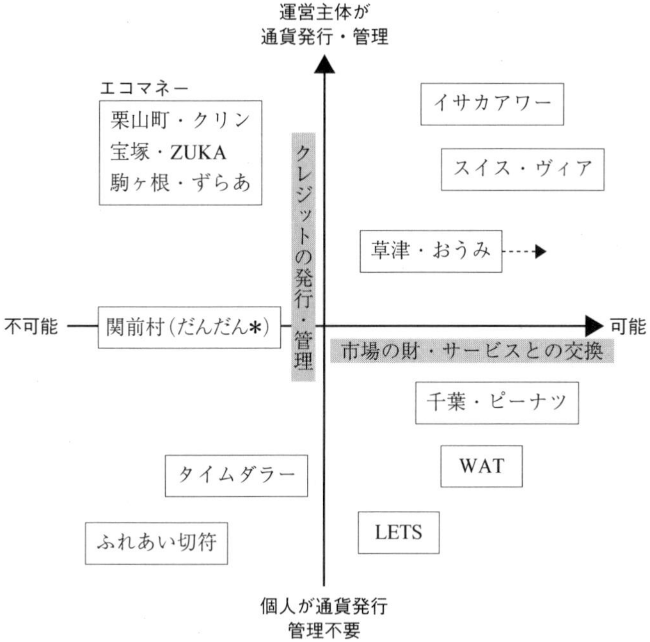

```
                      運営主体が
                     通貨発行・管理
                         ↑
  エコマネー                     │            イサカアワー
  ┌─────────────┐  ク │
  │ 栗山町・クリン │  レ │            スイス・ヴィア
  │ 宝塚・ZUKA   │  ジ │
  │ 駒ヶ根・ずらあ │  ッ │
  └─────────────┘  ト │            草津・おうみ ----▶
                      の │
                      発 │
                      行 │
  不可能    関前村(だんだん*)  ・ │                              可能
  ────────────────────┼──────────────────────▶
                      管 │   市場の財・サービスとの交換
                      理 │
                         │
                         │            千葉・ピーナツ
                タイムダラー │
                         │              WAT
                         │
                ふれあい切符 │              LETS
                         │
                         ↓
                    個人が通貨発行
                     管理不要
```

注：関前村のだんだんは，タイムダラーの一種であるが，運営主体からチップ
を渡され，1 年後にそれが回収されることから，「個人が通貨発行」と運
営主体が通貨発行・管理の中間においた．

現状では発行量の管理は特に行われていないとみられる。

　横軸の「市場の財・サービスとの交換」は，通常の貨幣で取引されている市場の財やサービスの購入可能性である。これもまた，地域通貨の性質を大きく分ける要素である。なぜなら，地域通貨を導入する目的や焦点をあてる領域につながる要素だからである。先述のとおり，エコマネーではボランティアの領域が重視されており，通常の通貨で取引可能な市場の財やサービスとを取引することは認められていない。一方，イサカアワーのようなケースでは，市場の財やサービスを地域通貨で取引することも可能である。

　以上が地域通貨の概要であるが，次に具体的な取組みを例にとって，地域通

貨の現状についてできるだけ詳細に整理したい。

3. 国内の地域通貨の取り組み

　本節では，栗山町（クリン），駒ヶ根市（ずらあ），宝塚市（ZUKA），草津市（おうみ）を取り上げ，導入の目的と利用状況，運営上の課題について検討する。おうみは，本格的な導入以後継続して利用されており，その他の地域通貨についても複数回の実験が行われている。

　町名と「クリーン」からその名がつけられた北海道栗山町のクリンは，流通実験回数や規模の大きさからエコマネーを代表する存在で，第1次実験は2000年2月に開始された。同年9月から11月にかけて行われた第2次実験には，553人が参加し，475項目，9,000種類のサービスが交換された。01年9月からは第3次実験が行われている。

　長野県駒ヶ根市では，社団法人駒ヶ根青年会議所（駒ヶ根JC）が主体となって，JC関係者とその家族を中心に2000年3月から約5ヵ月間「ずらあ」の流通実験を行った。その後，01年8月から02年3月には，JCと駒ヶ根市社会福祉協議会等が同市上穂町で実験を行った。兵庫県神戸市では，宝塚NPOセンターを中心に，2000年8月から10月までと01年6月から11月までの2回にわたり，ZUKAの流通実験が行われた。

　これらの実験結果をもとに，地域通貨の課題や問題点を整理し，それらの課題や問題点への対応策について考察することとする[14]。

　(1) 地域通貨導入の目的

　まず，先述した地域で地域通貨が最初に導入された背景と目的について，「クリン」等と「おうみを」比較しつつ言及しておこう。

　栗山町では，年齢65歳以上の高齢者が人口に占める割合（高齢化率）が24％と，全国平均の17.2％を上回っており，介護，福祉，市街地活性化がエコ

マネー導入の主な目的であった。

　宝塚では，市民が価値観を共有しながらまちづくりを行っていくための手法としてエコマネーが導入されたが，地域活動を支援する組織「宝塚NPOセンター」が事務局機能を担っており，地域通貨と地域活動との接点を模索している。駒ヶ根の第1次実験は，コミュニティの活性化が主な目的であったが，同市も高齢化率が20％を超え，1人暮らしの老人が多いことから，高齢者福祉へのニーズも念頭に置いている。第2次実験では社会福祉協議会が加わっており，ボランティアとの接点を視野に入れている。

　他方，草津市の「おうみ」は，コミュニティセンターの事務局運営という具体的な問題を解決するために導入された。おうみの誕生は，1998年5月に公設市民営型という当時全国的に珍しい形式でオープンした草津コミュニティ支援センターと密接な関係がある[15]。同センターには「NPOセンター部門」，「市民地域情報部門」，「コミュニケーション部門」の3つの部門があり，登録団体（1998年度は24団体）はこのいずれかの部門に参加していた。問題となったのは事務局の運営で，当初は，管理人を配置せず共同で事務局を運営していたが，うまく機能しなかったため，設立2年目にはセンター利用料を有料化する等，センターの管理運営方法を大幅に変更した。

　自主的な運営であったため運営コストを自ら負担しなければならないが，利用団体のなかには現金での支払いが容易でない団体もあり，金銭的な負担がない仕組みを構築することとなった。それがセンタークーポン方式で，掃除などの労力とセンターの使用料を，クーポンを媒介にしてバーターできる仕組みである。さらに，センタークーポンを一歩進め，センター以外でも利用可能としたのが，地域通貨「おうみ」である。このように，宝塚市等のように実験から始まった他の地域と違って，おうみの場合は現実的な要請から誕生している点に特徴がある。

　おうみは，1999年4月の仮運用，6月からの実験を経て，9月から実践的に用いられるようになった。なお，2000年1月からは草津コミュニティセンターから独立した地域通貨おうみ委員会がおうみの運営を行っている。おうみは，寄付金100円につき1おうみが発行され，寄付金は「おうみファンド」に組

み入れられる。つまり、おうみは他の地域通貨と異なり、「信頼」以外の具体的な担保（おうみファンド）を背景に紙幣を発行していることになる。

おうみには、近隣のタクシー会社が参加しており、タクシー料金を全額おうみで支払うことができるが、その参加にあたっては法律や税務の面で様々な問題を解決する必要があった。通常、商品券の発行には認可が必要となるが、6ヵ月という有効期限があるものは商品券にはならないという除外規定がある。そこで、おうみには6ヵ月という有効期限を設けることで、認可の問題をクリアしている。

実務上は、企業サイドが1おうみ＝100円換算で金券を買い上げ、円貨を100％使った場合の売上高に換算して課税されている。たとえば、消費税については、おうみを受け取るタクシー会社等の事業者は、おうみを1おうみ＝100円で換算して売上を計算し、その5％分を通常どおり支払う。いうなれば、企業側が負担することによって法律問題は解決されていることになる。税務署は、税金さえ支払えば問題ないという見解を示している。

このほか、おうみは市内の映画館で料金の一部の支払いに利用することができる。また、農産物や環境に配慮した商品等、市場の財の一部との交換が可能である点は先述のエコマネーとは異なっている。

(2) 初期の実験結果

実験結果については、統計的な厳密さには欠けるが、他のデータが存在しないので各地域通貨の運営を担当している事務局が実施したアンケート調査[16]を比較検討して、可能なかぎり整理をしてみたい。栗山町のみ第2次実験、宝塚市と駒ヶ根市は第1次実験の結果である（表6-1）。

仕組みの理解

地域通貨の仕組みについての理解は、説明会等の開催の効果もあって浸透している。栗山、宝塚ではそれぞれ97％、駒ヶ根では100％が理解していると回答した。また、理解の程度を確認するために、他人に地域通貨の仕組みを説明

表6-1　各地域通貨の流通実験の要領

			栗山 （第2次）	宝塚 （第1次）	駒ヶ根 （第1次）
1.	時期		2000.9.1〜2000.11.30	2000.8.10〜10.10	2000.3.15〜8.7
2.	参加者				
(1)	総数		553人	189人	84人
(2)	性別	男性	207人	56人	82人
		女性	346人	130人	2人
(3)	年齢別	1位	30代（83人）	50代（52人）	－
		2位	40代（55人）	60代（48人）	－
		3位	60代（52人）	40代（38人）	－
3.	対象範囲，地域		栗山町町民 （看護学生172人含む）	6団体（地区）	青年会議所（JC）関係者
4.	実験主体		栗山エコマネー研究会	宝塚NPOセンター	駒ヶ根JC

資料：注16資料を参考に筆者作成．

できるかという問いを設けているが，これについても宝塚市で94％，駒ヶ根市で96％が一定程度説明できると回答している（栗山では不明）。このような数値だけから判断すれば，一定程度の理解は浸透しているものと推測される。

利用した人数の比率

（単位：％）

	栗山	宝塚	駒ヶ根
サービスの提供（通貨を受け取る）	49	59	－
サービスの依頼（通貨の支払い）	41	45	－
サービスの提供 or 依頼	69	－	74
サービスの提供 and 依頼	22	－	－

注：比率は，たとえばサービスを提供した人÷アンケート
　　回答者のように計算．

サービスの提供（通貨の受け取り）あるいは依頼（通貨の支払い）をした人の比率は駒ヶ根で74％，栗山で69％となっている。宝塚についても，同じよう

な比率に達しているものと推定される。

　一般的にサービスの提供は積極的であるが、依頼は消極的であるといわれているが、それはアンケートでも確認される。栗山で提供した人の比率が49%なのに対して、依頼した人は41%である。宝塚でも同様で、それぞれ59%と45%となっている。栗山では、提供と依頼の両方に参加した人の比率が調べられているが、それによると両方に参加した人の比率は22%であった。依頼することの困難さが地域通貨の利用拡大のネックとなっている。

流通回数

(単位：回)

	栗山	宝塚	駒ヶ根
回答者1人当りの利用回数[1]	1.0	3.1	1.2
利用者1人当りの利用回数[2]	1.4	―	2.6

注：1．総利用回数（流通回数）÷アンケート回答者数
　　2．総利用者数（流通回数）÷利用者数．
　　　ただし利用者は、サービスを提供もしくは依頼した人数を採用．宝塚では利用者に該当する数値がないので、仮にサービスを提供した人で計算すると5.3回である．

　地域通貨の1人当りの利用回数をみると、利用した人の1人当り利用回数は1～3回である。実験期間が2ヵ月から5ヵ月間と異なるので一概に断定はできないが、それほど活発に流通しているとは言いがたい。

　そのなかで宝塚の流通回数が比較的多くなっているが、これについては次の利用されたサービスに見るように、デイサービスハウスである「めふの家」におけるケアや家事が多いためである。ボランティア活動との連携が利用を拡大した。

利用されたサービス（上位3位）

(単位：%)

栗山		宝塚		駒ヶ根	
エコマネーフェスティバル	22	ケア	40	JC活動	23
子供エコマネー探検隊	8	家事	16	送迎	15
エコマネーフリーマーケット	6	事務	11	授業とトレーニング	9

注：各サービスが利用された回数÷総利用回数（流通回数）．
　　「その他」は除く．

各実験ともに、利用されたサービスは身内のイベント・活動が中心である。駒ヶ根は事務局であるJCの活動に関わるサービスでの利用が全体の約1/4に達している。栗山の場合でも、エコマネーに関するイベント関係が上位を占めている。宝塚の場合も、デイサービスハウスが参加しているためケアや家事が多くなっている。

　このように、地域通貨の利用は、主催者の活動に影響を受けており、必ずしも地域通貨の利用が日常生活の活動と関連しているわけではない。しかしながら、実験段階であることを考えれば、ある程度納得できる結果である。むしろ、主催者の中に日常的な活動を実施しているボランティア団体を加えることで、地域通貨が普及拡大する1つの契機になる可能があることを示している。

使用しない理由

(単位：％)

栗　　山		宝　　塚		駒ヶ根	
忙しかった	92	忙しかった	39	依頼がなかった	40
依頼がなかった	86	希望するサービスがない	32	連絡しにくい	20
連絡しにくい	25	連絡しにくい	8	忙しかった	12

注：栗山は複数回答．

　使用しない理由として多いのが、「忙しかった」、「連絡しにくい」、「依頼がなかった」である。ここに現段階で地域通貨が抱えている課題が凝縮されている。

　JCが中心となって実験を行った駒ヶ根以外は、高齢者や主婦層に代表される女性層（栗山では介護学校の生徒も）が実験の中心的な参加者である。日本における市民運動の中心的担い手が女性であるために、地域通貨の実験も自然とこのような層によって支えられていると考えられる。他方、勤労者層は時間的な制約から実際の利用には限度があったと考えられる。したがって、勤労者層のライフスタイルに合った利用形態を考えることが重要であろう。

　「連絡しにくい」については、見知らぬ人に対して依頼することが困難であることを示している。また、先述したように依頼されれば喜んでサービスを提

供するが，自分の方からサービスの提供を依頼することに不慣れなことも要因となっているであろう。しかしながら，潜在的には利用に対する意欲は強いので，コーディネーター等の技術的な解決策が考えられている。

この点については，コーディネーターによる仲介は必要不可欠であるとの認識から，栗山では特定の地域（みなみ中里町内会）にコーディネーターを置いた実験が実施された。コーディネーターは4名で，地域の役員や民生委員，社会福祉協議会の元理事などが務めた。結果については次のようになっている。

コーディネーター導入実験結果

（単位：％）

	全参加者	みなみ中里
回収（人）	553人	55人
サービス利用率（提供または依頼）	64.5	49.1
サービス提供率	49.4	29.1
サービス依頼率	41.4	43.6
利用者1人当りの平均利用回数	1.4	2.6

注：栗山町では，みなみ中里町内会でコーディネーターを4名置いた。

確かに，コーディネーターを導入したみなみ中里町内会では利用した人の1人当り利用回数は他の地域と比べて多い。この点から，コーディネーターの効果があるとの見解が出されている[17]。しかしながら，実際に利用した人の比率（利用率）をみると，逆に他の地域よりも低下している。コーディネーターの役割は，少しでも多くの参加者に実際にクリンを利用してもらうことにあるので，その評価は1人当り利用回数ではなく利用率で判断するのが妥当である。したがって，単純に比較するならばコーディネーターが機能したとはいえない。

ただし，実験が行われたみなみ中里町内会は，新興住宅街で栗山に移り住んできた比較的若い人が住んでいる地域である。その意味では，他の地域に比べて利用率が低くなることは十分に想定される。したがって，同地区における実験結果だけでコーディネーターの効果を判断するのは難しい。

結局のところ，地域通貨の流通を活発化するためには，住民同士が知り合う機会をどのように設けるかが問題である。たとえば，宝塚の結果によると，「参加してよかった」が74％に達しているにもかかわらず，「新しい知り合い

ができた」と答えた人はわずか28％にとどまっている。この数字をどのように評価するかという問題はあるが，住民同士のコミュニケーションの促進は容易ではないことは確かである。

今後の参加について

(単位：％)

	栗山	宝塚	駒ヶ根
次回も参加したい	65	85	78
家族，知人，友人で参加したい人がいる	25	39	−

注：参加したいと回答した人÷アンケート回答者数．
　　いると答えた人÷アンケート回答者数．

　今後の参加については，次回も参加したいとの声が多く，参加者は全体的に好印象を持っている。それだけに，今回地域通貨を使用したり，受け取ったりできなかった層について，その要因を詳細に分析をして，ライフスタイルやニーズに合ったメニューの作成や利用しやすい環境の整備が求められる。
　また，宝塚のデータによると，次回も参加したいという比率が85％にも達しているにもかかわらず，「家族や知人で参加したい人がいるか」との質問に対して，「いる」と答えたのはわずか39％であった。栗山にしても次回の実験への参加希望者は65％に達しているのに，家族や知人で参加したい人がいると答えた人の割合は25％程度である。
　このように本人は次回も積極的に参加する意思を明らかにしているが，家族や知人，友人への浸透はそれほど進んでいない。参加者の範囲が限定されている可能性があり，新しい参加者を近親者から掘り起こす試みも必要となろう。

(3) 初期の課題

ここまでの整理から,初期の流通実験の課題として次の点があげられる。

参加者の拡大とコーディネーター制度の導入

　参加者数の拡大については,イベントの実施や交流する場の提供などが考えられる。事実,各実施団体ともに工夫を凝らしている。草津では,「ひとの駅」というサロンを提供して,地域通貨の情報提供と普及拡大を図っている。
　また,栗山でもたとえば町の施設でのさまざまな活動を通して,広く認識してもらえるようなイベントを考えている。
　しかしながら,先に指摘したように,これまでの地域通貨の実験では,参加者層がかなり固定化するケースがみられる。駒ヶ根の場合は,事務局となったメンバーの利用が大半であった。各実験結果にもみられたように,忙しくて実際には利用できなかったという回答が多く,勤労者層には使いにくいのが現状であろう。したがって,これらの人々も積極的に参加できる体制を構築するためのさらなる工夫が必要となろう。
　参加者の利用率の引き上げという点については,コーディネーターの導入が一定の役割を果たすとみられる。コーディネーターの導入については,先述したように,実験では必ずしも明確な結論は出ていないが,聞き取りをした範囲では必要との認識が強い。参加者は知らない人に依頼することをためらうために,そのような壁を乗り越えるためには第三者の介在が必要であろう。
　ただし,コーディネーター制度については,サービスの授受の効率性だけに注目することの妥当性が問われるかもしれない。たしかに,コーディネーターの介在によってサービスのやりとりは効率的になるかもしれないが,そのような効率性と住民間のコミュニケーションの促進がどのように結びつくのか。コーディネーターを通じて知らない人同士をつないでいくのと同時に,交流会等を設け住民間の交流の機会を増やすことも含めた多様な試みを行うことによって,コーディネーター制度はより効果的になるであろう。

事務局の維持に関わるコスト負担

　地域通貨の利用とは直接には関係ないが，事務局の負担が大きいという問題も指摘できる。たとえば，駒ヶ根のJCの場合は，専任のスタッフがおらず，常設の事務局を設置することはコスト的に困難であった。また，草津にしても専従スタッフではなくボランティアで運営されている。現実には，人件費だけではなく光熱費などの維持費でさえも負担となっているため，独自の収益事業や行政等からの助成金がないと事務局運営は困難である。

　そうなると，地域通貨を事務負担のかからない形態へ変更するか，事務局機能を強化するための別途対策が必要となる。前者については，事務局は地域通貨の実体をあらわすシンボルという意味もあるので，その存在は必要不可欠と考える傾向が強い。単なる観念的な存在では，参加者の理解を得ることは難しいだけに，「場」の設定は重要である。そうすると，事務局を維持運営するためには，事業による収益か，会員からの会費あるいは助成金も含めた行政の支援が必要となる。そこで，次に行政との関係について言及してみたい。

行政との関係

　地域通貨はあくまでも市民主体の試みであるから，地域通貨の運営は基本的に民間が中心であり，行政の過剰な介入は避けるべきであるという点では，地域通貨の運営団体の間である程度の共通認識がある。しかしながら，信用という点で，行政が重要な役割を果たすことができるのもまた事実である。すぐれて日本的な特徴といえるかもしれないが，保守的な風土の地域で，市民団体が独自に地域通貨を流通させるにはどうしても一定の限界があるだけに，行政がその信用力を生かして地域通貨への参加を促すことも考えられる。

　事実，宝塚と駒ヶ根では，行政は地域通貨の運営に関する話し合いに参加している。栗山では，むしろ町長が率先して導入を奨励し，行政が広報・取材対応を担当するなど，事務局機能の一部を担うほどである。また，町が一定の経費負担も含めて事務局を支援するなど，間接的な形態ながら積極的な支援を行っている。このように，地域通貨の普及と事務局による円滑な運営という両面において，行政がすでに関与しているケースが存在する。

さらに、県レベルで地域通貨を支援しているケースもある。愛媛県では、地域通貨を県政の重点構想である「県民による地域社会づくり」を推進するための施策の1つとしてとらえ県下に広めるために、1999年度に地域通貨システムに関するフォーラムや研修会、手引書の作成等、地域通貨システムに関する啓発事業を行った[18]。2000年度には、5つの事業に対して1団体30万円を限度として県が直接助成を行う「地域通貨活用モデル事業」を実施した。静岡県、三重県、岩手県、長野県等でも、県が地域通貨の支援を行っている。地域発展のための1つの手段として地域通貨が注目されるなか、行政が地域通貨をどのように位置づけ、支援していくかということが重要な課題となりつつある。

(4) 最近の取り組みと課題への対応

このような課題に対し、その後の流通実験や実際の利用において、どのような対応がとられたのだろうか。以下では最近の取り組みを付け加えながら、先述の課題への対応等についてもふれてみたい。

草津のおうみ

おうみは、草津市にとどまらず近江地域一帯に広く利用されることを想定してその名前がつけられたが、既に草津市に隣接する守山市と大津市でも利用されている。守山市にある活動拠点「守山ステーション」では、リサイクル品の販売や生ゴミ堆肥化の協力者への謝礼におうみを利用している。大津市では、住まいを通して環境改善を提唱するNPO法人が、ボランティアとして活動に参加した人におうみを配布している。両グループに対しては、おうみ委員会がおうみを無利子で貸し出すという形式をとっている。なお、各団体間には人的交流はあるが、おうみに関してはそれぞれの団体が独自に運営しており、サービス内容の共通化は行われていない。おうみ委員会の山本事務局長は、このような方式を多極分散型運営と呼んでいる[19]。

また、地元商店街との連携も始まった。おうみ委員会は、草津市商店街連盟（加盟店数366店）と共同で、「びわこづち」という新しい地域通貨の実験を

2001年11月から3ヵ月間実施した。協力店18店で，買い物袋を持参した人等に対してシールを1枚渡し，シール10枚と100円の買い物ができる陶製コイン「びわこづち」1個を交換する仕組みをとった。02年2月には，商店街のイベント「七福神まつり」で1,000個の「びわこづち」を配布し，一定の期間，100円相当の買い物ができるようにした。こうした取組みは，地域通貨に商品貨幣的な要素をもたせることによって，活用の幅を広げることを目的としている。

　地域通貨おうみ委員会は，2002年4月にNPO法人としての認証を受けたが，それを契機に利用者登録制度を導入した。従来は，登録しなくてもおうみを利用することができたが，おうみの仕組みについてよく理解していない人におうみが渡ってもその後の利用が進まないという問題が指摘された。

　おうみの場合，おうみ貸出し制度を利用する団体が出現したことで全体として利用者数は増えたが，当初活動がスタートした草津市では利用者が固定化する傾向があった。そこで，こうした問題を解決するために利用者登録制度が導入され，おうみについてよく理解したうえで参加してもらう方向に制度を変更したのである。地元の商店街との連携とあわせて利用度を高め，活動の幅を広げることを目的としている。

　事務局の維持に関わるコスト負担と，行政との連携は，おうみにとっては引き続き重要な課題である。必要経費は視察等のカンパ金等で賄っているが，財政基盤は脆弱であると言わざるをえない。2001年度は，滋賀県のパイロット事業の助成金を受けたが，頻繁に行われる関連イベントへの出席等が専従職員をもたない組織には負担となった。草津市との連携等は現在のところ行われていないが，おうみの利用者が近隣地域に広がり行政区域を越えていることがネックの1つとなっているようである。

　びわこづちの実験はいったん終了したが，今後も商店街との連携は継続する予定であり，そのなかで商品貨幣的な要素をもつ地域通貨の採用も考えている。しかし，おうみの利用者のなかには商品貨幣的な要素をもたないことを重視している人もいるため，商店街との連携のなかで商品貨幣的な地域通貨をつくったとしても，従来のおうみとは全く切り離して運営することも想定している。

宝塚の ZUKA

神戸市では2001年6月から11月までZUKAの第2次実験が行われた。第1次実験との違いは，① 紙幣を1,000ZUKAに統一し，第1次実験で使った100ZUKAは発行しなかったこと，② ダイエーの参加，③ コーディネーター制の導入である。

ダイエーの参加は，環境問題への取り組みが契機である。レジ袋の非利用運動を進めようとしていた事務局が，市内のスーパーに参加を募ったところ，ダイエーの参加を得ることができた。ダイエーに買い物袋を持参した人は，レジでスタンプを1つ押してもらい，スタンプが20個たまると1,000 ZUKA 1枚に交換することができる。ただし，ZUKAをダイエーでの買い物に利用することはできない。この取り組みによって，環境問題への関心を高めるとともに，ZUKAを獲得できない高齢者等にも比較的簡単にZUKAを入手する機会を提供することができる。結果として，8ヵ月の実験期間中に，166枚のZUKAへの交換が行われた[20]。

コーディネーターについては，ZUKAに参加している各地域が独自に選定し，統一の基準を設けなかった。事務局によれば，コーディネーターの利用率は利用者アンケートによれば7.3％と，予想よりも低かったという。コーディネーターが常駐する拠点がなく，地域活動で多忙なコーディネーターと容易に連絡がとれなかったということも影響したようだ。

第2次実験の参加者は，第1次実験の189人から518人に増加し，年齢層も小学生から80代までと広がった。男性の参加者は約1/3と専業主婦の多い土地柄にしては比較的多かった。また，流通件数は387件から957件に増加したが，単純に1人当りの流通件数で計算すると2.0件から1.8件へと減少している。利用者層が広がっているとはいえ，必ずしも流通が活発化しているわけではないと考えられる。

なお，宝塚の場合は，宝塚NPOセンターが事務局を運営し，第2次実験では市からの補助金を受けた。今後は，2002年中に第3次実験を開始し，一部の参加地域では実験から本格的な流通へと移行することも検討している。

栗山のクリン

栗山では，2001年9月から1年半の予定で第3次実験が行われている[21]。第3次実験では，基本的にすべての取引をコーディネーター経由で行う方式に改められた。その理由としては，知らない人に電話をかけずにすむために気軽に依頼ができるというだけでなく，知らない人同士が初めて会う場合でもコーディネーター経由であれば安心感があること，また提供サービスを熟知しているコーディネーターならば依頼内容に最適な提供者を探し出すことができることが挙げられている。なお，21名のコーディネーターには，マニュアルに沿った育成研修が行われた。

第3次実験の参加者は，実験スタート時で441人（継続して参加者を募集しているため人数は変化する）で，年齢は7歳から90歳までである。11歳から20歳までの女性が全体の約1/3を占めるが，これは介護福祉学校生161人を含むためとみられる。また，男性も全体の約1/3を占める。第2次実験に引き続き実施されたエコポイント制度（買い物袋を持参で1ポイント，5ポイントで500クリンと交換）には，スーパーマーケット，コンビニエンス・ストア，商店街など計58店舗が参加し，実験開始から3ヵ月後の2001年12月末時点で，900ポイントがクリンに交換され，900枚のレジ袋を節約することができたという。

駒ヶ根のずらあ

駒ヶ根市では，上穂町で2001年8月から翌年3月まで「ずらあ」の流通実験が行われた。第1次実験では依頼者が提供者に紙幣を支払う方式だったが，今回の実験では依頼者と提供者がお互いに顔写真シールを交換する仕組みをとった。顔写真シールの交換の場合，遊び感覚でサービスの提供を気軽に行うことができ，地域の住民同士の結びつきが強まる効果を期待したものである。

(5) 多様化する地域通貨の導入事例

最近では，行政主導で地域通貨を導入するケースや，企業がマーケティングの視点から導入するケースが現れ，地域通貨の導入事例が多様化している。

神奈川県大和市では，市民がもつ「知識」，リサイクルなどの対象となる「財産」，ボランティアなどが提供する「役務」等を循環させることによって地域コミュニティを活性化させることを目的に，市が主体となって地域通貨を導入した[22]。通貨の呼称はLOVESといい，2002年4月から本格稼動している。

この取り組みは，経済産業省のICカード普及事業の一環として行われており，市が希望する市民にICカードを無料配布した。配布されたICカードには1万LOVESが入力されており，ボランティアサービスやリサイクル品を，カード上のLOVESでやりとりする。システムは大和市と東芝が共同開発し，現在約9万人の市民がカードを所有している。実験には市内の商店街100店も参加し，「商品の10％までLOVESで支払えます」等の情報を流す。市では，LOVESを貯めこまず大いに利用してもらうため利用期限を設け，1年後にはどれだけ残高が蓄積されていても，強制的に残高を1万LOVESに戻す予定としている。

他方，民間企業も地域通貨の導入実験を実施した。日本総合研究所，博報堂，コミュニティ・アンド・ストアーズの3社は，東京都渋谷区で2001年10月から02年4月まで地域通貨を試験導入した。コミュニティ・アンド・ストアーズは，東急電鉄と流通デベロッパーが共同経営する飲食店であり，この実験には，東急電鉄の沿線コミュニティを活性化するという目的もあった。

具体的には，日本総研等の3社でつくる事務局が運営主体となり，地域通貨「アースデイマネー（単位r）」を発行，地球環境保護の行動を呼びかける「アースデイ」をテーマに，渋谷川清掃や渋谷周辺のごみ回収等のイベント参加者に対し，1時間1,000r（1r＝1円）程度の地域通貨を配布した。このrは，渋谷周辺のカフェ，弁当店，バー等で，円貨と組み合わせて利用することができた。

事務局に名を連ねた日本総研によれば，民間企業にとっての地域通貨とは，①目に見える社会貢献のメディア，②具体的地域経済変革のメディア，③新たなマーケティングのメディアである[23]。このプロジェクトにおいては，民間企業が容易に参入でき，住民が無理なく社会貢献できることが重要とされ，地域通貨は企業のマーケティング戦略としての役割も与えられた。2002年4月以降は，有志が設立したNPO法人アースデイマネー・アソシエーション

(edma)が事務局となってプロジェクトを継続している。

さらに，農協でも，農産物の振興を目的とした地域通貨の構想が検討されている。兵庫県の兵庫六甲農協では，環境の保全と農業の活性化という観点から，農産物を担保にした地域通貨「たべもの通貨」の導入を検討している。地域の環境保全に貢献する農家が発行する「たべもの通貨」を，産消交流活動の参加者等に渡し，安全な農産物との交換を行う等の仕組みを構想している。2003年からの導入に向けて，学識経験者や消費者，生産者から構成される専門委員会を設置し，現在その具体的な仕組みを検討している。

このように様々な主体から，地域の活力を増大させるための手段として地域通貨が注目される理由については，以下の点を指摘することができよう。

まず，新しい取り組みなので活動に参加しやすいことがあげられる。高齢者や子供等も，スーパーに買い物袋を持参したりすることによって参加の糸口をつかむことができる。

また，資源を外部からもってくるのではなく，地域通貨を媒介とすることで，地域内部の資源を活用することができる。特に，後述するように，個人の多様な能力の発揮を促すという点を考えると，地域内部に埋もれている潜在的な人的資源を最大限に活用することができる可能性がある。

さらに，事務局のコスト負担が地域通貨運営において課題となっているという現実はあるにせよ，行政や企業にとってみれば，低予算で導入が可能である。紙幣の印刷や，リスト作成だけであれば，多額の資金は必要ではない。ただし，ICカードを利用したり，取引をパソコン上で行うためのシステムを導入したりする場合は投資額が大きくなる可能性もある。

4. 地域通貨の課題と今後の可能性

ここまで日本の地域通貨の動向についてみてきたが，最後に地域通貨が地域社会にもたらすと期待される効果と課題，今後の可能性についてまとめてみたい。

(1) 地域通貨の効果と課題

　地域通貨が地域社会にもたらすことができる効果として，次のような点が考えられる。
　第1に，個人が多様な能力を発揮することができるという点が挙げられる。地域通貨で交換されるサービスには，「雪かき」や「犬の散歩」，「モーニングコール」等，通常の貨幣経済では取引対象となりにくいものも多く含まれる。また，通常サービスの提供を行いにくいと考えられる高齢者が「おいしい煮物の作り方を教える」，「昔話をする」等のサービスを提供したり，障害をもつ人が「望ましい介護の仕方を教える」等，逆転の発想でサービスを提供したりすることもある。従来のボランティア活動では，ボランティアをする人，受ける人が固定化しており，サービスの流れは一方方向であった。しかし，見逃されがちな個人の能力をフルに発揮することによって，いつもはサービスを受ける側がサービスの提供を行う側にまわることができ，双方向の流れをつくることができるのである。
　第2に，地域通貨は適度な距離をおいた人間関係の構築をもたらすと考えられる。地域通貨は，人間関係が希薄な都市部では，人的つながりを強くする方向に，逆に人間関係が密な地域では，やや距離を置いた関係をつくることに貢献することが期待される。たとえば，宝塚では阪神大震災後，地域のなかにネットワークを構築する必要性が実感されたという。エコマネーの導入実験を行ったことによって，宝塚では，定年退職した男性とそれまでも地域活動を担ってきた女性たちが意気投合し，新たな地域活動を始めたという例もある。
　逆に，周りの誰もが顔見知りというような人間関係が単線的で密な地域では，地域通貨というツールを利用することによって，適度な距離を保ったり，多様な人間関係を構築したりすることも考えられる。地域通貨を介するサービスの交換は，農村部の伝統的な「結」の仕組みと比較されることも多く，「結」があれば地域通貨は必要ないのではないかといわれることも多い。しかし，両者は，詳細にみれば以下のような点で性格を異にしていると考えられる。

地域通貨の場合は，農村といった特定の地域に住んでいるから参加するのではなく，個人が自発的に参加している。あくまでも参加の単位は家ではなく個人である。さらに，サービスは多くの人の間で循環するため，自分がサービスを受けた人以外の人にお返しをすることができる。たとえば，農作業を相互に助け合う結には，農家の人以外は参加することが難しいとみられるが，自分の提供可能なサービスを交換しあう地域通貨の場合は，職業が違う人等全く異質な人ともサービスをやりとりすることができる。こうした特徴をもつ地域通貨を介することによって，多様な人間関係を構築することができると考えられる。

第3に，地域通貨導入の効果として，既存組織のネットワーク化の進展が挙げられる。既存組織のネットワーク化は，いずれの実験，あるいは導入地域においても明確に現れている。たとえば，駒ヶ根では，第1次実験の結果として，主催者であるJCと，それまではほとんど交流がなかった社会福祉協議会，行政，地元信金との間の交流が生まれた。さらに，ずらあの第2次実験では，JC，社会福祉協議会が事務局となり，駒ヶ根市も参加する等，協力関係は強まっている。また，草津では，別のNPOがおうみの利用団体となったり，地元商店街との連携が行われたりした。宝塚や栗山でも，学校やスーパーマーケット等とのネットワークが広がっている。

一方，地域通貨には，このような効用もある反面，先に指摘した以外にもいくつかの課題がある。地域通貨ブームと言われるほど数多くの実験，導入事例がみられるが，内部での利用が浸透しないケースがあることは大きな課題である。本章で紹介したのは，複数回の実験を行い本格導入へ向かっている事例，あるいは既に流通が行われている事例が中心であったが，実験から本格導入に至らないケースも多い。また，継続的に流通していても，実際に活用している人が少ないケースもある。宝塚の例で挙げたように，利用者数や利用者層の拡大は必ずしも1人当りの利用件数の増大には結びついているわけではない。さらに，他人にものを頼みにくいという心理的な抵抗が，コーディネーター制の導入によって緩和され，流通件数の増大に結びつくと断定はできない。

また，サービスの内容についても，未だに試行錯誤の段階である。エコマネーのようにボランティアの領域を対象としても，金銭的な負担がからむ問題

が生じることもある。たとえば、ある取り組みでは、外出が困難な高齢者からのニーズが大きい自動車での送迎サービスについて、送迎自体は無料であってもガソリン代はどうするかという問題が発生した。このケースでは、一度はガソリン代分を一律有料としたものの、それによって助け合いの意識が薄れたという反対意見が出て、結局当事者同士の判断にまかせることとした[24]。宝塚のZUKAでも、こうしたサービスにかかる実費をどうするかは、今後の検討課題とされている。

さらに、行政が地域通貨を導入、あるいは支援する場合、住民の側には福祉に対する予算削減の代替策として利用されるのではないかという懸念がある。栗山の第2次実験では、くりやまエコマネー研究会の福祉部会が介護業者と協力し、ボランティアがヘルパーに同行してヘルパーの介護時間内に話し相手をするという実験を行った。続く第3次実験では、町内にある3ヵ所の民間介護支援事業者の協力を得て、介護保険でまかなえないサービスを提供している。このように、地域通貨の特色を生かして従来のサービスを補完することで利用者の懸念を払拭することが必要であろう。

(2) 今後の可能性

地域通貨の実験・導入事例を見ると、地域通貨に対する期待は様々であり、多様な目的をもつ取り組みが混在していることがわかる。エコマネーのように、ボランティアの領域を対象とするのか、それとも経済的効果を重視するのか等目的を何に置くかによって、地域通貨の担う役割は異なる。地域通貨を導入すれば地域の問題がすべて解決するわけではなく、目的をはっきりさせたうえで、それにあった形で導入することが重要である。

先に地域通貨の効用として挙げた点を考慮すると、地域通貨は広い意味でのまちづくりに対して貢献できる部分が大きいと考えられる。これまでみてきたなかでも、コミュニティ・市民運動の支援のための具体的な手段として、買い物袋持参運動により環境運動と地域通貨を結びつける試みや、介護業者との連携など既存の市民活動やボランティアと地域通貨の連携が行われていることが

わかった。また，草津では，寄付金を積み立てているおうみファンドを使って，コミュニティ活動を行っている団体に対して無利子で資金を貸し付けようという計画がある。現実には，基金の額が少ないためにまだ利用例はないが，将来的に地域通貨の利用が拡大した場合に，1つの有用なコミュニティ支援策になる可能性があろう。

　ただし，まちづくりが目的の地域通貨の場合，その理念が定着すれば，究極的には地域通貨なしでも助け合いが行われ，地域通貨は必要ではなくなることも考えられる。たとえば，宝塚の第2次実験では，第1次実験で知り合いになった人同士で，ZUKA を使わずにサービスの交換を行ったという報告があったという。このようなケースが増えれば，地域通貨の流通件数はむしろ減少するが，サービスのやりとりは活発に行われていることになる。ボランティアの領域を対象とするエコマネーの場合，こうした事態が起こりうる可能性もあろう。

　他方，日本においては，地域通貨による地域経済の活性化については，未だ課題が多いと考えられる。そもそも，日本においてはエコマネーのように，商取引とは切り離されている地域通貨が多い。草津のおうみは，法律や税務面での問題を解決し，タクシー会社や映画館での利用を可能としているが，実際の利用となるとまだ限定的であり，開始から約1年間でタクシー料金の支払いに利用されたのは約270おうみ（27,000円）であった[25]。

　草津では，先に述べたとおり，地元商店街と連携して商品貨幣的な要素をもつ地域通貨の発行を計画しており，今後も地域経済の活性化に積極的に取り組んでいくとみられる。しかし，スイスのヴィア銀行のように地域内の企業間取引や，イサカアワーのように様々な取引に利用可能とすることによって，地域経済の活性化を目指す地域通貨が現れるのにはまだ時間がかかるとみられる。

　最近では，デフレ対策には，退蔵されている貨幣を流通させることが有効として，地域通貨の導入を提唱する声もある[26]。地域経済の活性化を目的とする地域通貨を導入するためには，金融機関の口座を通じて地域通貨と法定通貨をやりとりしたり，地域通貨の融資を行う仕組みの構築や，通貨の発行量をどのように決定するか等の制度的な枠組みを整えることが必要になると考えられ，

今後の展開が注目される。

【注】

1) 金子弘道「急増する地域通貨」『日経地域情報』 2002年2月18日号。
2) 第13回東京大学教養学部相関社会科学シンポジウム『地域通貨の現在〈貨幣論との対話〉』(2001年6月2日実施) レジュメ，泉留維「世界の地域通貨・日本の地域通貨」。
3) 西部忠「地域通貨によるコミュニティづくり」『Finansurance』通巻38号 Vol. 10 No. 2, 2001年7月を参考にした。
4) 地域通貨の歴史と現代の代表的な地域通貨については，森野栄一監修，あべよしひろ・泉留維『だれでもわかる地域通貨入門』北斗出版，2000年5月を参考にした。
5) 企業間取引の場合，全額ヴィアで支払うことも可能だが，実際には一部をスイスフランで，残りをヴィアで支払うケースが多いという。注4資料の60ページ参照。
6) LETSを発展させるための組織。詳細は http://www.letslinkuk.org/
7) 河邑厚徳＋グループ現代『エンデの遺言』 NHK出版，2000年3月。
8) イサカアワーが利用できる商店では，店ごとに支払いの何％までイサカアワーを利用可能と上限を定めている。
9) 奈良環「ふれあい切符のあるべき姿を考える」『さあ言おう』 2000年10月号。
10) 加藤敏春編著＋くりやまエコマネー研究会『あたたかいお金「エコマネー」』 2001年6月。
11) 加藤敏春「信用金庫の新たな役割と「エコマネー」」『信用金庫』 2000年11月号。
12) エコマネーネットワークホームページ　http://www.ecomoney.net/
13) 中山昌也「今なぜ「エコマネー」か」『Global Net』 2001年7月号。
14) ここで取り上げている地域通貨の事務局には，1～3回のヒアリングを行った。
15) おうみ導入の経緯については，おうみのホームページに掲載されている山口洋典「地域通貨に関する研究論文」 2000年2月を参考にした。
http://www.kaikaku21.com/ohmi/index.html
16) くりやまエコマネー研究会『くりやまエコマネー第2次試験流通報告書』，宝塚エコマネー実験運営委員会『宝塚エコマネー実験報告書』，および駒ヶ根の

アンケート調査結果を使用した。なお，栗山の第1次実験については以下を参照した。http://www.mskk.gr.jp/ecomoney/htmls/f_r.html

17) 加藤敏春「エコマネーの現場から　栗山町のエコマネーの取組み③」『月刊消費者信用』2001年8月号。
18) 岡田忠「県民による地域社会づくりの推進」『Global Net』2001年7月号。
19) 山本正雄「地域通貨「おうみ」の実践から」自治研2002年4月号。
20) 第2次実験結果の概要については，宝塚エコマネー実験運営委員会「第2回宝塚エコマネー実験報告書」2002年6月。
21) 第3次実験については http://www.mskk.gr.jp/ecomoney/htmls/f_r.html を参照した。
22) LOVESについては神奈川県大和市のホームページを参照した。http://loves.city.yamato.kanagawa.jp/yamato/ を参照。
23) 新谷文夫「マーケティングの新たな差別化メディアとしての地域通貨」地域通貨フォーラム（2001年7月12日開催）。
24) 『日本経済新聞』2002年1月21日付け記事「地域通貨浸透せず」。
25) 山本正雄「地域通貨の実践事例～「おうみ」の取組みから」『地銀協月報』2002年3月。
26) 加藤寛「デフレ脱却に地域通貨」『日本経済新聞経済教室』2002年4月9日。

第Ⅱ部　海外事例との比較

第7章　グローバリゼーションとコミュニティ協同組合
――イギリスにおける新しい協同組合運動の展開――

1. 変化する協同組合

(1) 協同組合とコミュニティ

　国際的な視点から現在の協同組合運動を見てみると，われわれはそこに1つの大きな特徴のあることに気づく。その特徴は，農業協同組合や生活協同組合といった主に「組合員の利益に奉仕する」あるいは「組合員にサービスを提供する」ことを目的とする伝統的協同組合運動が停滞気味であるのに比べて，より「普遍的性質」を内包する「新しい協同組合運動」が成長してきている，という現象にはっきり見て取れる。

　この「新しい協同組合運動」は，主に，高齢者ケア，障害者ケア，育児・保育，職業訓練，教育，雇用創出など「コミュニティの質」の向上を，したがってまた，その住民の「生活の質」の向上を試みている。協同組合がこのようなイニシアティヴを発揮するべきだとした要請は，既に1995年の国際協同組合同盟（ICA）マンチェスター大会で採択された『協同組合のアイデンティティに関するICA声明』に謳われた新しい「協同組合原則」に抽象的には現われていたが，世紀の転換期の現在にあってはいっそう具体的なものになってきている。

　ICA新原則のうちの第7原則は，協同組合がコミュニティに意識的，積極的に関与することを強調して，こう記されている。「協同組合は，組合員が承認する政策にしたがって，地域社会（コミュニティ）の持続可能な発展のために活動する。」[1] この第7原則を字義どおりに読むと，協同組合はその運動上の条件に応じて「コ

ミュニティの持続可能な発展のために活動する」と解釈できないこともないが，現実の事態はずっと進んでいるのであって，コミュニティがその「発展のために」「協同組合の活動におもねる」といった状態ではけっしてない，とわれわれは考えるべきである。現実の事態に即して言えば，協同組合とコミュニティは相互依存的な状態にある，と言うべきであろう。

協同組合とコミュニティの相互依存状態とは，協同組合運動の観点からすると，協同組合がその拠って立つコミュニティで生活している組合員のニーズを満たしていく状態を指すだけでなく，もっと広い範囲にわたって組合員でない人たち——すなわち，近い将来組合員になるかもしれない人たち——も包み込んだ，「コミュニティの質」と「生活の質」の向上の実現に協同組合が深く関わることを意味する。換言すれば，協同組合は，「コミュニティの質」と住民の「生活の質」の向上を実現することによって持続的に成長し，発展していくのである。要するに，伝統的協同組合であれ，新しい協同組合であれ，協同組合は「普遍的性質」と「一般的性質」をその内に包み込んでいかざるを得ないのである——伝統的協同組合は次第次第にそうなるだろうし，新しい協同組合は生まれたその時からそうなるだろう，ということである。

ところで，「コミュニティの質」や「生活の質」を取り上げる場合，われわれはどのようなコンセプトに基づいてそれらにアプローチしているのだろうか。また協同組合の「普遍的性質」や「一般的性質」について論じる場合のコンセプトはどのようなものであるのだろうか。ここで簡潔に言及してみよう。だがその前に，われわれは，一方の協同組合運動と相互依存の状態にある他方の「コミュニティ」のコンセプトをはっきりさせておかなければならない。結局のところ，協同組合運動を支えているのは，コミュニティとそこで生活している人たちだからである。

一般に，現代におけるコミュニティは「共同性と地域性に基づいて人びとが生活を営むコミュニケーションの場」である，と定義されている[2]。この定義はまた，コミュニティを「人びとが自らの生活を通じて地域（地方）的な人間関係を創りだしていく共同空間」と言い換えることもできるだろう。「草の根民主主義」はコミュニティから生まれ，コミュニティにおいて育っていく，と

いわれる所以である。その「コミュニティ」のコンセプトを構成する要素は，包括的な言い方をすれば，共同性と地域（地方）性と民主主義であるが，それらをもう少し具体的に見てみると，共同性には「協同・協働・合意・連帯・非排除」，地域（地方）性には「歴史・文化・自然環境・アイデンティティ」，民主主義には「自発性・平等・公正・自立・参加」といったような要素が取り込まれているのである。

　そして，これらの要素を取り込んだ「コミュニティ」は，そこで生活している人たちが——また場合によっては家族が——さまざまな他者や相異を受け入れることのできる能力（受容的能力）と自らのコミュニティを持続させ，発展させていこうとする能力（自発的能力）によって支えられるのである。こうして，協同組合は「受容的能力」と「自発的能力」というこの2つの能力をコミュニティのために育み，高めていくのであり，コミュニティは協同組合のためにこれらの能力がもたらすであろう果実を用意するのである。すなわち，協同・協力し，多元的なアイデンティティを尊重し，意思決定への参加を保証し合う人びとの行動が，共同性と地域性と民主主義に基づいて育まれる受容的能力と自発的能力によって，「コミュニティの質」と「生活の質」の向上を実現していく，そのまさにプロセスこそが協同組合にとって重要なのである。

(2) 協同組合の「普遍的性質」

　「コミュニティ」のコンセプトをこのように捉えた後にわれわれが問うべきことは，それでは，「コミュニティの質」・「生活の質」の向上とは何か，ということである。この問への回答は，前述したコミュニティのコンセプトを理解すれば容易に示すことができる。

　「コミュニティの質」（quality of community）の向上は，「共同性・地域性・民主主義」を豊かにし，コミュニティ住民の生活のなかにそれらを体現していくことである。すなわち，「共同性」では人びとの社会的相互関係を基礎とする「協同・協働・合意・連帯・非排除」が，「地域性」では人間関係を中心とする空間の形成を基礎とする「歴史・文化・自然環境・アイデンティティ」が，

そして「民主主義」では人びとの意思決定への参加を基礎とする「自発性・平等・公正・自立・参加」がそれぞれ構成要素を成しているのであるから、これらの諸要素をコミュニティにしっかりと根づかせ、それらがより深く、そしてより広くその住民（あるいは家族）の生活の基盤となっていくことである。

「生活の質」(quality of life) の向上は、それ故、「コミュニティの質」の向上を各人の生活のなかに取り込むプロセスを意味するであろう。アマーティア・セン教授の言葉を借りて言えば、人びとが、「専ら自己の利益しか考えない合理的な愚か者」としてではなく、「どのような生き方を選ぶのか」その多様で多元的な選択肢を用意し得る「市民的存在」として、あるいは多様で多元的な「暮らしぶり」を可能とする「自立した生活」を営むことのできる「市民的存在」として、人間の多様性に関心をもち、その多様性に基づく協同や平等や公正を主張し、人びとを分け隔てせず（非排除）、社会的権利と義務を踏まえて行動すること、これである。

このように見てくると、「コミュニティの質」と「生活の質」は相互依存的であることがわかるし、両者はお互いを映し出すプロセス機能をもっているのである。要するに、「コミュニティの質」を豊かにし、向上させようとするならば、人びとの「生活の質」を豊かにし、向上させなかればならないし、逆もまたそうならなければならず、また「コミュニティの質」が豊かになり、向上していけば、「生活の質」も豊かになり、向上するし、逆もまたそうなるのである。市場経済のグローバリゼーションの下では、人びと（家族）が生活を営む「コミュニケーションの場」である「コミュニティ」と、その「コミュニティ」で人生を送る「生活」との間の相互関係を重視する、このような認識がますます不可欠なものになってくるだろう。

そこで次に、こうした相互依存関係にある「コミュニティの質」と「生活の質」の向上を実現していくために、あるいは「コミュニティ」と「生活」の関わりをより豊かで、幅広いものにしていくために協同組合はいかなる働きをし得るのか、との課題が提起されることになる。この課題提起に明確な回答を示している協同組合がある。1991年に制定された法律第381号に認められているイタリアの「社会的協同組合」(social co-operatives) がそれである。法律第381号（社会的協同組合法）の第1条は次のように記されている。

社会的協同組合は，以下のことによって，個人の人格的成長を促し，人びとを分け隔てなく社会の一員とすることで，コミュニティの全般的利益を追求する目的を有する。すなわち，
a) 社会・保健サービス，福祉サービスおよび教育サービスを提供することによって，
b) 不利な条件に置かれている人たちのために雇用を提供する目的で，さまざまな事業活動を——農業，工業，商業あるいはサービスの形態で——実行することによって。

見られるように，この条項が示していることは，社会的協同組合はある個人やあるグループの，すなわち，組合員の単なる「私的な利益」を追求するのではなく，「コミュニティの全般的利益」を追求する，ということである。これは次の3つのことを含意している。

第1は，社会的協同組合が目的としている，「組合員の私的な利益」を超越した「コミュニティの全般的利益」の追求がコミュニティにおける事業活動を通じて遂行されることである。したがって，第2は，社会的協同組合は地方レベルにおいて定着し，その事業活動を着実に行うことである。このことは同時に，社会的協同組合と地方自治体や地方の公共事業機関との「真のパートナーシップ」の確立を求めていること，また協同組合が地方の複雑な社会経済的状況に適応でき得る能力をもつべきことを求めていることでもある。

そして第3は，社会的協同組合は「個人の人格的成長の促進」と「人びとを分け隔てなく社会の一員とすること」（市民の社会的統合）を，事業活動を通じて実行することである。この点こそ，社会的協同組合が新しい形態の協同組合であり，「普遍的性質」をもっている，と強調される所以である。C. ボルサガは「普遍的性質」を「世界的かつ一般的性質」とも表現している[3]。

社会的協同組合の「普遍的性質」は，要するに，何らかの特定のニーズに言及しているのではなく，運動の不変的な目的として人びとの「人格的成長」（あるいは「人間的発達」）と「人びとを分け隔てなく社会の一員とすること」に

言及している点にある。社会的協同組合法の第1条は，協同組合運動を伝統的に特徴づけてきた「組合員に利益を与える」あるいは「組合員の利益に奉仕する」というコンセプトを飛び越えているのであって，それ故に，社会的協同組合の事業活動も，コミュニティのために利益を供するという目的に向けられているのであり，特定の個人やグループにではなく，社会全体に役立つことになるのである。換言すれば，社会的協同組合の事業活動による「受益者」は，コミュニティ全体，社会全体ということになるのである。社会的協同組合のこのようなコンセプトは，今後，伝統的協同組合はもちろん，その他の私的営利企業や公共企業の目的や目標に関わる議論を広げていく機会を大いにつくりだすことだろう。

(3) 新しい協同組合運動の発展

イタリアの社会的協同組合や，本論のテーマであり，すぐ後で述べるイギリスのコミュニティ協同組合といった新しい協同組合運動の出現と発展は，伝統的協同組合に基礎をおく「協同組合のコンセプト」を見直す契機を与えるようになってきたし，その結果として，伝統的協同組合の方でも新しい協同組合運動の重要性を認識するようになってきた。このような動きは今では国際的な現象となっており，例えば，フィンランド・コープ・ペレルヴォ（Finn Co-op Pellervo：FCP）のハビスト会長は，「新しい協同組合運動はFCPに新たな課題を提起している」と言明して，次のように強調しているのである。

　　現に，伝統的協同組合がさまざまな困難に直面している状況の下でも，新しい小規模な協同組合は何とか巧くやっているし，新しい協同組合に疑念を抱いていた人たちも，徐々にではあるが，そういう事実に目覚め始めてきている。新しい協同組合運動は，多くの組合員を雇用し，地方のコミュニティ開発では一般の市民が積極的な役割を担うようになっている。その結果，いくつかの（新しい）協同組合は望ましい経済的成果を上げているのである[4]。

フィンランドにおける「新しい協同組合」の発展の背景や要因についてはいくつかのことが考えられるが，概ね次のように説明することができる。第1はこうである。すなわち，フィンランドは1990年代に厳しい経済不況に見舞われ，失業率は16〜20％と高位で推移し，多くの地域は長期失業によって引き起こされる問題を抱え，しかも失業問題を解決する政府主導の努力は実を結ばなかった。このように，失業がもたらす諸問題への対応にフィンランド社会が苦慮しているまさにその時に，「活動的で，熟練した技倆をもつ失業者が協同組合を通じて自己雇用者になるという進取の気象を見せつけた」のである。「自己雇用」という就労の方法は，男性失業者にとってのそれまでの就労のあり方に対するオルターナティヴとなり，労働時間のいっそうのフレキシビリティと労働に大きな影響を及ぼす就労の機会を意味しただけでなく，女性労働者にとってもまた「家庭生活と労働生活とを巧く組み合せる現実的な可能性」を意味したのである[5]。

　第2は，フィンランド社会における「価値意識の変化」である。1990年代後半にフィンランド社会はいわゆる「知識集約型産業」を基礎とする構造に変化した。これによって人びとは，独立性，自立性を促され，自分自身の「生活と労働」の主体的動機づけや生活条件と労働条件に対するコントロールが強調されるようになった。「ハードな価値」が支配したかつての時代から今や，人びとは自己責任，平等，公正，誠実，社会的責任それに他者への配慮といった倫理的価値——これらは協同組合の価値でもある——に基づいたオルターナティヴを追求するようになった。人びとはまた，コミュニティの持続可能な発展，とりわけ環境への関心を彼らの価値意識の上位に置くようになった[6]。

　第3は，「福祉政策の見直し」の結果である。フィンランドの各地方自治体は1990年代に社会福祉サービスの削減とサービスの外部化を行ったが，その結果，いくつかの問題が生じた。そこで各コミュニティの住民は，厳しい雇用状況のなかにあっても，「地方の問題」に対する「地方の解決策」を求めて，社会福祉サービスの拡充という目的を達成するために自主的，自発的に福祉事業サービスの仕事と労働に参加していった。フィンランド社会において，すなわち，都市の地域においても農村の地域においても，現在もっとも拡大しつつ

あるセクターは社会福祉サービスと保健・医療のケア・サービスの協同組合セクターなのである[7]。

そして第4は,フィンランド社会全体に協同組合によって社会問題を解決していこうとする流れが生みだされていることである。このことは,経済生活における変化が「協同組合に問題の解決策を求める新しい要求を生みだす要因となっている」ことを意味している。現在のフィンランド社会においては,協同組合を含む非営利・協同組織による「社会的経済」が経済生活の多様化と活性化に大いに貢献しているが,それは,社会的経済が新しいパートナーシップを築き,それによって「地方の問題」に対する「地方の解決策」を具現化することが可能になっているからである[8]。

フィンランドにおける「新しい協同組合」の発展の背景や要因については,このように説明できるのであるが,さらに次のことを指摘しておく必要がある。すなわちこうである。新しい協同組合が「起業への1つの架橋としての役割」を果たしており,現代のネットワーク社会に非常に相応しい企業になっていることは衆目の一致するところであるが,実は,そのような新しい協同組合を設立し,運営している人たちの多くは,それまで協同組合運動の経験のない人たちか,あるいはあまり経験のない人たちであって,農業者グループや消費者グループの活動家,観光事業家,農村・都市地域のデベロッパー,文化事業の専門家,難民,障害者というようなある特別な分野や領域で十分な知識と経験を積んだ人たち,熟練技能をもってはいるが失業している人たちなどさまざまな専門家たちなのである。彼らは,組合員がお互いに協力し合って企業を経営し,その相乗効果を利用する,という「組合員同士による協同の意志」を高く評価している。と同時に,彼らは次のようなことも十分に認識しているのである。

> 協同は各レベルにおいて必要とされる。それは,協同組合企業の目的に対する組合員の義務と責任がきわめて重要であることを意味するが,同時にまた重要なことは,市場のニーズに応える「適切な事業理念」を打ち立てることである。何故なら,協同組合は,将来,地方のコミュニティを開発する際に重要な役割を果たすであろうからである。現に,フィンランドの

長引くリセッションあるいは経済の危機状態を前にして，協同組合を１つのコアとする「社会的経済」は，公式の経済政策や社会政策よりも素早くさまざまな問題に対処することができるだけでなく，同時に新しい解決策を見いだして，失業に喘いでいる人たちに援助の手を差し伸べることができるセーフティ・ネットを創りだしているのである[9]。

フィンランドは現在，雇用総数の４％以上を（協同組合を中心とする）社会的経済セクターが提供しており，また伝統的協同組合の１つである消費者協同組合（生協）の売上高が人口比で見ると世界の消費者協同組合のなかでもトップクラスに位置していることからわかるように，協同組合運動の先進国である。しかもヨーロッパ諸国にあって1990年代に協同組合数が増えた数少ない国の１つである。しかしながら，その増加数の大部分は「新しい協同組合」によるものであって，伝統的協同組合や相互扶助組織は株式会社に転換し，その数を減じているのである。協同組合運動としては，新しい協同組合も伝統的協同組合も同じ仲間であることから，両者の協力関係や連帯が求められるところであり，現にそのような方向が探求されている。いずれか一方の協同組合だけでフィンランド社会の諸問題に対応することは不可能であり，ましてや解決することは困難であろう。協同組合の本質である「協同すること」によって両者は大きな利益をコミュニティとその住民にもたらすことができるのである。

2. 社会的企業としての協同組合

(1) 社会的資本とコミュニティ

神野直彦教授は，『人間回復の経済学』のなかで次のように述べて，グローバリゼーションの下での「コミュニティの質」を向上することの意義を強調している。「たしかに，グローバル化・ボーダレス化が進めば，国籍に拘束されない人間関係が拡大していく。しかし，グローバル化した国籍に拘束されない

世界が拡大すればするほど，人間の生活は地域共同体つまりコミュニティへの帰属を希求するようになる。つまり，グローバル化は，人間生活の場として，固有の言語や文化などを醸成する地域共同体の形成を内包しながら展開していくことになる。グローバル化が国民国家の基盤を動揺させると，人びとの手の届く距離に公共空間の形成を求めるローカル化が進展するといいかえてもいい」[10]。

　神野教授のこの主張は，イタリアでの「社会的協同組合」の発展，フィンランドにおける「新しい協同組合」（労働者協同組合）の成長，それにイギリスにおける「コミュニティ協同組合」の展開と広がりが何故に起こっているのか，を説明してくれている。「ヨーロッパの経験に学べば，地域社会を人間の生活の場として再生させることが，地域経済を活性化させる道でもある。工業社会では生産機能が生活機能の磁場となるのに対して，知識社会では生活機能が生産機能の磁場となる」[11]との彼の主張もまた，「コミュニティの質」を高めるサービスや財の生産，それを通じての雇用創出などコミュニティのニーズに根ざした協同組合の発展を，あるいはコミュニティにおける人間中心の経済を創造していくコミュニティ・ビジネスやコミュニティ・エンタープライズの成長と広がりを適切に語ってくれている。ヨーロッパでは現在，社会的協同組合，コミュニティ協同組合（イギリスではコミュニティ協同組合をコミュニティ・ビジネスあるいはコミュニティ・エンタープライズと名乗る例が多い）といったコミュニティとその住民のニーズに基づいたサービスと財を生産する，人間中心の経済を創造していこうと試みている企業を「社会的企業」(social enterprise) と呼称し，グローバリゼーションの下で地方のコミュニティを再生し，活性化していくイニシアティヴがとられている。

　イギリスでは今，「社会的企業」というコンセプトが特にコミュニティ協同組合を中心に非営利・協同組織に浸透してきている。しかし，このコンセプトはイギリスだけでなくヨーロッパ全体に広がっていく気配を見せている。イタリアでも，スペインでもそしてベルギーでも「社会的企業」という言葉が第3セクターと同義語のように用いられてきているのである。そこで次に，「社会的企業」について論じていくことにしよう。

しかしながら，われわれとしては，「社会的企業」について論じる前に，ここ数年の間に協同組合運動の領域でもしばしば目にするようになった「社会的資本」（social capital）について簡潔に論及しておく必要がある。何故なら，「社会的企業」は「社会的資本」を１つの重要な基礎としている，とのことが公然と主張されるようになっているからである。換言すれば，イギリスのコミュニティ協同組合やイタリアの社会的協同組合，それにフィンランドで成長してきている労働者協同組合のような――伝統的協同組合と区別される，という意味で――「新しい協同組合」をコアとするさまざまな非営利・協同の組織によって担われているイニシアティヴは，直接的間接的に「社会的資本」を１つの重要な基礎とする「社会的企業」によって支えられている，ということである。
　そこで，「社会的資本」に論及するために，「社会的資本」について多くの業績を積み，それについての見解を提示し，論究してきたロバート・パトナムの「社会的資本」論をしばし追うことにしよう――新しい協同組合だけでなく伝統的協同組合も含めて，協同組合運動全体が近年，他の営利企業や組織と自らを区別するために用いている「社会的資本」というコンセプトがパトナムの「社会的資本」のコンセプトに由来しているのは確かなことだからである。
　1970年代以来，新古典派経済学は，人間を「自己の利益を合理的に満たしていく利己的な代行者」――アマーティア・セン教授の言葉を借りて反語的に言い換えれば，「専ら自己の利益しか考えない合理的な愚か者」――とみなしてきた。新古典派の人間像は，人びとの社会的関係や社会制度の影響力を無視し，たとえ個々の人たちが社会的取り決め（合意）を認め，文化的価値を形成したとしても，彼ら個人はそういう取り決め（合意）や文化的価値によって自己の経済行為の方向を決めることのない「非社会的代行者」と想定されている。人びとが日常の労働と生活のなかで経験しているさまざまな事柄，例えば，市民的権利の行使，社会的倫理的規範の存在，人間的なものへのシンパシィといったものが人びとの経済行為と関連し，民主主義やそれに基礎をおく諸制度さえもが経済的効率や有効性と関連することは明らかなことなのに，新古典派の経済学が人びとの経済活動と社会組織や文化的価値や民主主義制度との間の関係を無視するのは，１つの大きなミステリィである――しかし，それがミステ

リィと見られるのは，新古典派の理論を援用する人たちが経済を「人びとの生活の質の向上」に合わせるのではなく，人びとの生活を「経済」に合わせなければならない，と考えているためである。

まことに，セン教授が主張しているように，人びとは人間の多様性に関心をもち，その多様性に基づく平等や公正を強調し，倫理，慎重さ，利己の利益の判断，社会的義務などを踏まえて行動する「市民的存在」なのである。そういう者として人間は経済的活動や社会的活動を行うのであって，経済的活動を行う場合のみホモ・エコノミクスになると考えることから新古典派＝新自由主義の「ミステリィ」が生まれるのである。

ロバート・パトナムは，このような新古典派＝新自由主義の「ミステリィ」を批判した1人であり，人びとの社会的関係がコミュニティの経済的成功の決定的な要因であることを論じた社会学者である。彼は，社会的資本は義務，信頼（信用），社会規範や慣行，そしてそれらを通じて交換される情報ネットワークなどさまざまな形態で存在するのであり，普通一般の人たちが個人的になし得ないことを，その個々の人たちが形成している協同組織やグループになし遂げさせるものである，と主張する。

したがって，パトナムの言う社会的資本は，他の形態の資本と違って，個人的には誰にも所有されないのであって，友人や仲間でつくる組織，コミュニティ組織，それに政府——特に地方政府——というような社会組織間における諸関係の「機能的特性」を意味するものである。その意味で，社会的資本の利益は，「公共の利益」(a public good) と同じように，社会的資本の形成に何ら貢献しない人たちにも生じ得るのである。何故なら，社会的資本は人びとの社会的諸関係に基づく機能であり，そのような関係の下でのみその機能を発揮するのであるから，社会的資本の形成に貢献しない人たちがコミュニティの住民であり，特に地方政府と何らかの形で社会的，経済的それに政治的関係をもつかぎり，彼らにも利益が及ぶからである。

パトナム自身は非常に簡潔に，「社会的資本」を「社会の相互接続能力」(connectivity in society) だと表現し，「共同行動を容易にすることによって社会の能率を向上させることができる，信頼，規範およびネットワークのような

社会的組織の特性」であると定義する[12]。そして何よりも社会的資本の理念はネットワークや相互依存の連帯的規範に価値をおいている，と彼は強調する。さらに彼は，社会的資本には，個人あるいはグループがさまざまな公的サービスやコミュニティ開発についての意思決定に参加すること（コミュニティ参加），保健・医療サービスの再改革，コミュニティの政策計画，交通，街路備品，植樹それに駐車ゾーンの管理などについて自治体に意見を求めること（コミュニティ・コンサルテーション），コミュニティの住民がコミュニティのために行う社会活動や事業活動を自発的に管理する能力，機能，権限をコミュニティの住民やグループへ移譲すること（コミュニティ・エンパワーメント），社会的資本の成長を促進する活動（コミュニティ開発），協同組合や他の非営利組織がコミュニティ・センターやレジャー施設を管理運営すること（コミュニティ・マネージメントとコミュニティ・オーナーシップ）などが含まれるという。

　社会的資本についての真の理解は，コミュニティの住民やグループによるこのような行動があってはじめて生まれる，というのがパトナムの立場である[13]。要するに，パトナムにとって，社会的資本は，「道徳的資源」として使用されればされるほど豊かになり，人びとやコミュニティが相互依存の規範を育て，信頼を促し，ネットワークを拡大することによって，そして何よりも共同行動をより容易にすることによって，「コミュニティ資源の効率的配分」を高めていくのである。これは，「コミュニティの質」と人びとの「生活の質」の双方の向上の実現を意味するのである。

　パトナムは，1970年の初めに，経済的，社会的，政治的状況やカソリックの影響力が異なるいくつかの地方に設立されたおよそ20の公的機関について調査した結果，公的機関が十分に機能しているコミュニティは，強力に取り結ばれているネットワークと信頼できるリーダーシップが存在しているコミュニティであり，反対に機能していないコミュニティは市民活動が脆弱であったり，信頼できるリーダーが不在であったりしたコミュニティだとして，「コミュニティが豊かになるのは，コミュニティが市民的であって，その逆ではない」と結論づけている[14]。それ故，都市再生のプロジェクトでも農村開発のプロジェクトでも，社会開発の戦略は，社会的資本を育成すること，すなわち，社会ネ

ットワークを打ち立て，あるいは拡充すること，人びとの社会的および政治的参加，それに「草の根連帯組織」のようなインフォーマルな組織をコミュニティのなかで育て，広げていくことである，とパトナムは指摘している。

例えば，エミリア・ロマーニャやトスカナ地方のコミュニティの人たちが相対的に豊かな生活を享受しているのは，それらが工業都市であり，フィレンツェのような観光地を控えているからというよりはむしろ，それらのコミュニティには社会的ネットワークや政治的ネットワークが，垂直的にではなく，水平的に組織されていること，コミュニティのリーダーたちが誠実で，人びとの平等に責任を負い，連帯，参加，市民的統合（人びとを分け隔てなく市民の一員とすること）を評価していたからであるという論拠は，今では十分に知られているところである。パトナムのイタリア研究の結論は，「繁栄するコミュニティは，それが裕福であるが故に市民的になるのではなく，それが市民的であるが故に，裕福になる」，ということであった。

このような研究や調査から，われわれは，都市および農村におけるコミュニティの再生や活性化のための経済戦略は，長期的に見ると，物的資本や人的資本の改善や向上によるだけではなく，社会的資本を強化していくことも肝要である，と強調すべきである。何故なら，市場経済のグローバリゼーションの下で再生や活性化を必要としている現在のコミュニティにおいては，経済事業を遂行する際に物的資本の機能は人的資本の機能に，すなわち，人間の技倆や才能に左右され，またその人的資本はそれが形成され，維持される社会的コンテクスにおいてはじめて機能するからである。次のパトナムの主張はきわめて教訓的である。

ユーラシアにかつて存在した共産主義経済にとっての現在の戦略は，専ら借款や技術援助を通じて市場経済と民主制度を強化することに焦点を当てる傾向にある。このような戦略は，おそらく，長期的には失敗するだろう。何故なら，これらの戦略は社会的資本を改善するために何事もしないからである。同じように，工場封鎖のような，結果的に社会的資本の破壊を召致する事態を無視する経済転換プログラムも，コミュニティを細かく切り

刻んでしまうことになってしまうのである。「悪いことに，都市の再生プロジェクトや公共住宅プロジェクトのような政府のいくつかのプログラムそれ自体が，既存の社会ネットワークを不必要に破壊してきているのである。……社会的枠組みをズタズタにしてみたまえ，われわれは皆その報いを受けることになるだろう」[15]。

(2) 社会的企業とは何か

　先にわれわれは，社会的企業は，社会的資本を1つの重要な基礎とした事業体である，と述べておいた。われわれは，社会的資本のコンセプトを理解したので，ここで「社会的企業とは何か」を論究していくことにしよう。これまで言及してきた社会的資本のコンセプトから，社会的企業がコミュニティとけっして切り離しては考えられないことは，今はもう自明のことになっていなければならない。
　さて，イギリスの協同組合運動において，「社会的企業」という用語は，「コミュニティ所有の事業体（企業）」を指す総称的，包括的用語にはなっているものの，その定義となると現在のところ未だ統一されていない。それでも，社会的資本に重要な基礎をおいているとはいえ，社会的企業が社会的目的を遂行するために市場において取引きする経済実体であることは，すべての人が承認するところである。そこで，社会的企業の定義をいくつか示すと次のようである。
　第1の定義は[16]，社会的企業は，明確にされた次のような社会的目的をもつことから，利潤を生み出す取引き以上のことを行う企業である，というものである。すなわち，
　(1) 雇用の創出，安定した仕事，それに不利な条件の下に置かれている人たちやグループのための労働市場へのアクセス，
　(2) ケア，教育それにレジャーのような，地方のコミュニティのニーズに直接関係する，コミュニティに根ざしたサービスの供給，
　(3) 職業訓練や人間的発達の機会の提供（職業訓練と人的資源の開発に対する責任），

である。それ故，社会的企業を，これらの社会的目的遂行するために協同して経済的エンパワーメントをコミュニティに与える自助組織である，との定義も成り立つことになる。

また社会的企業には利潤を組合員に分配する組織と分配しない組織とがあるが，分配する組織は，出資金にではなく，なされた労働に応じて公正に分配されなければならない，とのルールがある。社会的企業には，労働者協同組合，労働者共同所有制企業，従業員株式所有制企業，コミュニティ・ビジネス，クレジット・ユニオン，消費者協同組合，住宅協同組合，LETS（Local Exchange Trade Systems：地域通貨），開発トラスト [17] などが含まれる。

社会的企業は「明確な社会的目的をもち，私的に利潤を分配しない企業あるいは組織」である，としている第2の別の定義は [18] 社会的企業を次のものとみなしている。すなわち，
 (1) 非営利組織である（not-for-profit organizations），
 (2) 経済活動や取引活動に従事することによって社会的目的に対処しようとする，
 (3) すべての資産および蓄積された富が，個々人の所有にではなく，信頼によって保持され，またこの企業の社会的目的の意図された受益者である人たちかあるいはエリアにまたはその両者のために保持されることを保証する合法的組織機構を有する，
 (4) 構成員（組合員）の完全な参加が，すべての構成員（組織員）に与えられる平等な権利に基づいた協同の基礎の上に促進される組織機構を有する，
というものである。

さらに第3の別の定義は [19]，「社会的企業は，コミュニティがその地方の経済の内部に積極的に参加することを可能にする4つの方法をもって機能する」，というものである。その4つの方法とは次のものである。
 (1) 以前行われていた参加行動を媒介としつつ，個々の構成員（組合員）の想像力を確認し，引きつけるような参加のプロセスを創り出す，
 (2) 個人の能力や地方組織の力量を高めることが目的であることから，地方

の経済的発展のための戦略を確認し，計画しそして実行する，
  (3) 参加のプロセスが，確認されたコミュニティの経済的ニーズと一致するエリアを対象に（人的，物的）資源が追加されることを保証する，
  (4) 孤立をなくし，比較的大きな経済的機会をもつコミュニティと恵まれないコミュニティとの間の意見交換を行い，かくして，資源と理念のより公正な交換を促進する，

というものである。そして，この定義に基づいて実際に行われているコミュニティ経済開発には次のような社会的企業が参加している。すなわち，コミュニティ・ビジネス，不動産開発・刷新グループ，土地・環境改善グループ，職業訓練プログラム利用者グループ，情報・アドバイス・サービス・グループ，仕事おこし計画グループ，地方コミュニティ・サービス・グループ，住宅協同組合，クレジット・ユニオン，労働者協同組合。

　このように，社会的企業の定義が統一されていない理由として，各地方のさまざまな非営利・協同組織が参加している社会的企業は各地方のコミュニティに固有のニーズに基づいた事業活動を実践していることから，それらの活動の実践プロセスや結果が先ず最初に社会的企業のコンセプトを形づくってしまっている，ということがあげられる。換言すれば，社会的企業の統一的定義が示されるようになった時は，社会的企業が各地方の各コミュニティのニーズに対応する事業活動を実践しようと，イギリスの多くの地方で社会的企業が重要な経済的，社会的および政治的役割を担うようになっており，社会的企業の共通する社会的，経済的目的と事業活動が明確になった時である，ということである。それでも，ここで現在のところもっとも一般的なコンセプトをもった「社会的企業」の定義をあげるとすれば，われわれが最初に示した第1の定義であろう。この定義は，イタリアの社会的協同組合のコンセプトを共有しており，おそらく，現在のところでは他の2つの定義もある程度含んでいる包括的な定義である，と言っても差し支えないだろう。そこでわれわれは，第1の定義を念頭において以後のコミュニティ協同組合を論究することにしよう。

3. コミュニティ協同組合の展開

コミュニティ協同組合概史

　コミュニティ協同組合の歴史は，さほど遠い過去に遡る必要のない，高々25年程の時間しか経ていないものである。しかし，このコミュニティ協同組合が高々25年程の間に地方のコミュニティにとって1つの欠くことのできない存在になったのには，もちろん，200年以上にわたる長いイギリス協同組合運動の歴史があればこそである。何よりも，イギリスの協同組合運動は「コミュニティといかに関わるか」という課題をあらゆる時代に取り上げてきたのである。地方のコミュニティとその住民が協同組合組織をもっとも必要としている時に，協同組合運動の伝統が発揮されたのである。
　1973〜74年に起こったオイル・ショックはイギリス経済に大きなダメージを与えた。これ以後イギリスは，現在の日本の経済社会がそうであるように，リセッションと失業率の上昇とに対峙せざるをえなくなる。そして，そのダメージは経済的にもっとも弱いコミュニティを襲ったのである。
　スコットランドの北西沖に浮かぶ諸島，ウェスタン・アイルズ（Western Isles）は，イギリス経済の後退と失業の増大の波を大きく被った。ウェスタン・アイルズの主要産業は，第1次産業の農業と漁業それにそれらの加工業，次いで卸・小売業，土木・建築業であり，また雇用の多くは公的な行政部門にあった。若者の減少，高齢化，過疎化，高失業率といった現象がこれらの島々に見られるようになった。「コミュニティの崩壊」が目の前に迫ってきた。そこで，ウェスタン・アイルズの住民は，1976年に，短期雇用創出プログラム（Job Creation Programme：JCP）に準拠した「コミュニティ再生」のプロジェクトに取り組むことになる。JCPは，雇用創出・職業訓練を目的として政府・労働者・使用者の3者によって設置されたMSC（Manpower Service Commission）に基づいた条例で，文字どおりの雇用創出と若者をはじめとする人たちの雇用を確保するための職業訓練，労働技術・技倆の蓄積などを目的と

する「政策手段」であった。

　1976年から80年にかけて40のプロジェクトがJCPに準拠して事業体を設立し，そのうちで成功した事業体はやがて労働者協同組合に組織換えし，自立していったので，結果的に，JCPの存在は70年代後半以降の労働者協同組合の増加に大きく貢献することになったのである。いずれにしても，ウェスタン・アイルズの住民がJCPに準拠して設立した事業体は失業者のための雇用を創出したし，また失業している若者や他の人たちも職業訓練を通じた技術や技術の習得後に新しい事業体を設立した。そしてこれらの事業体が間もなくコミュニティ協同組合に成長していくのである。

　しかしながら，コミュニティ協同組合がイギリス全体に拡大していくには別の試みが必要であった。そのもっとも重要な試みを実践したのが，スコットランドの「ハイランズ・アイランズ開発委員会」(Highlands and Islands Development Board：HIDB) であった。HIDBは，1977年にコミュニティ住民と地方自治体のイニシアティヴの下に設置され，その同じ年の末に12のコミュニティ協同組合を設立した。HIDBのプログラムは，コミュニティ協同組合を立ち上げようとしているコミュニティの住民が出資・調達した資金と同額の資金を「設立補助金および設立初期数年間の経営補助金」として地方自治体が提供する，というユニークなインスピレーションをもつものであった。このインスピレーションが，間もなく，スコットランドに限らずイギリス全体のコミュニティで，そしてやがてはアイルランドのコミュニティで活動していたグループに伝わるのである。HIDBはウェスタン・アイルズでの試みから短期間のうちにユニークな実践を展開するのであるが，それは，コミュニティが失業問題や地域経済開発問題に共同して取り組むためのモデルとなった。

　HIDBのプログラムは，スコットランドの中央ベルト地帯で主に取り入れられ，展開されていく。そこでは，コミュニティ協同組合の一部は，協同組合法 (Industrial and Provident Societies Act) よりも会社法 (Company Law) に準拠して設立され，主に「コミュニティ・ビジネス」という名称を名乗っていた。名称はどうであれ，スコットランでは，1970年代末から80年代にかけてJCPやHIDBを通じてさまざまなコミュニティ協同組合が組織され，雇用創出，

資源リサイクル，コミュニティ・ケアなど各地方のコミュニティのニーズに根ざした財とサービスを生産し提供する事業が行われ，実際にコミュニティの人たちに雇用の機会を提供する経験を積み重ねていった。

スコットランドのコミュニティ協同組合にあっては，それが準拠する法律は一元的ではく，またそのコンセプトにも相異があった。例えば，ハイランド地方ではコミュニティ開発のコンセプトをもつコミュニティ協同組合はHIDBの社会開発セクションによって支援され，またグラスゴーのような都市部では社会福祉サービスを提供するコミュニティ協同組合が社会福祉のコンセプトに基づいてボランタリィ・セクターや労働者協同組合によって支援された。これは，コミュニティのニーズが異なれば，コミュニティ協同組合のコンセプトも異なってくるのであるから，当然である。

こうして，スコットランドにおいてコミュニティ協同組合やコミュニティ・ビジネスが失業や高齢者ケア，地域経済開発といた1970年代末から1980年代初期の重大問題や課題に取り組むための「実践的手段」として設立されていくのにつれて，都市のコミュニティでも遠隔の農村地域のコミュニティでも，コミュニティ協同組合のための支援機関が設立され，大きなネットワークの基礎がつくりだされる用意が整っていった。1981年に「コミュニティ・ビジネス・スコットランド」(Community Business Scotland：CBS) が「地域間のネットワーキングを促進し，また成長しつつあるコミュニティ・エンタープライズ運動を代表しかつ促進する連合組織として」形成されることになった[20]。

コミュニティ協同組合の定義については，先に述べた社会的企業の定義のように，CBSが設立されるまでは統一的なものが存在しなかった。それまでは，それぞれの機関がそれぞれの独自の事業活動や実態に合わせて解釈していた，と言ってよい。しかし，CBSがコミュニティ協同組合を定義したことによって，かなりの程度まで定義が統一的なもになってきた。CBSの定義はまたコミュニティ協同組合と労働者協同組合の相異を明らかにした点でも重要である。コミュニティ協同組合と労働者協同組合はある程度「ハイブリッド」の関係にあるが，それでも，「受益者の主体が誰であるか」——労働者協同組合においてはそこで労働する組合員労働者であり，コミュニティ協同組合においてはコ

ミュニティおよびコミュニティの住民全体である――という相異点は明確にしておく必要がある（コミュニティ協同組合はイタリアの社会的協同組合に類似の協同組合である，と言えよう）。CBS はコミュニティ協同組合を次のように定義している。

　　地方のコミュニティよって設立され，地方のコミュニティが所有・管理し，また地方の人びとのために最終的に自立した仕事を創出することを目指し，かくして地方の発展の中核になることを目指す事業組織である。その事業活動から生み出される利潤は，より多くの雇用を創出するためか，地方のサービス業務を提供するためか，あるいはコミュニティの利益となる他の計画を援助するためか，いずれかまたはそのすべてに向けられる[21]。

　既に述べたように，HIDB は，コミュニティの住民が出資・調達した資金と同額の資金を地方自治体が提供する，というこれまでになかったユニークな方法を生み出しただけでなく，コミュニティの住民がプログラムを支持し，コミュニティ協同組合に積極的に参加することに「非常に応じやすく，共感でき，かつコミュニティに好意的なアプローチ」をも案出したのである。このアプローチは，結果的に，「地方のコミュニティに現実的な利益をもたらした。すなわち，エンパワーメント（コミュニティとその住民の自治能力を高める），基礎能力の強化（コミュニティ協同組合を管理運営する能力を高める），そして社会福祉事業サービスの提供と雇用の創出」を実現させていったのである[22]。

　コミュニティの再生と活性化を目指すコミュニティ協同組合は，こうして，次第に注目されるようになっていったが，他方で，伝統的協同組合の陣営のなかには――労働者協同組合においてさえ――コミュニティ協同組合の役割や機能について消極的な評価しかしない人たちがいた。彼らが消極的な評価しか与えなかった理由の1つは，コミュニティ協同組合の目的が「組合員の利益に奉仕する」という伝統的協同組合の目的を超えていて，いわば「コミュニティの全般的利益に奉仕する」という「グローバルな性質」を正当化していたかである。換言すれば，地方のコミュニティがその住民の協同の力で，そのコミュニ

ティのさまざまな資源を基礎に，コミュニティのニーズに基づいた協同組合事業を管理運営し，コミュニティの利益と社会的利益の双方をもたらすことが可能であるのか——おそらく不可能であろう——という否定的な見解を彼らが抱いていたからである。しかし，実際は，コミュニティ協同組合は都市のコミュニティでも，農村のコミュニティでも，そしてウェスタン・アイルズのような遠隔地の離島においてさえも一定の経済的，社会的効果を生み出してきているのである。

例えば，ウェスタン・アイルズでは，1997年の1人当りGDP（国内総生産）はイギリス全体（UK）平均の65％，スコットランド平均の75％，また2001年の平均世帯所得は1万7,700ポンド（1997年よりも2.7％のダウン）でスコットランドのうちもっとも低い平均所得である。失業率は，6.4％とスコットランドの4.7％（2001年3月）よりも高いが，近年減少傾向にある。したがって，失業手当の請求者は91人減少して812人（2001年3月）となり，さらに9,800人のフルタイム労働に相当する仕事がウェスタン・アイルズ経済に存在するし（1997年），雇用の確保のための長期職業訓練が実施されている（その他の統計を若干示すと，2000年の人口は2万7,180人で，生産人口はスコットランド全体と比較すると比較的少なく，したがって，高齢化率も高い。また18歳から21歳の若者の島外への移転率が高い，加工・養殖を含む漁業部門が重要な部門となっている，公共部門での雇用は28％），という状況である[23]。これらの数字をどう読むか，意見の分かれるところであるが，1975〜76年の「コミュニティの崩壊」を目の当たりにした時期から比べれば，問題はあるがずっと前進していると言えるのである。

コミュニティ協同組合の組織「ウェスタン・アイルズ・コミュニティ経済開発パートナーシップ」によって提示された『ウェスタン・アイルズ・コミュニティ経済開発プログラム計画2001－2003年』がウェスタン・アイルズにおける「生活の質」について次のように記していることは，その証左の1つであると言えよう。すなわち，

　　　自然環境と文化の質と多様性は，社会的および経済的機会とマッチした

時に，人びとによって享受されるべき高い生活の質を与えるのである。地方のコミュニティは，そのエリアの生活様式において重要な役割を果たすのである[24]。

　この一文はこう言い換えることができるだろう。すなわち，「自然環境と文化の質」とは「コミュニティの質」に外ならないのであるから，「コミュニティの質」と「経済的，社会的開発」とがマッチした時に，すなわち，コミュニティの「歴史・文化・自然環境・アイデンティティ」が「経済的，社会的開発」の基礎となってはじめて，コミュニティの住民は「コミュニティの質」を取り込むことで「生活の質」の向上を実現し得るのであり，その意味でまた，人びとは「コミュニティの質」を低下させるような生活様式を変革しなければならないと考えるようになるだろう，と。事実，『コミュニティ開発プログラム計画』は，「地方のコミュニティが高い生活の質を享受することが可能となる開発こそウェスタン・アイルズで生活している人たちの基本的な目標である」のだから，それらのコミュニティのなかにある「数多くの自然的，文化的資源と人的資源」が「経済開発の機会を提供する」のだ，と強調している[25]。このようなアイデンティティに拠って立つことで，『コミュニティ開発プログラム計画』は，「高付加価値生産」に基づく「雇用創出」を，教育レベルの向上や社会的非排除（人びとを分け隔てせずに社会の一員とする市民的統合）と結びつけて実現しようとしているのである。

　「高付加価値生産」に基づく「雇用創出」については次のような説明がなされている。ウェスタン・アイルズの労働力のかなりの部分は公的行政部門，教育部門それに保健・医療部門に雇用されている（39.7％）ものの，それでも近年は，養殖を含む漁業と水産加工業に7.2％が従事し，15.6％もの付加価値を地域経済にもたらしている。また農業（ツイード製品のクラフトを含む）および農業と関連するツーリズム（グリーン・ツーリズム）は，その性格上，付加価値の寄与率は2％と高くはないが，遠隔地の農村地域では重要な所得源となっているし，ツーリズムに関しては，ここ数年平均して1万6,500人の観光客が訪れ，1人当り約32ポンドを消費している[26]。

次に教育に関しては，ウェスタン・アイルズはもともと教育レベルは高く，そのことがまたより高い教育コースを求めて若者が島外へ出て行く要因になっているので，教育レベルを落とさずに地方で学べる多様なコースを用意し，特に比較的遠隔地に位置するコミュニティでもさまざまなコースの講義や講演が設けられるようになっている。「こうした高レベルの教育へのいっそうのアクセスによって，コミュニティや個人は，それに相応しい雇用を生み出す経済的機会を創り出す挑戦を受けて立つのである」[27]。ここには，ウェスタン・アイルズにおける人的資源を基礎とする「社会的資本」の蓄積によってコミュニティの再生と活性化を図ろうとする意欲が見られるのである。

失業によって社会的に不利な条件の下に置かれる人たちを社会経済政策から排除しない，という意味での社会的非排除については，先に言及したように，失業率は多少改善されてきたとはいえスコットランドよりも依然として高いことから，さらなる雇用の創出は言うまでもないが，同時に働く意欲も能力もある健康な高齢者の雇用をいかにして創出するかが大きな課題をとなっている。とはいえ，この課題は長期的な性格をもつことから——何故なら，現状のままに推移すると，少子高齢の傾向がいっそう強まることがはっきりしているからである——ウェスタン・アイルズだけでなく，スコットランド全体の課題あるいは全国的な課題としても対処され，実践されなければならないだろう。

しかしながら，「少子高齢化の傾向がいっそう強まる」ことは，現状のまま推移すれば，人びとがそこに存在するさまざまな資源を享受して生活するコミュニティそれ自体を支える保証を揺るがせてしまうことから，コミュニティを支える保証を確たるものにしていくための「新しいアプローチ」が求められることになる。「新しいアプローチ」とは，現代科学技術によって遠隔地のコミュニティにも職業訓練や他の教育へのアクセスが可能になるアプローチであるが，同時にもっと広い範囲にわたって人びとの生活に直接間接に関連してくるアプローチでもある。「コミュニティによるケア」という周知の高齢者ケア・モデルがあるが，そのモデルを多面的に適用するアプローチがすなわちそれである。『コミュニティ開発プログラム計画』はそれを「コミュニティによるケア・アプローチ」(the "care in the community" approach) と称している。この

アプローチは，コミュニティ開発の過程への住民の参加を支え，地方のパートナーシップを確立するアプローチであって，それ故にまた，高齢者ケアはもちろん，地方エリアにおける雇用創出を可能にし，また地方の文化と生活様式が観光客を引きつけることのできるアプローチでもある，とされている[28]。コミュニティに基礎を置いたこのようなアプローチは，持続可能な経済を創りだしていく1つの手段して，ますます重要性を増してきているので，『コミュニティ開発プログラム計画』は次の5つの手段・対策を提示している[29]。すなわち，

(1) コミュニティの自発的能力と受容的能力を高める：これは，コミュニティの構成員がさまざまなプロジェクト，プログラムそれにビジネスを立ち上げたり，それらをヴェンチャーとして組織し，維持管理したりする能力と意思決定の力を高めることを意味する。それは，コミュニティ経済開発の過程における「主要な産物」となり，コミュニティ経済開発をその背後で支える推進力となる。ウェスタン・アイルズでは適切なインフラストラクチャー，物的および人的資源，サービスそれに信頼されるコミュニティへのアクセスの平等性が，地方のエリアあるいはコミュニティの持続可能な開発を左右することを前提としていることから，第1の手段の目的を，①地方のコミュニティがその開発を計画し，管理運営する能力と信頼性を高めること，②開発過程へのコミュニティの完全な参加を促進し，支援することとしている。

(2) コミュニティにおけるインフラストラクチャーの整備：これは，地方のコミュニティのニーズを満たすために，コミュニティの物的，人的資源を基礎にしてコミュニティによって経営される企業の設立を支援することが主眼である。したがって，この目的は，①地方のコミュニティにおける企業設立の促進と企業家精神の養成，③実行可能で持続可能な地方のコミュニティを支えるための地方の施設・機関によるサービスの供給能力を高めることである。

(3) 地方の自然資源と文化資源の価値を高める：自然環境や地方文化は，何代にもわたって展開されてきた人びとがその「生活と労働の場」たる農地と海へ依存してきたことと密接に結びついている。それ故，コミュ

ニティは，地方の環境的および文化的財産を維持し，高めていき，以って経済的機会を最大限もたらす重要な役割を果たすのである。そのような観点から，次の目的を遂行しなければならない。すなわち，①地方の環境的，文化的および考古学的資源の自覚と正しい理解とを深めること，②自然資源の開発計画立案と管理を改善すること，③環境資源を保護し，文化遺産資源を保存する事業活動を促進することである。

(4) 職業訓練の提供者，地方の公的機関および地方の労働市場の3者が協力するための新しい機構の創出：これは，地方のコミュニティとその住民個々人が，経済開発と環境管理の計画と意思決定に参加する能力を高めるものである。特に経済的に脆弱なコミュニティにあっては，人びとを職業訓練や技術の習得から排除するという現象が見られる。そのために，①地方のコミュニティのニーズと熱望に適した職業訓練を提供するよう改善すること，②地方のコミュニティが，排他的ではないアプローチを通じてその開発を計画し，管理運営する能力の向上が目的となる。

(5) 地方で展開される漁業援助対策：これは，漁業部門に依存しているコミュニティの開発計画を支援するために利用される。これによって，結果的にコミュニティ経済開発が促進されることになる。援助対策にはツーリズムなどの漁業に関連した事業活動の多様化も含まれる。①地方のコミュニティによる企業と起業化の促進，②持続可能な地方のコミュニティを援助するために地方の施設・機関によるサービスの供給能力を高めることは，自然環境に適したコミュニティを基礎とする企業開発の援助が目的である。

見られるように，これらの手段・対策とそれによって達成されるべき目的は，ウェスタン・アイルズのコミュニティにとっては，いずれも困難なものであるかもしれない。しかし，コミュニティの再生と活性化を実現していくには，コミュニティに基礎をおいた経済開発とマッチする方法で，「コミュニティの質」と「生活の質」を相互依存的に向上させていく外ないのである。そのためにも，コミュニティ協同組合が他のさまざまなセクターや諸機関と適切なパートナーシップを確立して明確な針路を示すことは大きな意義と意味をもつことになる。

依然として,ウェスタン・アイルズにおけるコミュニティ協同組合の経済的,社会的な闘いと挑戦は続くのである。

4. むすびにかえて――「社会的企業サンダーランド」の活動

　1980年代に入ると,コミュニティ協同組合は――ある協同組合はコミュニティ・ビジネスを,またある協同組合はコミュニティ・エンタープライズを名乗って――社会福祉サービスを中心とする部門で増大し,成長してくる。そしてこれらのコミュニティ協同組合が相当数「産業共同所有運動」(ICOM) の傘下に入ったことによって,イギリスの労働者協同組合の数は大幅に増加した。スコットランドに限らず,イングランドとウェールズにもコミュニティ協同組合は広がり,人びとは「コミュニティの質」と「生活の質」の双方を向上させようと,コミュニティの再生と活性化に取り組んでいった。

　社会的企業サンダーランド (SES) もそのような社会的目的をもって1983年に設立された。サンダーランドは,かつては造船業と炭鉱で繁栄していたが,造船不況とオイル・ショック以後のリセッションによって,また石炭から石油へのエネルギー政策の転換によって,1970年代後半から失業率が非常に高いコミュニティを抱えることになり,現在に至っている。したがって,コミュニティに雇用を創出すること,これがSESの第1の目標である。

　SESは次のような目的を掲げている。「サンダーランド市内にある社会的企業,協同組合企業そしてコミュニティ企業を,特に排除されたコミュニティの内部にある社会的企業,協同組合企業,コミュニティ企業を,労働市場で不利な条件の下に置かれている人びとのために,効果的で効率的なものにするよう促進し,発展させ,援助する」[30]。この目的は,先にわれわれが社会的企業を定義する際に考慮した「社会的企業の第1の定義」に近接している。「労働市場で不利な条件に置かれている人びと」とは失業者,障害者,刑余者などの人たちであり,彼らの自立を支援する雇用の創出を謳っている。これは明らかにイタリアの社会的協同組合と同じ性質をもつものといえよう。そして,「この

目的を達成するために，幅広い活動に関わっていく」と強調している SES は，すべての活動のテーマを，「人びとが自分たちのコミュニティの再生に参加し，自分自身と他の人たちの雇用の機会を創出することを可能にし，そのエンパワーメントを高めること」[31]に絞っている。文芸セクター，ケア・セクター，環境セクターなどに設立されている 14 のコミュニティ協同組合を支援している SES は，「勝者がすべての市場を取り上げる」といわれる市場経済のグローバリゼーションの下で，地方のコミュニティをいかにして再生し活性化するか，そのためのイニシアティヴを確かなのもにするために苦闘しているのである。「グローバリゼーションの下でのローカリゼーション」，この社会的，経済的背景を背負って，コミュニティ協同組合の闘いと挑戦がサンダーランドでも依然として続いているのである。

【注】
1) 日本協同組合学会訳編『21世紀の協同組合原則：ICA アイデンティティ声明と宣言』日本経済評論社，2000 年 12 月，20 頁（英語版 p. 21.）
「協同組合のコミュニティへの関与」という点に関していえば，既に『レイドロー報告』にその意識が見えていたと言ってよい。『レイドロー報告』は「第Ⅴ章：将来の選択」のなかで「第 4 優先分野：協同組合地域社会の建設」（Building Co-operative Communities）を謳っているからである。「協同組合はコミュニティ（地域社会）とどのように積極的に関わるか」，このことは現在もまた将来も協同組合運動のもっとも重要なテーゼの 1 つである，と言えよう。
2) 「コミュニティ」のコンセプトには，もう 1 つの，「特別な人間関係の質と性格に基づいたアソシエーション」と定義されるもの，例えば，協同組合や非営利組織などがあるが，ここではいわゆる「地域社会」としての「コミュニティ」を対象にする。
3) Carlo Borzaga and Alceste Santuari, *Social Enterprises in Italy : The experience of social co-operatives, Part 1*, p. 2.
4) Margita Lukkarinen 著，中川雄一郎訳「雇用を創出する新しい協同組合：フィンランドにおける労働者協同組合運動の展開」『協同の発見』No.104, 協同総合研究所，2001. 2, 50 頁。
5) 同上，50 頁。なお，「失業がもたらす諸問題」については，アマーティア・セ

ン教授の的確な指摘がある。これについては，拙論「福祉社会と生協運動」（中川雄一郎編著『生協は21世紀に生き残れるのか：コミュニティと福祉社会のために』所収，大月書店，2000年）186〜193頁．を参照されたい。
6) 同上，50頁。
7) 同上，51頁。
8) 同上，51頁。
9) 同上，52頁。
10) 神野直彦『人間回復の経済学』岩波書店（岩波新書），2002年，175頁。
11) 同上，178頁。なお，神野教授は，「工業社会」を，「自動車や電気洗濯機などを想像すればわかるように，手や足などの人間の器官の機能を代替するものを生産した」「重化学工業という産業構造が機能していた」社会である（p. 94.）とみなし，また「知識社会」を，「人間の神経系統に代替する構造物が登場する社会」とみなして，「知識社会とは……そうした構造物を人間のライフスタイルに取り入れると，知識社会が本格的に機能する」としている。この知識社会では「人間の知恵というオブラートで包むために，高い知的能力が求められる職務が急増していく。つまり，専門的技術者が急増し，知識集約型産業が産業構造の基軸を形成するようになる」のである（94〜96頁）。そして20世紀から21世紀の「エポック」をなす現在が，「工業社会」（重化学工業型産業構造）から「知識社会」（知識集約型産業構造）への転換なのである。
12) *Judith Smyth for the Audit Commission: Social Capital and Community Involvement*, p. 1. パトナムこの定義は，既に，彼の著書である *Making Democracy Work*（1993）および *Bowling Alone: The collapse and revival of American Community*（2000）でなされている。
13) *Ibid.*, pp. 1-2. なお，パトナムの他に，社会的資本を論究してきた社会学者にジム・コールマンがいる。彼は，社会的資本を経済的・物的資本と対比し，また社会的資本に，1つの資源として，経済的・物的資本と平等な価値を与える。コールマンは，社会的資本の1つの明確な特性は「それが公共の利益という形態を取る」こと，すなわち，社会的資本は積極的な外在的客観性を生みだす，と主張する。したがって，社会的資本が「公共の利益」という性格をもてばもつほど，社会的資本を創造し，維持する行為に個々人が従事するインセンティヴは相対的に弱まる，と論じている。その結果，コールマンの「社会的資本」は，社会福祉や経済成長に対する潜在的貢献の価値と比較すると過少生産される，あるいは社会的資本が豊かなところでは，非経済的要因の副産物として生

ずることになる。

14) Robert Putnam, "Summary of The Prosperous Community : Social Capital and Public Life", Edited by Frank Ackerman and others, *Human Well-being and Economic Goals,* Island Press, 1997, p. 211.

15) *Ibid.,* p. 212.

16) *Co-operatives. net, Creating Tomorrow's Co-operatives.* p. 1.

17) 「開発トラスト」は、次のように定義される組織である。すなわち、①一定のエリアあるいはコミュニティの経済的、環境的および社会的再生に携わる組織、②コミュニティの経済的自立を目的とする独立した組織、③私的利益を追求しない組織、④コミュニティに基礎をおき、コミュニティに所有された組織、⑤コミュニティ・セクター、ボランタリィ・セクター、私的セクターそれに公的セクター間でのパートナーシップに積極的に関わっていく組織、である。

18) *CBS Network Discussion Paper : Defining the Social Economy, Social Enterprise and Social Capital,* pp. 2-3.

19) *Social Enterprise and Co-operative Development in Sunderland : What is Social Enterprise?* p. 1.

20) *CBS Network : Discussion Paper,* p. 1. なお、ここに「コミュニティ・エンタープライズ運動」という用語が記されているが、この用語は、「コミュニティ・ビジネス」が主に都市におけるコミュニティ協同組合を表現したのに対して、「コミュニティ・エンタープライズ」は主に都市以外の地域や農村地域に設立されたコミュニティ協同組合を表現するものとして使用された。

21) John Pearce, *Running Your Own Co-operative : A Guide to the Setting up of Worker and Community Owned Enterprise,* The Kogan Page Ltd., 1984, pp. 17-18.

22) Mike Gordon, *Towards the Social Economy? Community Co-operative in the Highland and Islands of Scotland : an Evaluation,* 2001, p. 1.

23) *Economic Overview Statistics: Its Quarter 2001, produced by Department for Sustainable Communities,* pp. 1-2.

24) Western Isles Community Economic Development Partnership, *Western Isles Communit Economic Development Programme Plan 2001 to 2003,* p. 3.

25) *Ibid.,* p. 6.

26) *Ibid.,* p. 5.

27) *Ibid.,* p. 6.

28) *Ibid.,* pp. 6-7.

29) *Ibid.,* pp. 14-18.
30) *Social Enterprise and Co-operative Development in Sunderland,* p. 1.
31) *Ibid.,* p. 1.

第8章 イタリアの社会的経済と，市場及び自治体との相互作用について
――イタリアの社会的協同組合を題材に――

1. イタリアの「社会的経済」について

(1) イタリア「社会的経済」について

イタリアでは「社会的経済」の呼称として「第三セクター」「非営利セクター」「社会的企業」「連帯的経済」等が頻用されている。こうした呼称の多様性からもわかるように，「非営利」組織を包括的に扱う法的な枠組みはない。通常，イタリアでは，アソシエーション，社会的協同組合，組織化されたボランティア団体，財団，IPAB [1] 等が「社会的経済」の担い手とされる。ただし，社会的協同組合以外の協同組合（消費生協，住宅生協，農協等）は「社会的経済」から除外される傾向にある。

J. ドゥフルニの定義 [2] に従って，公益組織にとどまらず社会的目的をもった共益組織をも「社会的経済」に含めるとする考え方は，イタリアでもすでに広く受容されている。

にもかかわらず，「社会的経済」についての統計や実証的な言及の段階になると，上記の組織に対象が絞られざるをえないのはなぜか。社会的協同組合についていえば，2つ理由があろう。第1に，イタリアにおける「社会的経済」台頭の背景として，社会的サービス分野（福祉，医療，保健，教育，環境，文化等）に対する急速な需要の高まりがあること。とりわけ自治体のコスト削減を目的として公による直営サービスが大幅に後退し，その受け皿として社会的協同組合（A型）が台頭したことと無縁ではない。すなわち出発点において，社会的協同組合は，公的な資金とのつながりが大きく，そのことが他の協同組合と比較した場合「共益性」よりも「公益性」を際だたせる結果となっている。

さらに、第2の理由として、従来の協同組合が労働運動等をベースにしているのに対し、社会的協同組合の場合、その母胎が市民運動やアソチアチォニズモ、あるいは問題に直面する当事者やその支援者等によるボランタリーな団体であること。つまり、「労働者」に比して「市民」という、より普遍的な響きが、「不特定多数の利益」という要件に結びつきやすい印象を与えている点である。
　しかし実際上は社会的協同組合が1991年法制化される以前は、労働者協同組合の形をとるものも多かった。そうした経過を考慮すると、「社会的経済」の該当組織を特定の法人に限定することは、「社会的協同組合」を協同組合から孤立させ、同時に「非営利セクター」を経済社会から隔離することになりかねない。「非営利セクター」が現実に発揮している「多様な社会的機能」を把握しにくくすることにもつながろう。本章では、事例研究やデータの提示においては、技術的な制約から、社会的協同組合を中心として議論を展開せざるをえないが、それは「非営利セクター」を、特定の組織に限定して考えることを意味しない。むしろ、非営利と営利の境界領域における緊張とダイナミズムのもとで、社会的意義の大きいユニークな発想と活動が生まれていくことにこそ、焦点を当てていきたいと考えている。

(2) なぜ小規模事業者への言及が必要なのか

　さて、社会的経済の担い手のあり様を規定するのは、社会的経済内部のプレイヤーのみではない。市場のプレイヤーである中小企業や職人企業等も、「社会的経済」の隣接領域に位置する存在として、双方のあり様に影響を及ぼしている。
　たとえば、イタリアの都市で事業を営む工房や販売店、あるいはものづくりを担う中小企業等は、法人形態としては営利企業であるが、地域社会や地元文化への貢献など公共的な側面を多く持ち合わせている[3]。1990年代、イタリアの中小企業に対して着目が寄せられたのは、いくつかの理由があるが、それらは単なる生産効率や「柔軟な特化」と呼ばれるポストフォーディズム的な生産様式への評価ではなくて、まちづくりや文化行政とも連動した中小企業と地域

の協働の存在が,「経済効率」と「社会的公正」の両立を促したからであったといえよう[4]。

そこで,本節ではイタリアの「社会的経済」を論じる前提として,その隣接領域も射程に入れながら,イタリアにおける小規模事業者を取り巻く社会的環境について述べておくこととしたい。なぜならば,イタリアにおける非営利事業組織は,市場のプレイヤーと無関係にその事業文化を形成していくのではなく,むしろ小規模事業を主体とする市場,すなわち営利セクターとの相互作用によって大きく特徴づけられていると考えられるからである。

(3) ピオリ,セーブルの『第二の産業分水嶺』にみる「イタリア像」

イタリアの社会的経済の理解を助ける隣接領域の研究の1つが,ピオリ,セーブルによる『第二の産業分水嶺』[5]である。ピオリ,セーブルは,イタリアにおける「クラフト的生産パターン」を「柔軟な専門化」の一環として高く評価し,その特徴として,大企業支配からの相対的な独立,徹底的な分散経済,労働者による生産管理権の取り戻し,下請け企業の連合化,その連合組織による製品開拓や新技術,その結果としての高い競争力,それらを支える社会的文脈(家族主義,職人の仕事に対する社会的認知,地域と世界市場を結びつける商業的伝統の存在,地方公共団体による企業支援機能)等をキーワードとして挙げた。

これらに加えて彼らが強調するのは,クラフト的生産パターンによる成功の背後に,「地域の論理」が存在しているという点である。彼らは「コミュニティ的な結びつき」や「注意深く育成された連帯感」が,地域の産業界の水平的な結束を強める土台になっているとし,こうした土台の上に,4つの「ミクロな調整機構」,すなわち「柔軟性と専門化」「コミュニティを境界として参加の制限」「競争の奨励」そして「競争の制限」を位置づける。

ところで,コミュニティ的連帯において,一方で「競争の奨励」がありながらもう一方で「競争の制限」があるというのはどういうことだろうか。この点は,非営利事業組織の運営とも関わってくる点なので,詳しい紹介をしておきたい。

図1　イタリアの北部，中部，南部・島嶼部

地図中のラベル：スイス、オーストリア、アオスタ、トレント、ブレーシャ、ミラノ、スロヴェニア、トリエステ、ピエモンテ州、北部、ボローニャ、クロアチア、リグリア海、フィレンツェ、コルシカ（仏）、社会的協同組合「グルッポ78」、中部、ローマ、テンピオ、サルデーニャ島、トゥリエイ、南部・島嶼部、カリアリ、社会的協同組合「レデラ」、地中海、シチリア島、チュニジア

　ピオリ，セーブルは，コミュニティ的連帯のなかで，構成メンバーそれぞれが互いの共通利害や相互に果たすべき義務を認めあったとしても，「それはコミュニティのメンバー全員が平等に扱われるということではない」として，コミュニティ内にも競争のダイナミズムが存在することを示唆する。
　しかし同時に，こうした経済的パフォーマンスの高い産業集積地においては，コミュニティによって「継続的な技術革新を疎外するような競争」が禁止されている点にも彼らは注目している。「賃金と労働条件」の引き下げにしかつな

がらない競争は制限対象となり，制度面でも違法な家族労働，脱税，児童労働に対するチェックが有効に機能してるとし[6]，労働条件を下に引っ張るような競争の制限が，技術開発など創造的な競争を促した点に，イタリアとシェフィールド等との違いがあると指摘した。

さて，続いてピオリ，セーブルが着目した「コミュニティ」について最近の議論を概観しておきたい。近年，「社会的資本」としてその重要性がクローズアップされ始めた，共同体における非市場的・非制度的な機能について，ピオリ等は『第二の産業分水嶺』のいたるところで，言及している。大家族制，職人仕事への敬意，商業都市としての歴史等を，経済発展の「偶然的な事情」とする点ではやや消極的だが，同時に「コミュニティの根っこにある道徳律」といった表現で，その影響力の強さを明言もしている。

しかし，ピオリ等は，なぜ北東部イタリアが「コミュニティの論理」と「経済効率」とを両立させえたのか，その要因分析までは踏み込んでいない。そこで，次に，この両者の関係をめぐって，古くは都市国家の形成に両者の相互作用の起源を見出し，それが1970年以降のイタリアの地方自治に大きく関与しながら，今日の政治的・経済的パーフォマンスの違いを生み出したとするR.パトナムの議論[7]を参照していくこととしたい。

(4) パトナムによる市民的共同性と経済的発展の相関と因果

「コミュニティ」のあり方と，経済的，政治的パフォーマンスのあり方とはどう関係しているのか。この疑問に対して，極めて示唆に富む研究成果がR.パトナムによって示されている。パトナムは，『哲学する民主主義』のなかで，北東部イタリア及び中北部イタリアの「制度的パフォーマンス」の高さを「市民的共同体」の度合いと結びつけて論じた。ここにいう「制度的パフォーマンス」は，「改革立法」から「農業支出」の規模に至るまで，12の変数[8]を合成して得られた制度の「成功」度（統治の能率，政府の応答性，物事の処理能力等）をさす。また，「市民的共同体」の度合いとは，優先投票[9]への参加度，国民投票への参加度，新聞購読率，スポーツ・文化団体，アソシエーション数

等の基準から合成されたものである。

　20年にわたる実証研究を経て，パトナムは，この「市民的共同体」の度合いが強ければ強いほど，「制度的パフォーマンス」が良好であることを示した。さらに，北部イタリアではなぜ「市民的共同体」が高度に発達し，南はそうではないのかについて，中世の都市国家コムーネに遡って原因を検討する。概要を示せば，ノルマン支配に曝された南部では，経済的には北を凌ぐ勢いを得た時代もあったものの，総じて，専制色が濃く，自治の芽が育ちにくい歴史的な経緯があったとする。

　それに対して例えばイタリア北部でのギルドは，第一義的には同業者らによる経済協力組織ではあるが，パトナムはそれらの規約に着目し，彼らが経済活動上の相互扶助にとどまらず，「必要に応じていかなる種類の友愛的援助も惜しまない」「その町を通過する外来人を款待すること」「疲労衰弱の場合には慰藉を与えること」など，「社会的目的」を有していたことを重視する。あるいは，中北部の町，モデナの町議会が1220年の時点で，多くの職人，商工業者によって構成されていたこと，すなわち，「公的な意志決定の幅広い民衆の関与」が存在したことも高度な「市民的共同体」の一環とみる。これらにとどまらず，都市国家のなかに網の目のような織り込まれていた「信頼関係」が，地域社会の「耐久力」を保持し，君主制への政体変更後も，制度の外で脈々と蓄積されていった結果であるとする。

　しかし，経済発展と市民参画に基づいた共和主義的伝統との因果関係に対しては次のようにも言えよう。すなわち「市民共同体は社会的・経済的発展の副次的現象，——すなわち経済的な安泰が市民的関与の文化を維持可能——にすぎないと。

　この「疑い」に対して，パットナムは，以下の2点をもって反論する。第1に，コムーネ共和主義の誕生が，経済的豊かさと必ずしも一致しないこと，むしろ，コムーネ時代の北部イタリアは，南部と比較して経済発展の面では遅れをとっていたこと，第2に，イタリア北部に花咲いた共和制は，15世紀に衰弱し16世紀には消失していること，その後政治的には全土が混乱し，不平等，

搾取が蔓延しても，政体としては消え去った共和主義が，「市民的関与，社会的責務，社会的対等者間の相互扶助」といった「倫理の形態」で伝承された。

また，統一後のイタリアにおいては，都市国家時代のフォーマルな制度は消滅しているものの，「倫理の形態」で蓄積された市民的公共性が，産業革命における市民生活の諸矛盾に直面して，新たな，人々のつながり生み出したとする。すなわちそこではレッセフェールの原理のもとで，個人が抱え込まされた様々なリスクを回避するための「新しい連帯」として疾病，事故，老齢，埋葬などをめぐる自助的な保険制度や任意結社，協同組合が数多く誕生し，「財政的な厳格さ，公平や役割分担，効率性」等に配慮しつつ，成文規約を備えた組織（イタリアでは「アソチアチィオーネ」や協同農村金庫）が発展したというのがパットナムの主張である。

(5)「社会的資本」とは何か

ところでパットナムは，こうした市民的共同体を支える概念として「社会的資本」[10]に着目する。パットナムのいう社会的資本とは，「調整された諸活動を活発にすることによって社会の効率性を改善できる，信頼，規範，ネットワークといった社会組織の特徴」をさす[11]。従来の，インフラや制度資本を中心とする「社会資本」概念とは様相を異にする。

そもそもこうした非制度的な「社会資本」への着目は，1950年代に「利益動機は人間にとって自然なものではない」[12]としたK. ポラニーをはじめ，1960年代に，行為者が「経済的」であろうとする努力が，長期的には人間と環境を傷つけるとして外部不経済の視点から「経済学の役割」を問うたE. F. シューマッハー等，その裾野は広い[13]。

こうした「社会的資本」や「信頼」「協同」への着目は，人々に倫理的選択を迫る「道徳」の問題としてでなく，最近では「コスト」の問題として論じられる傾向も出てきた。たとえば，神野直彦[14]がいうように「確かに競争は経済のコストを低めるかもしれない。しかし，政治・経済・社会の3つのサブシステムからなる「総体としての社会」にとってのコストは高くつく」（神野, p. 202)。

環境問題同様,「競争社会」が生み出す外部不経済に着目し,「総体としての社会」が被るマイナスと比較衡量して「協同」への選択の方向づける議論は,近年,「信頼の経済学」や「博愛の経済学」(ジャック・アタリ) [15] として注目を集めるところとなった。

この「社会的資本」は,パトナムの議論をきっかけとして,多くの論者によって,現代の行き詰まりを突破するためのキーワードとされつつある。しかしここで留意すべきは,こうした主張に込められた期待は決して一様ではないという点である。「社会的資本」をめぐる議論展開は,大きく2つに分かれよう。

第1は,経済的な競争力を支えるファクターとしての社会的資本であり,ピオリ等の議論にみられる,ネットワークの力を念頭に置いた議論が該当する。そこには,自営的労働や家族従業者のアンペイドワークもあれば,中小企業間の信頼に基づいた,密な情報のやりとり,仕事の回しあいも含まれるがいずれも社会資本を経済成長の促進剤とする立場である [16]。

これに対して,第2は,経済成長思想に対する相対化を意図した「社会的資本」への着目である。シューマッハーをはじめ,その流れをくむP. エキンズ等のTOES (The other economic summit) が代表例として挙げられよう。たとえばH. ヘンダーソンは「社会的資本」に相当するもの(相互扶助,自給的生産等貨幣を媒介しない交換関係等)を,「非貨幣的生産部門」のなかの「社会的協同的対抗経済」と位置づけ,この部分が市場経済の浸食を受けながらも,市場経済とは異なる論理に基づいて市場や国家への規制・対抗機能を発揮していることを示している [17]。

前者は「社会的資本」を市場や国家の補完物と見る視点であり,また後者は対抗物と見る視点であって,そのベクトルは大きく異なることに留意する必要があろう。

さて,以上までででイタリアにおいても市民的公共性に基づいた社会的経済の土台として,「社会的資本」が示唆するものが何であるかを概観してきた。「社会的資本」の性格の多重性からもわかるように,社会的経済は,社会を相対化する独立的なものであるというよりも,社会のなかに埋め込まれた存在である。社会的経済はその社会のあり方,価値意識に大きく規定される,極めて社会内

在的なものといえよう。このことを本論に先立って確認した上で，次にイタリアにおける社会的経済の形成過程について，社会的協同組合を例に言及していきたい。

2. イタリア社会的経済の現況，発展の経過と組織上の特質

本節では，イタリアの非営利の特質を把握するために，第1にイタリアの社会的経済の量的広がり，第2に社会的協同組合の特質（① 381号法におけるA型協同組合B型協同組合の性格づけ，② 幅広い活動領域，③ 発展経過の多様性，④ 地域の分布状況）を抑えたうえで，第3に社会的協同組合をみる際の本稿の視点を確認しておきたい。

(1) イタリアの社会的経済の量的ひろがり

はじめに，イタリアにおける社会的経済の量的ひろがりを確認しておきたい。イタリアの社会的経済の構成は，前述のように法的枠組みによって単純に確定することができない。営利的企業のなかにも非営利的要素があるし，また非営利のなかに営利的要素が組み込まれているものもあり，非営利と営利は，実際の社会においては，入れ子細工のような構造になっているからである。

しかしながら量的な把握にあたっては，以下のような法人格別の把握とならざるをえない。まず第1に一定の社会的目的で組織化されたアソシエーション団体，第2にボランティア団体，第3に国際的な非営利組織NGO，第4に社会的協同組合[18]，第5に市民財団，第6にIPABといわれる公設民営型あるいは公民共同運営型組織である。それぞれの団体数，加盟人数，それらの組織での雇用者の人数は表8-1のとおりである。

「アソシエーション」とは，文化，教育をはじめ様々な社会的活動を担う市民組織であるが，イタリアの場合，ボランティア団体とともにその構成員数が多い。またなんらかのボランティア活動に携わっている住民の比率は，12.6%

表8-1 イタリアにおける社会的経済の広がり

組織類型	団体数	加盟者数	団体雇用者数
アソシエーション	150,000	3,315,000	180,000
ボランティア **	15,000	5,985,000	10,000
NGO	160	–	–
社会的共同組合	4,250*	127,500	108,000
財団	1,090	–	42,000
IPAB	5,200		80,000
その他	18,000		330,000

出典：Gruppo Abele (a cura di) "Annuario Sociale 2001", 2001, Torino, p.702.
注：＊ABELが使用したISTAT集計では，社会的協同組合数は4250とあるが，労働省のデータでは，表8-3にあるように6,200となっている．
＊＊アソシエーション，ボランティアは州に届出をしてある団体及び届出をしていない任意団体の双方が含まれている．

(1999年) で1割強を占めるなど，全体的に市民活動が活発な様相が見て取れる。こうした非営利セクター諸組織が雇用している人数は，75万人。これはイタリアの就業人口の3.5％に相当し，さらにはこれをサービス業の就業人口に絞って考えると5.1％と，もはや非営利セクターは既存の市場社会のなかで重要な一角を占めている。総事業高は75兆リラ，GDP比で見ると約1％となる。

参加者の層についてみると，性別，年齢，学歴，収入等などによる大きな違いはないものの，北部イタリアに市民活動の集積がみられるなど，地域によって，組織率が大きく異なる[19]。

(2) 社会的協同組合類型別の特徴

ここでは，次節での事例研究に先立って，社会的協同組合の概要を，法的な位置づけ，地域的な特徴や事業における公共事業依存率等によって把握しておこう。

表8-2 A型, B型社会的協同組合の概要

項目＼類型	A 型	B 型
381号法 第1条（定義）	社会福祉，保健，教育・文化サービスの運営を担う協同組合	ハンディをもつ者の就労を目的として農業，製造業，商業及びサービス業等の多様な活動を行う協同組合
381号法 第4条（ハンディをもつ者）	A型については言及なし	ハンディをもつ労働者の数が報酬を受ける労働者の30％を下回らない
381号法 第5条（公共との契約）	A型については言及なし	B型協同組合においてるハンディをもつ者の雇用創出を目的とする場合，公共機関は公共事業の契約にかかわる規定の例外[20]として，協同組合との契約を結ぶことができる
受注先及び財政的な構造の特徴	公共団体からの委託事業が主．自治体やUSL（地域保険機構）からの受託が中心．したがって財政構造上公共部門への依存が大きい 公的部門からの収入[21]は全体の76.4％	民間からの直接受注が主．事業規模はA型に比して小さいが，財政構造上，公共部門への依存度が低く協同組合独自の直営事業の割合が高い 公共部門からの収入は全体の48.9％

出典：各種資料より田中作成．

381号法におけるA型社会的協同組合B型社会的協同組合の性格づけ

1991年に制定された381号法では，社会的協同組合についてA及びBの2部門を規定している。各部門の特徴は，**表8-2**にみるように，A型協同組合は福祉，保健，医療，教育等のサービスを，高齢者，障害者等それを求める市民に提供するための協同組合である。それに対してB型協同組合は，身体・精神，知覚，知的障害をもつ人々や社会的不利益を被る人々が労働組合員の3割以上を占める協同組合である。

幅広い活動領域

多くの社会的協同組合は，公的サービスの及びにくい，けれども切実な，暮らしと労働の要求に応える自助的な組織として生まれた。協同組合発生の原点である「生きにくさ」が多様であるがゆえに，協同組合の手がける活動領域もまた実に多岐にわたる。精神障害や知覚・身体障害を抱える人々，高齢期を生きる人々へのサービスが中心であるが，同時に多様な社会的マイノリティ（たとえば虐待を受ける子どもたち，移民，薬物依存者，アルコール依存者，服役者，ノマドと言われる移動生活者，亡命者，社会への適応に困難を抱える人々等）を対象とした事業の取り組みも見られる。

地域ごとに異なる社会的背景

社会的協同組合は，地域の内発的な諸課題から生み出されてきた「社会的発明」である。したがって，発生の経過，運動の推進母体，運動の手法等も多様である。例えばカトリックの伝統の強い北東部イタリアを見てみよう。旧ユーゴスラビアとの国境に近いトリエステでは，1970年代，フランコ・バザーリアら，精神科医による閉鎖型精神病棟廃止運動が展開した[22]。精神病を患う人々を施設隔離から開放して地域社会の中で支えようとするこの運動の中で，地域での生活と就労を支援するための中間施設として多くの社会的協同組合が生み出された。かつての，鉄格子の入った寒々としたトリエステの閉鎖病棟は，現在，協同組合はじめ非営利団体の共同事務所となっている。

また，カトリックの伝統の強いトレント等では，教会関係のボランティア団体が広範に存在しているが[23]，自分たちの活動の継続性や活動内容の質的な向上が課題であるとの認識から，ボランティアにおける「企業的アイデンティティ」の導入が模索されていたという。社会的協同組合は，そうした模索の結果の1つとなった。

さらに，若年層の失業率が男性で5割，女性でなんと7割弱に及ぶ島嶼部サルデーニャ州北部の町テンピオでは，大学での専門的な勉強を終了したり，職業訓練を終えた青年や女性たちが，自治体の援助も引き出しながら，教育，福祉，マイノリティ支援，環境保全など，自治体のサービスも市場化も及ばない

分野で仕事を起こし，労働者協同組合を設立する流れが，80年代から存在していた。

このように，地域固有の社会的背景のもとに生まれてきたことが，社会的協同組合の多元性を形成する大きな要因となっている。

地域の分布状況

日本における社会的協同組合の紹介は，これまでボローニャ（エミリア・ロマーニャ州），ブレーシャ（ロンバルディア州），トレント（トレンティーノ・アルト・アディジェ）等を中心としてなされてきたが，全国的にみると表8-3のような分布状況になっている。社会的協同組合については，アソシエーションやボランティア団体の分布状況と異なり，北東部イタリアが圧倒的に多いというわけではない。人口との比率で「密度」を算出してみると明らかなように，南部や島嶼部にも上位を占める州が散見される。

州別データによれば，共通してA型に比してB型は1/3～1/2の数にとどまる（例外としてはシチリア，ラツィオ等でとびぬけてB型の割合が多くなっている）。B型協同組合が相対的に少ないのはなぜか。一般にB型協同組合は，公共事業を有利に入札できる反面，マルチステークホルダー型ゆえにマネジメントが難しい組織とされていることが第1の理由と思われる。また，後述するトレンティーノアルトアディジェのように，国レベルの381号法の制定に先駆けて，州独自の法律を設け，公的福祉サービスを民間の非営利事業者にゆだねることで，A型社会的協同組合を推進した地域では，その先進性ゆえに，「救済主義的精神」がいきわたり，B型が育たなかったとの見解も，障害をもつ当事者のイニシアティヴの強い協同組合から聞かれた[24]。

(3) 社会的協同組合を見る際の視点

さて，以上述べてきたようなイタリア社会的協同組合について，近年様々な形で期待をこめた言及がなされるようになった。ポスト福祉国家論の中で，ウェルフェアミックスの担い手と見る議論，雇用創出力に着目するもの，そしてとりわ

表 8-3 地域別にみた社会的協同組合設立状況

(単位:組合数)

	州　名	A型	B型	混合型	計	人　口	密度*	順位
北部イタリア	ピエモンテ	288	193	6	487	4,288,051	8,805	10
	ヴァッレダオスタ	17	9	1	27	119,993	4,444	1
	ロンバルディア	521	360	7	888	9,028,913	10,168	15
	トレンティーノアルトアディジェ	78	30	-	108	929,574	8,607	9
	ヴェネト	242	175	6	423	4,487,560	10,608	17
	フリウリヴェネツィアジューリア	45	54	-	99	1,183,916	11,958	18
	リグリア	95	65	10	170	1,632,536	9,603	13
	エミリアロマーニャ	192	123	7	322	3,959,770	12,297	19
中部	トスカーナ	181	144	9	334	3,528,563	10,565	16
	ウンブリア	64	57	5	126	832,675	6,608	6
	マルケ	95	66	2	163	1,455,449	8,929	11
	ラツィオ	182	222	129	533	5,255,028	9,859	14
南部	アブルッツォ	134	52	11	197	1,277,330	6,483	5
	モリーゼ	51	5	-	56	328,980	5,874	4
	カンパーニャ	138	54	11	203	5,792,580	28,534	20
	カラブリア	263	163	18	444	4,086,422	9,203	12
	プーリア	56	18	13	87	607,853	6,986	7
	バジリカータ	193	74	13	280	2,064,718	7,374	8
島嶼	シチリア	457	415	24	896	5,098,234	5,690	3
	サルデーニャ	285	41	31	357	1,654,470	4,643	2
計	全　国	3,577	2,320	303	6,200	57,612,615	9,292	-

出典:A型B型混合合計まではABELEが使用しているイタリア労働省統計(1999年版) 人口はIstat(1999).
注:＊密度(人口/協同組合数)は田中算出.1協同組合当りの人口数が少ないほど協同組合の密度が多い.

け社会的に不利益を被っている人々の就労に新たな発想と実践をもたらすとするもの,さらに市民／行政の協働を促進する媒介物としてみる議論等である.
　これらの議論も加味しつつ,本稿では,行政,企業といった社会の諸主体と社会的経済セクターとの相互作用の実態と,その結果生み出される「新しい価値」に着目をしていきたい.

イタリア社会的協同組合の発生を促した2つの課題

　イタリアの社会的協同組合は1991年の381号法によって全国的な制度化をみた。同法は，これまで互恵的な「共益組織」とされてきた協同組合の性格を大きく変え，冒頭第1条で「地域の普遍的利益の追求」をうたったところに画期性があるとされている。さらに第2条においては組合員数の半数を上回らないという条件付で「ボランティア組合員」に法的位置づけを与えたことも，これまでの協同組合観に変更を迫るものであった。

　ところで，国レベルで法制化された1991年に先立って，地域によっては独自の州法が作られ，社会的協同組合を認知する動きが活発となっていた。社会的協同組合の萌芽は，1991年の法制化からおよそ20年さかのぼる。

　筆者は社会的協同組合の発生経過として，おおよそ次の2つの流れを想定している。第1に，公的サービスの想像力が及ばないような「生きにくさ」への対応。たとえば身体障害や精神障害はむろん，子どもや社会的マイノリティが抱える，生きるうえでの様々な困難を，当事者を中心にしながら協同の力で解決していこうとするものある。これらは主としてB型あるいはAB混合型の社会協同組合となる。

　第2の流れは，財政難による自治体労働者合理化の流れのなかで進む，文化・教育・福祉サービスの後退をくい止めるため，若年失業者の運動や公務員の労働運動を媒介にしながら，徐々に事業体（主としてA型社会的協同組合）に結実していくケースである。

　こうして広がった社会的協同組合は，法制化以前は労働者・生産協同組合の社会的サービス部門として活動をしてきた。しかしながら，社会的協同組合の場合，労働者・生産協同組合とは相対的に独立的な社会的意図，組織運営手法，構成員の特質などが存在する。例えば，社会的協同組合では，定款や州法で剰余分配を禁止するなどの例もみられ，通常の協同組合に比していっそうの非営利性を打ち出す傾向が強い。また，組織の構成員のなかに，ボランティア組合員や障害をもった就労組合員およびその家族を含むなど，マルチステーク型の組織運営となっているため，通常の協同組合の運営と比べ複雑化している。

独自性の発揮と他の社会的主体との相互作用

　法制度上はA，B型におおよその分類はできるものの，それぞれの組織は内発的で独自性の強いものである点を強調しておきたい。「当事者発」の要求の固有性，それに応えようとする社会的・文化的・経済的資源の配置，社会的認知の獲得と制度化にいたるまでの相互理解や葛藤，その解決方法など，いずれのプロセスにおいてもモデルを外から持ち込まず，スローペースではあってもオリジナルな形で事業運営を行っていくのが，まさに社会的協同組合の本質だからである。

　こうしたイタリアの社会的協同組合の特徴でとりわけ着目すべきは，上記に述べた内発的かつ独自のネットワークを活かして，他の社会的諸主体（地域，行政，市場）と様々な関係を取り結んでいるという点である。たとえば「市場」との関係を取り上げよう。従来，非営利・協同事業体と一般の企業との関わりは，たとえば地元製造業から発注される部品組立や包装などの仕事を就労支援の非営利組織が担う……などきわめて限定的なものにとどまっていた。しかしながら，わずかであれ，市場との対等な関係づくりも進んでいる。

　例として，サルデーニャ島カリアリ近くの有機農産品事業連合は，非営利のイニシアティヴによる，営利，非営利混合の経済組織である[25]。あるいは，障害者の一般企業就労についていえば，企業が法定雇用率を達成するため，義務的に取り組むという形から，障害者の就労環境を整えることを通じて，企業が自らの組織のあり方，仕事のあり方を見直そうとする，いわば自分たちをイノヴェイトする機会として，障害者就労を考える……という方向性も北部の町トレントを中心に生まれている[26]。

　同様に，地域社会，行政ともユニークな関係が生まれつつあり，たとえばそれらが入札制度[27]のあり方に反映されている例も少なくない。いずれも，非営利・協同が，他のセクターとの相互作用の結果，外にも新しい文化，流儀を発信している点で，非営利セクター自体のみならず，各主体にイノヴェーションをもたらすケースも出てきている。

社会的協同組合分析の視点――「組織の多様性・内発性」と「各社会的主体との相互作用」

さて，本節では，社会的協同組合の発生の経過及び制度上の特徴，そして地域ごとに組織のあり様が多様であること等を論じてきた。本節の最後に，「組織の多様性・固有性・内発性」及び「各社会的主体との相互作用」の2つのキーワードを挙げて，社会的協同組合を分析する際の筆者の視点としたい。特に後者について言えば，社会的協同組合の活動にとっては，第1に他の経済諸主体との相互作用，つまり市場との関連を無視しえないし，また第2にカトリック文化，市民的公共性等，「地域の論理」を反映した伝統的な相互扶助のシステムとの関連をないがしろにできない。さらに第3に，地方自治制度のあり方とも深く関わっこよう。そこで次節では，上記の点が，協同組合の現場でどう具体的な形となっているのかを事例を通じて見ていくこととしたい。

3. 事例に見る，社会的協同組合と市民社会，行政，市場との相互作用

本節では，南と北の2つの社会的協同組合を通して，地域社会での協同組合の活かされ方，ならびに行政との相互作用について，その具体的姿を見ていきたい。

まず最初に，イタリア島嶼部サルデーニャ州の，いわゆる過疎地域で運営されるA型社会的協同組合に焦点をあてる。本稿では，社会的協同組合の地域内発性を一貫して強調しているが，そうした協同組合理解にあたっては，その組合が，地域社会や行政とどういった関係を築いているか，また組合を担う構成メンバーの人生が，協同組合によってどのように豊かなものとなっているのか，といった視点が不可欠である。(1)ではこうした観点で論を進めた。

また，第2の例は，トレント市という，いわば協同組合運動「先進地」におけるリーダー的な協同組合について触れた。トレントは，パトナムの議論に照らせば，極めて「社会的／経済的パフォーマンス」の高い地域である。しかし

表8-4 地域別・男女別にみた若年層（29歳以下）の失業率

(単位：%)

	年	北西部	北東部	中部	南部／島	イタリア全平均
男	1995	18.9	11.2	28.6	49.3	29.8
	96	17.3	10.2	29.6	49.8	29.4
	97	17.0	9.7	26.3	50.6	29.0
女	1995	27.0	20.6	40.5	64.5	39.0
	96	28.6	19.9	40.3	64.9	39.4
	97	28.0	18.9	40.9	64.9	39.3

出典：ISTAT1999.

　だからといって「生きにくさ」が存在しないわけではない。例えば表8-4にあるように，南と北とでは雇用問題1つとっても全く異なる課題を抱えている。南の場合，まず若年層の絶対的多数が，学校卒業後から初職を獲得するまで，長いブランクを経験する。大学を卒業してその後短期のマスターコースに行くなどして，教育的な投資を重ねても容易仕事が見つからないなかで，不安にさいなまれる若者が少なくない。

　一方，北東部イタリアは，量的にみれば雇用は大きな問題とはならないが，しかしなんらかの理由で，社会から距離を置かざるを得ない社会的マイノリティにとっては，「働く」ことが大きな壁になる。社会的マイノリティの雇用の質をどう高めていくかが，北の課題といえよう。さらに協同組合が，そうした課題に孤軍奮闘してきたのではなく，行政や市民社会に絶え間ない働きかけをしながら対応してきた様子も見ていこう。

(1) イタリア南部サルデーニャ州における社会的協同組合（A型）「レデラ」（L'EDERA）

事例を見る視点

　ここでは，社会的経済的なハンディが多いとされる南部イタリア（島嶼），サルデーニャ州の社会的協同組合「レデラ」（L'EDERA－ツタの意）を取り上

げたい。「レデラ」は後述のように，島のなかでもさらなる経済的辺境に位置する。失業率が極めて高く，主要産業も不在のため，町の男性の多くは本土，それもドイツの自動車工場に出稼ぎに赴く。若者の流出も手伝って，地域の高齢化への対応策の遅れと女性の失業問題が深刻な地域課題となっている。

こうした状況のなかで，社会的協同組合がどのような機能を発揮しうるのか，運営責任者へのインタヴューと，協同組合組合員（責任者以外はすべて女性）の学習活動への参与観察をもとに考えていきたい。

A型社会的協同組合「レデラ」を囲む地域社会の概要

トゥリエイ（TRIEI，人口1,200人）はサルデーニャ島東部の美しい海岸線から10kmほど内陸に入った町である。島のほぼ中央に位置するヌオロからにバスで2時間半，カーブの多い，標高1,000m近くの尾根つたいをひたすらに走ってようやくたどり着く。島のなかでも最もアクセスが困難な地域だ。距離にすればヌオロ県の県庁所在地から南東に100km弱なのだが，先述のように地形的な断絶があって，冬など雪でも降れば完全に孤立する。サルデーニャ島は他の南部イタリア同様，本土北部やドイツに多くの移民を輩出してきたが，この町は島のなかでも際だって移民経験者が多いという。その背景には失業率6割という驚くべき数値がある。サルデーニャ州の失業率の約2倍を示している。人口構成からすれば若年層が特別少ないというわけではないのだが，固定的な職がないため婚約はしても結婚はせずに親と同居をしながら，パートや季節労働に携わるケースが多い。

こういう地域で社会的協同組合がどんな機能や役割を担っているのか。特に，移民したくとも容易ではない若年層や女性にとって，協同組合は「地域で豊かに暮らす」ための1つの方法となり得るのか[28]。

「レデラ」の中心的担い手のプロフィール

「レデラ」の責任者（理事長）を務めるマリアーノ・ムッジャーヌは男性，33歳の若さである。州都でカリアリ大学法学部を卒業後，本土に渡ってローマの法律事務所に職を得るはずだったが，島に留まり，26～29歳までの4年

間はトゥリエイの市長を務めたという経歴の持ち主だ。「兵役も体重不足で免除になった」という彼は，やり手の活動家というより物静かな研究者肌の人物である。「若くして市長を務めるよりはもっと勉強をし続けたかったのに……」と言いつつ，20代後半で1,200人の暮らしを預かる「市長」職をこなす手腕には圧倒される。市長を退いてからすぐ「レデラ」の責任者となり，筆者がインタヴューをした時点では，理事長3年目を迎えたところであった。

「レデラ」の設立経過

まず「レデラ」の設立経過や事業内容などから把握したい。

イタリアでは，1980年代から，自治体が直営で行っていた福祉サービスを民間に委託する過程で，社会的サービスを担う協同組合が数多く生まれている。「レデラ」もそうした流れのなか，最初は，89年「サント・エレナ」という名で，生産・労働・サービス協同組合として設立された。19名の創立組合員すべてが女性であった。

ところで協同組合設立の背景としては，単に自治体合理化の受け皿づくりだけではなく，家族のなかで女性が無償で担ってきた家事・介護労働に社会的な評価と報酬を，といった女性たちの運動も影響力があったという。「サント・エレナ」では，主に，これまで女性のアンペイドワークで担われてきた，高齢者や障害者を対象とした在宅家事サービスに取り組んできた。

だが創立から2年後の1991年，仕事の広がりを得られず経営困難に陥り，創立メンバーの大半が組合を離れ組合員数は半減した。それでもなんとか解散の危機は逃れ，規模を縮小し，「レデラ」に名称変更して再出発した。94年からは子供たちを対象とした教育事業も加わり，組合員数ももとの規模にまで回復した。国法381号（91年）がサルデーニャ州に適用された96年，労働者協同組合からA型社会的協同組合に組織変更して今日に至った。

「レデラ」の事業内容

現在，組合の定款でうたっている業務は，第1に高齢者，障害者，子供はじめ援助を必要としているあらゆる人（麻薬患者も含む）に対し，主に家事サー

ビスを提供すること，第2にデイケアセンター，高齢者ホーム，ユースホステルなどの施設経営，第3にレストラン機能を備えたレクリエーション施設経営，第4に職業教育（リカレントを含む），第5に病院やサービス先の家庭から請け負ったクリーニング業務の5つだが，現在実施されているのは最初に挙げた高齢者，障害者を対象とする家事（介護）援助およびこれに付随した給食事業。これに，サルデーニャ州との契約更新を打診中の「家庭教育支援」が加わる。ところで「家庭教育支援」とは何か。イタリアでも不登校や学習拒否など学校生活に困難を抱える子供たちが増えている。「レデラ」ではこうした子供たちと関わりながら各家庭の親たちを支援していくための州プロジェクトに1994年から参加してきた。前者の家事援助は随意契約だが，後者の教育事業は毎年競争入札を経て獲得している。

マリアーノが理事長に就任してからは，地元のトゥリエイだけでなく，近辺の2つの自治体（バウネイ〈BAUNEI〉人口4,071人，ロトゾライ〈LOTZORAI〉人口2,046人）からも福祉サービス業務を請け負っている。担当する家庭数は3自治体合わせて53件。どの家庭にどんなサービスを供給するかは，自治体所属の福祉専門職の主導で設計されるが，実際に現場でサービスを供給している「レデラ」のメンバーの意見も反映されるという。

組合員の姿及びボランティア組合員に対する考え方

組合員の構成を見てみよう。組合員数は33人（うち3人は健康上の理由で仕事に就いていないが，その他30人は全員パートタイムで就労中の組合員）。職種構成は，在宅サービス担当が20名，看護職3名，教育専門職9名，調理師1名。また年齢構成は，ほぼ2つの群に分かれており，家事（介護）担当は子育てが一段落した40代以降の女性たちなのに対し，教育担当は20～30代の若手が中心だ。

通常，社会的協同組合の特質としてボランティア組合員[29]の役割も大きいが，「レデラ」の場合，ボランティア組合員はいない。高い失業率に悩む地域で，雇用創出を大きな目的として活動している「レデラ」では，まず就労が最大の課題であり，ボランティアという発想は難しいという。ただし，顔見知り

ばかりの地域で福祉的なサービスを提供するとなれば、時間できっちり仕事をうち切るわけにもいかない。無償の時間外労働もしばしば避けられないようだ。

協同組合の財政基盤及び労働報酬

財政基盤に目を転じよう。「レデラ」の97年度の事業高は3億2,500万リラ（約2,300万円），98年度もほぼ同様で，支出のほとんどが人件費である

この事業規模から見てもわかるように，組合員の年間労働報酬は手取りで平均70万円強となる。「レデラ」では，1日4時間の就労で週5日20時間労働が標準。国レベルで労働組合との合意のもとに設定されている，家事援助労働の法定賃金は時給10,500リラ（日本円で700円），したがって月80時間働いて84万リラ（約60,000円）。有給休暇もボーナスもなく純粋に時給のみの契約なので，労働条件からみればきわめて厳しい内容だ。もっとも，サルデーニャ州の場合，1997年に制定された州法16号で，自治体と社会的協同組合の事業契約に際しては，1か月分のボーナス（イタリアでは「13か月目の給料」と呼ぶ）と有給休暇を保障するよう自治体側の負担をうたっており，この州法が適用されれば現行に比して50％ほど報酬の底上げが期待されているという。

協同組合事業の将来構想

さて，小さな町の小さな協同組合が，政策的にも事業的にも一定の影響力を行使しながら発展していくためにはどうするべきか。理事長のマリアーノは今，2つのことに力を入れている。1つは地域の協同組合相互の連携が可能となるような事業連合づくり。いわば対外的な力をつけるための戦略だ。もう1つは組合員教育で内部の力量を高めるための投資といえよう。

【適正規模の事業連合組織づくり】

事業連合づくりのねらいは3つある。第1に競争入札対策，第2に企画力の向上やプロジェクトの幅の拡大，第3に組合員の職能形成を，単独の協同組合でではなく，連合組織で行おうというものである。

ヌオロ県には既に社会的協同組合の事業連合「ソルコ（Sol.Co.）」（CGM[30] 傘下の地域組織で10組合が参加）が存在しており，ヌオロ県内のみならず，州の

協同組合運動の牽引的役割を果たしている。しかしマリアーノはこの強力な事業連合に依存するよりも，地域的な自然条件や社会的条件を共有できる範囲で身近なで小規模な事業連合を形成するという[31]。

【組合員教育】

もう1つの重点課題である組合員教育は，今後に控える「介護」サービスの展開や教育サービスのニーズ増大に備えての，思い切った投資である。

現在，島内には「エナイプ（ENAIP: キリスト教労働者協会関連の，職業訓練をはじめとする教育事業体）」はじめ，非営利の職業教育機関がある。通常はENAIP のセンターで授業が行われるが，「レデラ」の場合，地理的な制約から組合員が都市部のセンターに通うのは不可能だ。そこで近辺から講師を集め，自前で組合員教育を行わねばならない。「自前」といっても企画や人探しについてはENAIP のサポートを得，予算はEU とサルデーニャ州の助成で80%の経費をまかなって，協同組合の出費は総コストの20%で押さえられる。

協同組合の教育事業の意味の大きさ——講習の現場から

次に，上記のようなかたちで提供された組合員教育の現場を見ておきたい。他地域から隔絶された，ともすれば閉鎖的な共同体にあって，協同組合による教育事業は，単なる職能形成の他に，社会教育的な意義が大きいと考えるからである。

「レデラ」の講習会会場は地元の中学校。コースは事業分野に沿って，「介護」と「教育」の2つで，15人ずつが受講する。それぞれ300時間のプログラムが組まれ，6月に始まってバカンスをはさみ9月まで続く。週5日，午後3～8時まで1日5時間，2教科ずつというハードスケジュールだ。組合員は午前中4時間の仕事をこなして，午後1時すぎに家に戻り，食事を済ませて3時には教室に参集，帰りは夜の9時近くになる。筆者も同席しながら，組合員たちの声を聞いた。

午後3時少し前から教室には全員が揃っている。介護コースの1時間目は「解剖学」で，勤務医の現市長，ドクター・ライが講師だ。骨系，筋系，神経系，循環系と，組合員の反応を見ながら実にゆっくりと説明を進めていく。コ

ースが始まって3週目の週末。しかも昼食後で気温も高く疲れの出やすい時間帯なのに，質問も活発に出て，教室内の誰もが集中している。

　休み時間，隣の女性に話を聞いた。彼女は「レデラ」の前身の協同組合を創設した組合員の1人。約10年の組合歴の持ち主だ。さらにその前の，自治体直営時代から在宅サービスに携わっている大ベテランでもある。そのベテラン組合員に講習の感想を聞くと快活に答えてくれた。「この仕事，15年やっているけど，こうやって系統的に勉強するのは初めて。私は中学卒業だから，もう何年も机にむかって勉強するなんてしてこなかった。今はとってもおもしろい。もっとも家じゃ，勉強する時間なんてないけどね。だからせいぜいここで学ばなきゃ」。

　隣の教育コースも休み時間と見えて，若手の何人かが教室の入り口からのぞき込んでいる。年輩の女性が手招きをしながら，「彼女，私の娘よ」と紹介してくれる。親子で学ぶケースもめずらしくないという。

　3時間続いた解剖学を終えると今度は「心理学」。組合員が介護の現場で直面するケースを取り上げて，講師がアドバイスをするという実践的な組み立てで進む。聞き手もいくぶんリラックスして，窓際に寄りかかってタバコを吸いながら聞き入る組合員，空いている椅子に足をのせてストレッチしながら意見を言う組合員……，ずいぶんとくつろいだ様子だが，具体的な事例検討が題材の授業展開のためか教室内の集中力は持続している。

　ところで，講習の効果は職能形成にとどまらない。創設時から協同組合に関わっている組合員の自宅に同行してそのことを痛感した。彼女が夜9時過ぎ，講習から帰宅すると，一家は出稼ぎ先から一時帰省している親戚を囲んで団欒中だった。男性の1人が「今日はどんなことを勉強したの？」とたずねる。彼女はかばんの中から資料を取り出しながら，誰もが興味をもちそうな話題をユーモアたっぷりに披露する。学んだことを家族に伝えながら，自分のやっている仕事に対する理解を得，また家族間のコミュニケーションにも利用する。「学び」を何重にも活かそうとする気迫にふれた。

「レデラ」のメッセージ

　イタリアという「南部」ヨーロッパの，サルデーニャ州という「南部」イタリアの，ヌオロ県という「中山間地」の，さらにトゥリエイという「陸の孤島」。何重にも「周辺化」された地域で，協同組合が奮闘している様子が伝わってくる。マリアーノは「どこにでもある平凡な協同組合」という言葉を繰り返していたが，「レデラ」の存在意義は次の3点。地域社会にとっての意味は大きい。

　第1に雇用力である。試算をしてみると，この町の女性で，実際職を得て働いているのは，労働年齢人口の約3割，70名。30名以上のスタッフをもつ「レデラ」は，町の女性の雇用の約半分を担っていることになる。マリアーノは『レデラ』はこの町，最大手の企業」と苦笑していたが，まさにそのとおりである。

　第2に，隔絶された過疎地域にあって，唯一の社会的サービスの担い手であること。自治体の合理化が進んでも，どの地域も均等にその受け皿が形成されているわけではない。自給自足や相互扶助が未だ機能していて，地域に余力があるうちに，自前で社会的サービスの事業組織を育てていかなければ，この地に住み続けることが早晩困難となろう。

　第3に，学ぶ場が限られていた女性に，学習の機会を開く文化装置として機能していること。高校に行くには，町から離れなければならないため，進学を断念する女性も多い。その女性たちが，時間をやりくりして教室に集う。カリキュラムを見せてもらうと，仕事のための専門知識や技術習得が中心ではあるが，広義の教養をも含んだプログラムになっている。ちなみに300時間といえば，大学生の1年間の受講時間に匹敵する。また前述のように職能形成はもとより，社会教育の場としての意義も大きい。

ジレンマ

　さて，こうして小さな協同組合の奮闘を支えてきたマリアーノはしかし，近々に島を出る。この町に愛着があって，本土での法律事務所での就職を一度は断念し，市長まで務め，協同組合の飛躍を願って思い切った取り組みをしてきた彼だが，それでも本土への思い断ち難く，13年来の婚約者とともに町を

離れる決意をした。彼の父親も15年間ドイツ・シュトゥッツガルトのメルセデスの工場で働いた。兄も今ドイツで職を得ている。

　間もなく本土に渡り，これまでの経験を活かして，エミリア・ロマーニャ州パルマ市の社会的協同組合で働くつもりだと話してくれた。島の「端っこ」で隔絶されたこの町は，皮肉にも本土には，島の中で最も近い位置にあり，本土に渡るということが，この町の男たちにとっては当たり前の選択肢となっている。「社会的協同組合」の存在が，とりわけ若い層にとって「この地」に住み続ける土壌となるには，雇用の量的確保のみならず，その質的確保が必要となろう。

(2) トレント市における社会的協同組合[32]「グルッポ78」(Gruppo 78)

事例をみる視点

　社会的協同組合「グルッポ78」では，主として障害（特に精神障害）をもつ人々の就労支援を事業の核としている。「核」と書いたのは，その周辺に位置づく事業内容は，後に詳述するように，きわめて膨大だからである。そもそも，「生きにくさ」を抱える人々による「コムニタ」(生活共同体)を母体とするこの組織は，生きるうえで必要なことすべてが事業課題であるため，事業の多様性は当然の帰結であろう。

　本事例報告では，協同組合が，「生きにくさ」を抱える人々の「必要性」にどのように柔軟かつ革新的な形で応えてきたか，そしてそれが可能となった背景として，行政や他の協同組合との間にどんな相互連携が生み出されたのか，といった点を明らかにしていきたい。

協同組合を取り巻く地域における精神保健活動の取り組み

　1999年，9月半ば。"Liberamente"（自由に）と書かれた色賑やかなポスターがトレントの町中に貼り出された。心病む人々の問題について，地域社会に理解を求めようという趣旨で，町の中心にある広場で3日間，催し物が行われるという。イタリアの精神医療改革（閉鎖型精神病院の廃止と地域ケア体勢の確

立）は，フランコ・バザーリアの名とともに著名である。地域社会を巻き込んでの啓蒙活動もこうした精神医療改革の流れを受けたものである。

　催し物前日，準備状況を見に行くと，入り口に，人目を惹く変わった細工のポスターがある。近づくと「心病む人々から手紙」として，何通かの手紙文を並べ，心の病が私たちにとって身近な存在であることが以下のように説明されている。

　　私は現在36歳。20歳の時から精神保健センターと関わっています。最初どんなきっかけでそこに出入りするようになったのか，もう覚えていません。父が亡くなり，母の体調もすぐれず，また私は友がいませんでした。今はトレント市が手配してくれた家に，1人で生活しています。毎日，福祉ワーカーが来て，私が家の仕事をするのを援助してくれます。生活の全てにわたって──お金の管理も含めて──，保健センターの職員2名が私をフォローしています。私は，度々苦悩と苛立ちに見舞われます。隣人たちはそんな私を塀越しに不思議そうに見つめるのです。週1回，精神科医にかかり，週2回，デイセンターに通っています。もうやっていけないと思った時は，一時精神科に入院します。孤独で本当にいやになるのです。今，そうやって生きています（アンナ）。

　これは，トレント市精神保健センター発行の地域啓蒙用パンフレットから抜粋されたものだが，他に4名の「手紙」を掲載したうえで，こんな記述が続いている。

　　この5名の人生は，いずれも私たちの身近に見いだせる人生です。（中略）世界保健機構の調査（1990）によれば，このトレント市のように人口10万人規模の町で，2万人の人々が心の不調を抱えています。そのうち，4,000人が上記のアンナのように，重い不調にあります。

　以下，そうした現状を受けて，地域社会が心の病とどう付き合っていくのが

望ましいか，提案されるわけだが，その提案内容には，30近くの自助組織，社会的協同組合をはじめとする非営利事業体，ボランティア組織の関わりがあることにも触れられている。地域精神保健センターと市民組織，そして協同組合との，極めて密接な連携によって，この催事が運営されていたのである。いったい地域で心病む人々を支えるとは具体的にどういうことなのか。そこで社会的協同組合はどんな機能を果たしているのか。また個々には小規模の非営利事業体がどのように連携しているのか。行政との関係はどうか。連携の要の役を担う，A型社会的協同組合「グルッポ78」を通じて明らかにしていきたい。

　「グルッポ78」の事業概要

　「グルッポ78」は，トレントからバスで小一時間の農村地域の町，ヴォラノ（人口2,560人）を本拠地とし，周辺町村，トレント（人口103,200人），ロヴェレート（人口33,500人），イゼラ（人口2,300人）などにも活動拠点をもつ。名称からもわかるように，1978年に母体となるコムニタが発足した，以来20年以上の活動実績がある。トレント地域の社会的協同組合のなかで牽引役となる存在でもある。

　代表コーディネーターのボリオーニ氏は，他の協同組合との連携組織，社会的協同組合事業連合での役割も多く，極めて多忙である。その合間をぬって，「グルッポ78」の複雑な活動内容を，コンパクトに説明してくれた。表8-5がその概要である。

　表8-5からもわかるように，基本的な事業は2部門，つまり共同生活と就労支援であるが，本稿でふれるのは地域における様々な社会的主体の連携が必要とされる「就労支援」部門に限りたい（ここでいう「就労支援」には，作業療法から就労を伴う社会復帰療法まで，広い範囲が含まれる）。

　事業の多様性――活動の広がりと深まりの経過
【共同生活体の門戸をより広く】
　まず，ここまで組織が広がった背景をつかむためにも，「グルッポ78」の発展過程に目をむけよう。「グルッポ78」は1978年，6名の身体障害者を含む

第8章 イタリアの社会的経済と，市場及び自治体との相互作用について 253

表8-5 グルッポ78の事業概要

サービスの名称	所在地	サービス内容	サービス提供者の体勢	利用者
チェントロ・セルヴィツィ Centro Servizi コムニタ Comunita'	ロヴェレート	①デイケアセンター 在宅サービス派遣 社会関係促進に関わるレクリエーション活動	コーディネーター1名 教育専門職2名 身体障害者5名 良心的兵役拒否者3名 ボランティア30名	社会的疎外 10名
		②障害者および非障害者による共同生活コムニタの運営 疎外・差別問題の，地域社会への啓蒙 ボランティアの育成，活性化	サービスの提供側・受け手側の区別なし	社会的疎外 10名
デイセンター "Teseo"Centro diuno	ロヴェレート	就労支援 ① α 就労支援のための基礎学習 組立作業の下請けなど ② β 就労支援のためのより高度な学習 有機農産物加工	コーディネーター1名 教育専門職3名 農業専門家1名 作業指導パートタイム1名 調理担当パートタイム1名 良心的兵役拒否2名 作業補助ボランティア15名	精神障害 15名
グループアパート Gruppo Appartamento protetto	ロヴェレート	共同生活を通じたリハビリ，セラピーサービス	コーディネーター1名 教育専門職10名 良心的兵役拒否1名	精神障害 10名
プロテクティドハウス Residenze protette	トレント① トレント②	日常生活力の発達を通じた社会復帰サービス	教育専門職5名 パートタイム2名 教育専門職3名	精神障害 5名 3名
デイセンター "Talea"	トレント	就労支援のためのより高度な学習 組立，シルクスクリーン	コーディネーター1名 教育専門職3名 技術者1名 良心的兵役拒否者1名 作業補助ボランティア5名 県派遣の医療専門家1	精神障害 10名
難民支援活動	ティラーナ	国際紛争地域の難民キャンプ（南米，コソボ，アルバニア）		700名

出典：「グルッポ78」発行のパンフレットおよびヒアリングから田中作成．

計10名の有志で設立。共同生活を営むコムニタとして出発した。最初は教育担当者や援助者といった役割は存在せず、共に暮らすなかから自然と必要とされる助け合いによっていた。

まもなく、彼らは、裁判所からの依頼で、拘留下にある青年を昼間のみ受け入れるなど、コムニタの門戸を従来の共同体メンバー以外にも広げるようになる。その過程で1981年労働者生産協同組合となった。

1984年からは、精神病院閉鎖（F.バザーリア等の精神病院施設解体運動の結果）に伴って自宅に帰ってきたり、あるいは帰る所がなく療養施設に入所していった心病む人々の受け入れを開始した。以上の経過のなかで、協同組合のメンバーは、地域に施設と自宅を結ぶ中間的サービスが欠けていることを痛感したという。また行政の側にも中間施設不足についての問題意識があったため、早期から自治体と協同組合とが連携して、心病む人々にとっての社会参加の基本的条件作り、就労教育サービスへ取り組むことを決定したという。

【事業のイノヴェーションの過程】

最初に手がけたのはコムニタ敷地内での木工や製本工房だった。1989年からはコムニタの外に就労支援[34]のためのデイセンターを設け、農業プロジェクトに着手、これが原型となって今日「グルッポ78」の主要な活動であるプロジェクト"TESEO"（ギリシャ神話に出てくる英雄の名で「苦境からの脱出」を含意）[35]。この時点で、コーディネーター1名、教育担当者2名、技術指導者1名、利用者（精神病）4名といった組織的な整備をした。

しかし、農業プロジェクトは早々、困難にぶつかった。精神を病む人々にとって、耕起、植え付けに始まって収穫に至るまでのサイクルは、仕事の喜びややりがいを見出すには長すぎるというのが、経験から得た彼らの結論だった。

そこで少し方向転換をし、トマトの加工事業に取り組むこととした。まずは機械化せず、家庭でやるような方法でトマトペーストをつくってみる。仕事が即結果につながるため、農作業そのものよりも利用者の満足度は高いようだったという。こうして、自分たちでもトマト栽培を続ける傍ら、足りない原料は近くの有機栽培農家から買い取り、加工事業を主軸とする形が整っていた。有機栽培としたのは、倫理的な問題、付加価値の問題、そして何より働くメンバ

ーの健康上の安全性を重視したからだ。

　AIAB（イタリア有機農業協会）にも登録した。登録者は，協会派遣の技術者の検査を受けてようやく出荷できる。そうした，製品としての高い基準を自らに課し，現在ではジュース，シロップ，ジャムなども出荷するにいたっている。

【人の成長に寄り添うための手法を開拓――教育事業の質の向上】

　事業活動としてはめどがたったものの，本来の目的である就労支援事業としては課題が残った。ボリオーニ氏は言う。「私たちは，当初，労働市場に参加できる能力を獲得することを前提に活動していました。しかし，全員が「就労教育」を経て「労働市場」へ至る道をたどるというわけにはいきません。それどころか，加工事業グループの場合，そこで落ち着く傾向が強く，さらに，一般の労働市場に出ていくということは不可能のようでした」。

　この現状に対応するため，直線的に労働市場をめざすのではなく，もっと多様な道筋を用意しようという発想が生まれてきた。ボリオーニ氏は，「ソフト」「弾力的」「柔軟性」という言葉を並べながら，「時間や仕事の種類を緩やかにして，人間関係の構築に主眼を置いた，リハビリ的で教育的な場が必要とされていたのです」と話す。

　こうしてプロジェクト"Teseo"はαとβの二手に別れることとなる。すなわち，もとからあった職業学習センター機能を担うものとして"Teseo" βを，そして新たに，より基礎的な段階の就労教育サービスを提供するものとして"Teseo" αを設定したのである。両者の違いをパンフレットに添って見ておこう。「"Teseo" β 労働に際して必要される条件の獲得を目的としたデイセンター。センターの主人公は，有機農産物加工という仕事を通じて，将来の労働にむけての希望と，社会的疎外状況に置かれた自らの条件を変えていく希望とを分かち合います」。「"Teseo" α 教育と就労から排除される恐れのある利用者の，労働欲求に答えるため，他の非営利団体や自治体との連携によって成り立ちます。従来の"Teseo"と比べ，より手軽な，よりアクセスしやすいプロジェクトです」。

　就労支援というサービスを，利用者の状態に添ってよりきめ細かに組み直し

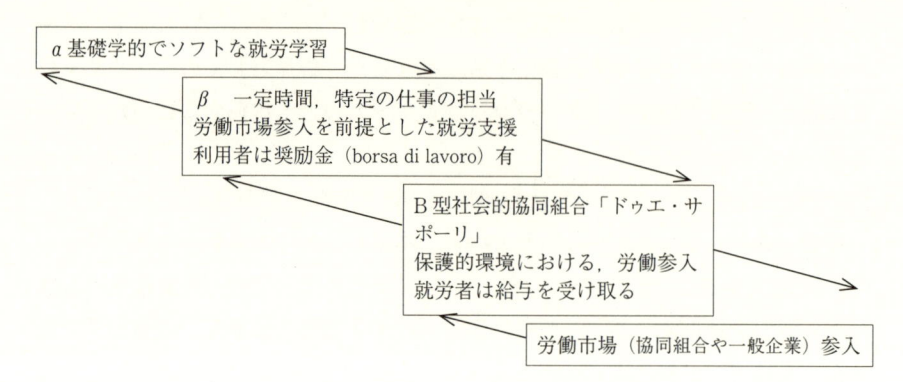

図8-1 「グルッポ78」の就労支援に関する概念図

```
a 基礎学的でソフトな就労学習
  ←――――――――
    β  一定時間，特定の仕事の担当
       労働市場参入を前提とした就労支援
       利用者は奨励金（borsa di lavoro）有
         ↓
         B型社会的協同組合「ドゥエ・サ
         ポーリ」
         保護的環境における，労働参入
         就労者は給与を受け取る
                    ↓
                    労働市場（協同組合や一般企業）参入
```

ていく，また，その過程で，他組織と連携を結んでいくというこの経験は，後に，この地域のCon.Solida（トレント社会的協同組合事業連合）が取り組む大がかりなプロジェクトの原型として重要だ。

他の事業体との連携の必然性，そのあり方の模索
――「後戻りできることの重要性」

さて，サービスのイノヴェーションはこれで終わったわけではない。あらたな課題がさらに発見される。課題の第1は，「グルッポ78」と他の非営利団体との連携の必要性，第2にはその連携のあり方に関わる。

第1は，a，β だけでは，労働市場の参入に至る就労支援として必ずしも十分でないという問題と対応する。すなわち β と労働市場の間に，B型社会的協同組合の介在が必要となってくるという認識に至ったという。「グルッポ78」自身はA型協同組合だが，B型協同組合と連携すれば，理解ある社会的環境（とりわけ人間関係）を保障したうえで，より高度な就労力を実地に獲得できる機会が提供できる。ここでは，「利用者」ではなく，「就労者」であり，労働の対価も「奨励金」ではなく「給与」となる。しかし近辺には既存のB型協同組合がなかったため，「グルッポ78」から派生する形で新たなB型社会的協同組合「ドゥエ・サポーリ」を生み出した。以上を図示すると図8-1のよう

になろう。

　さて，ニーズに沿った複数のステージがこれで用意できたわけだが，ボリオーニ氏は第2の課題の重要性を強調した。「しかし，これだけでは不十分です。人は必ずしも直線的に発達を遂げるわけではありません。特に私たちがともに活動する精神を病む人々の場合には，変化に敏感で容易に危機に陥ることがありえます。そこで，こうした事態に対応するため，各段階を直線的にではなく，円環させることが重要と考えてきました。前の段階に戻ることも発達の過程です。この円環のなかでは，就労者が常に守られています。こうした『発達モデル』が，就労支援の連携事業にかかわる協同組合，そして労政事務所を受け入れる企業の間の合意事項になりました。

　最初に労政事務所が，障害者の就労支援に着手したときは，いきなり企業に就労させ，その結果ほとんどすべての障害就労者が家に戻るといった事態が発生しました。中間的な段階もなければ，円環の中で支援を継続するという考え方もなかったためです」。

　ボリオーニ氏は，自分たちが経験のなかから探りあてた「後戻りできることの重要性」に何度もふれつつ，さらにその自前のモデルに対する批判にも言及した。「むろん私たちとは反対の考え方もあります。つまりこれだとどこまでも保護的だ，という批判です。しかし私たちは経験的に円環システムの有効性を示してきました。実際このやり方で，社会復帰は無理だろうとされていた人も，複数，仕事を通じた社会参加を果たしています」。

走りながら考える，協同組合らしいイノヴェーションの連鎖

　ボリオーニ氏の話を聞きながら，まさに走りながら考える様が如実に伝わってくる。こうしたことは，協同組合「文化」の1つであろう。10年近くの試行→理論化→新たな課題の出現→試行……の繰り返しによって，今日のモデルが編み出され，それが単独の協同組合に秘蔵されるだけでなく，事業連合を通じて，他の協同組合，行政，企業にも共有され，普遍化されていく様子をたどってきた。

　なお，このモデルの効果については，現在トレント県の労政事務所の研究委

員会（協同組合，労働問題や非営利組織の研究者，行政が合同して組織）が検証中である。

しかしこのモデルが機能しないケースもあるという。それは，心病みながら本人に病識のない場合，すなわち比較的症状の重い場合である。その場合は，円環の中に留まることを利用者が拒否し，無理に円環に組み入れることは逆効果となる。したがって，協同組合での就労教育から直接一般企業での実習というコースを採用することも多い。

当然ながら，どういう過程を採用するかは，精神科医やソーシャルワーカー，協同組合の責任者が合議をして個々の対象者ごとに決定する。98年度は，自らを精神病と認めない3名が一般企業での実習を試み，そのうち2名が実習先の企業に正規雇用されたという。病気のメカニズムが複雑で，刺激と効果の対応がつかみにくいものの，複数の専門家による細心の検討を経て，各利用者の就労支援プログラムを決定していけば，困難なケースの解決の糸口も見えてくるという。

単位協同組合のイノヴェーションを普遍化するための装置

そこで次に，この就労支援のための円環を機能させるために，協同組合内外の複数の専門家集団がどのような協力体勢を形成しているのかを見ておこう。トレント県精神保健センターを拠点として，精神保健士，ソーシャルワーカー（市，山岳地域の広域行政組合），労政事務所，各社会的協同組合，社会的協同組合事業連合，そして県の福祉担当者らがワーキンググループを形成，1つひとつのケース（円環のどの段階から始めるか，労働参加までどんなプログラムを構成するかなど）を合議していく。ケース検討には精神を病む当事者も参加する。専門家によるワーキンググループといえども最初の時点の判断が常に正しいとはかぎらないから，1つのケースをめぐって何度も調整が繰り返される。複数の協同組合が1つのケースにかかわることで，互いのノウハウが吸収できる。また就労支援に核を置きつつも，暮らし全体のニーズの見極めと対応とが可能になる。

第8章 イタリアの社会的経済と，市場及び自治体との相互作用について 259

図8-2 トレント市における就労支援事業の連携図

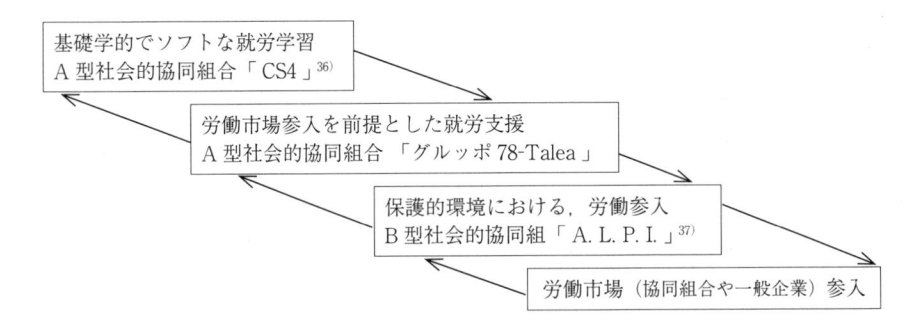

```
┌─────────────────────────────┐
│ 基礎学的でソフトな就労学習      │
│ A型社会的協同組合「CS4」[36]   │
└─────────────────────────────┘
      ↑↓
   ┌─────────────────────────────────┐
   │ 労働市場参入を前提とした就労支援      │
   │ A型社会的協同組合「グルッポ78-Talea」│
   └─────────────────────────────────┘
         ↑↓
      ┌─────────────────────────────┐
      │ 保護的環境における，労働参入    │
      │ B型社会的協同組「A. L. P. I.」[37]│
      └─────────────────────────────┘
            ↑↓
         ┌─────────────────────────────────┐
         │ 労働市場（協同組合や一般企業）参入│
         └─────────────────────────────────┘
```

他地域への波及──都市部トレントでも同様のプロジェクト発足

　こうしたモデルは，比較的限られた地域社会のなかで，豊富な社会的資源が整備されているヴォラノだから成立しやすかった。A型協同組合が，マネジメントの難しいB型協同組合を生み出す力量とノウハウをもっていたことも幸いした。

　しかし同様のことが，都市部トレントでも成立するのか。次に見るのはトレント市の，協同組合間協同による円環モデルである。ヴォラノのモデルに学んで，トレント市においても，母体を異にする協同組合，行政，企業が前述のモデルを機能させていた。

現場での行政と協同組合との連携──Taleaプロジェクトを題材に

　円環的な連携を前提としたうえで，次に，各局面でどういうサービスが実施されているのかが問題となってくる。ここでは，βの段階に対応する"Talea"のプロジェクト内容をやや詳しくみておくとしよう。

　"Talea"では，精神を病む10名の利用者[38]が，月曜から金曜日まで就労準備のための学習と作業（組立作業，印刷〈シルクスクリーン〉，印刷・製本など）に取り組む。

　朝，事務所に入っていくと始業前のコーヒータイム。4名の利用者が居間で待機中だ。おしゃべりをしているうちに，"Talea"のコーディネーター，マ

ルチェッロが入ってきた。"Talea"は「グルッポ78」の一部ではあるが、本体との関係でいえば独立性の強い活動をしている。本拠地ヴォラーノと都市部のトレントとでは社会関係も異なるからだ。"Talea"は「グルッポ78」から派生したというよりも、トレント市内で活動していたB型社会的協同組合が経営難から解散した後、それを引き継ぐ形で97年に生まれたプロジェクトだ。マルチェッロはその責任者。以前は「グルッポ78」が別のところで主催するコムニタを担当していたという。

プロジェクトのねらいを同組合の提案書から、またその効果を同組合発行の「社会的バランスシート1998年版」からみていくとしよう。

"Talea"は前述のように、精神を病む人々の就労機会保障をめざしたB型協同組合の解散によって生まれた。1年間かけて準備の後、1998年から7名の利用者とともに始動。最初の4半期は事務所や作業場の確保もままならず、技術者も不在だったため、不本意ながら下請け組立作業にしか取り組むことができなかった。

ところで"Talea"の現場には、協同組合側の教育担当者の他、ASL(元地域保健機構USL)からも1名教育担当者の派遣を受けている。マルチェッロによれば、これは公の専門機関による管理というよりも、医療専門機関と社会的協同組合がたがいに経験を学び合う仕組みとして位置づけられているという。プロジェクトやサービスの評価活動において、様々な機関からの専門家がワーキンググループを形成していることは前に述べたが、サービス提供という実践的場面においても、公・民の共同作業が織り込まれいる。しかしながら、実際は半年以上、予定された派遣が行なわれず、先の技術者の不在と合わせて、担当者不足との格闘が続いたという。こうした危機的な状況を救ったのは、「グルッポ78」の他の現場からの応援とボランティアの協力である。

上記のような混乱のなかでも、地域社会の、精神病に対する理解促進につとめ、また協同組合のスタッフが講師を務める、地元高校での講演も恒例行事となった。

さらに、事業方針とその評価に関わる資料が極めて高度に整備されていることも、この協同組合の特徴として付言すべきだろう。サービス内容を、合議に

第8章　イタリアの社会的経済と，市場及び自治体との相互作用について　261

よってプロジェクト化していく点，その評価活動を徹底させている点などに，協同組合の仕事をネットワークのなかでより良いものにしていこうという強い志向が読みとれるからだ。

協同組合の財政的基盤

　財源についても若干の説明を要しよう。トレント県は，その歴史的空間的特質（オーストリアとの国境）から立法権をもつ特別自治県である。福祉政策についても1983年という早い段階で，社会的協同組合（ただし91年以前は労働者生産協同組合）がサービスの担い手となり得るような法的枠組みを整備した（県法35号法）。「グルッポ78」の財源も県法35号法によるところが大きい。例えば今見てきた"Talea"（トレント市）プロジェクトの場合，事業高総額はおよそ2億9千リラ。うち35号法による県からの移転支出が2億3千リラ。約8割を公共財源に依拠し，残りは工房の生産活動から得た事業収入で賄う。さらに，障害者就労支援をめぐるEUレベルでの社会基金なども活用する（事業連合はこうした補助金振り分けについても意欲的に取り組む）。

　しかし公的財源がA型社会的協同組合に対して保障するのは，教育担当者の人件費および若干の経費のみ。就労を学ぶ利用者に対して支払う「奨励金」はじめ，設備維持費や材料コストは事業収入から捻出する。「グルッポ78」の"Talea"では，平均して月額3万リラが各利用者の「奨励金」となる。

行政との提携の一方で葛藤も

　こうして見てくると，プロジェクトづくりといい，人事的な交流といい，35号法による財源の安定性といい，行政と協同組合との関係が密接であることが見て取れるが，やがてそればかりではないことを知った。ある日，トレント市内の労働組合の掲示板を見ていると，「グルッポ78」をはじめいくつかの社会的協同組合が連名で出した「ストライキ宣言」[39]が貼られていた。「グルッポ78」はじめ複数の協同組合が携わる市内のグループホーム運営の契約条件に関わる抗議文である。市が一方的に契約条件の変更を求めてきたことに対して反論したものだった[40]。行政との連携を形成しつつも，そこには一定の緊張関

係もあることが見て取れる。むしろ健全な協働の姿ではないだろうか。

「グルッポ78」のメッセージ——人生の様々な学びの局面に答えるために

人生の様々な局面での，社会的要請に答えていこう——それが社会的協同組合の趣旨である。生活の場面から学びの場面へ，また学びの場面から労働の場面へ，そして労働の場面から再び生活，学びの場面へと，人生を円環的につなぐ形で協同組合が発展していくのは必然のことだ。しかしこの過程で課題もある。

第1に調整の難しさである。一般に社会的協同組合は，「マルチステイクホルダー」（多様な利害関心の持ち主の参加のもとで営まれる組織）[41]であるとされ，調整のコスト（あるいは民主主義のコスト）が，通常の企業と比べはるかに大きい。さらにそれらのネットワーク組織となると，調整の難しさは乗数的に増大する。例えばそれは，様々なレベルでの会議の多さなどに反映されていよう。むろんこのコストは省略不可能なものだ。いやむしろ，社会的協同組合によってあえて選び取られたコストでもある。協同組合を相互に結び合う事業連合の機能は，共同受注や教育機会の提供，補助金対策やプロジェクトづくりなど多岐にわたるが，そのなかで何よりも大きいのが，協同組合内，協同組合間の調整のコストを惜しまず，しかも拡散的でない戦略の絞り込みとその共有化をはかることであろう。

第2に，円環におけるB型協同組合の位置づけの弱さである。「α」「β」の部分が精緻化されつつあるのに比して，あくまで筆者の推定だが，トレントにおけるB型協同組合は，①最終的に一般企業での就労をめざす橋渡し，②技能的には一般労働市場への参加も可能だが，その他の面である程度保護的環境を必要とする利用者のための就労機会のいずれか，すわなち誤解の恐れを承知で単純化するなら，「通過点」か「避難所」として捉えられる傾向を感じた。失業率が低く，一般企業における障害者雇用の促進が不可能ではないという社会経済上の条件，依拠してきた県法35号法の性格（自立よりもケア・援助が中心），また障害をもつ当事者のイニシアティヴによる協同組合が少ないことなど，いくつかの要因があろうが，この地域ではB型協同組合固有の意義につ

いて，理論的な補強が必要となっているのではないか。

4. まとめに代えて

　イタリアの社会的協同組合が提起する価値とは何か。それは徹底した内発性からくる，自分たちを主人公とした地域づくりと，多様な主体の相互作用が生むダイナミズムではないだろうか。
　本章では，イタリアの社会的経済の特質を概観した後，2つの事例を見てきた。今一度，それらのメッセージを確認して本章の結びとしたい。
　1つは，南イタリアの「辺境」に位置する町の協同組合「レデラ」。出稼ぎ者を輩出する小さな共同体で，島に残った女性や若者が，社会的サービスの協同組合を育て，わずかずつ，事業内容も活動範囲も広げてきた。小さな町では，あえて「協働」をうたうまでもなく，自治体と協同組合が一体化している部分もあろう。何より単一の協同組合しか存在しない現状では，毎年随意契約にならざるをえない。それでも現状に甘んずることなく，EUレベル補助金の導入をはかったり，新たな事業で競争入札に挑んだり，職能を高める努力を重ねてきた。無償労働が当然視されてきた女性たちにとっては，金銭報酬の面のみならず，家族や地域から，自分たちの仕事が認知される意味は大きい。それが学びへの熱意にもつながる。外部に依存せず，自らの必然性に従いながら，内発的に事業が高度化させていった「レデラ」は，地域社会に対して，経済的意味にとどまらない多くの効果をもたらしたといえよう。
　今ひとつは，協同組合先進地のトレントにみる，多様な担い手の連携事業とその連携が可能にした障害者就労支援事業をめぐるイノヴェーションの力である。協同組合自身のマルチステークホルダー性が，他組織との連携の際にも反映され，地域社会の行政，企業，そして非営利セクターの多様な主体が，ともに1つのプロジェクトを生み出し，互いに精査し，修正し，事業を陶冶していく。そのダイナミズムの存在こそが，社会的経済が内包する「社会的資本」の最たるものではないだろうか。

【注】

1) 福祉分野における公民協業組織。19世紀末もともと教会の慈善活動として誕生したが，20世紀に入って国営化され，近年ふたたび非営利民営化あるいは公民協同運営化されつつある福祉関連事業。詳細については，田中夏子「イタリア社会的経済への旅（6）変容する公的福祉の供給主体　IPABと非営利組織の提携」『協同の発見』93/94合併号，2000年，4～13頁）。

2) ドゥフルニは，「利益よりむしろ構成員あるいはその集団に奉仕することを目的とする」組織，「管理の独立」が確保されていること，「民主的な意志決定む過程」を有していること，「収益の分配においては，資本より人間と労働が優先すること」の4点を「社会的経済」の要件としている。J.ドゥフルニ『社会的経済』富沢賢治他訳，日本経済評論社，1995年。

3) 田中夏子「イタリア職人を訪ねる旅――地域産業の社会的・文化的土壌を探る」長野大学産業社会学部編『グローバル時代の地域と文化』（郷土出版，1999年）。

4) 職人企業をはじめとする小規模事業者の活発な動きと，住民自治・参加，そして文化活動の隆盛が相互に関連することを日本（金沢市），イタリア（ボローニャ市）等のケーススタディから描き出した著作として，佐々木雅幸『創造都市への挑戦　産業と文化の息づく街へ』岩波書店，2001年，佐々木雅幸『創造都市の経済学』勁草書房，1997年。

5) ピオリ，セーブル著，山之内靖他訳『第二の産業分水嶺』筑摩書房，1993年（M. Piore & C. Sabel, "The Second Industrial Divide Possibilities and Prosperity", New York, 1984）。

6) もっともこの点についてはイタリア研究者からも疑問が出されている。例えば自営的労働の多い繊維関連の産地経済の労働実態を調査たボローニャは「自営的労働は，産地における受託業者に関する限り，フォーディズム的な被雇用労働者が果たしてきた社会的機能，生産上の機能とさほどかけ離れた機能を担っているわけではない」としている（Bologna, 1992, pp. 15-16)。
S. Bologna *Probematiche del lavoro autonomo in Italia* (I) in "Altreragioni 1/92", Milano, 1992.

7) R.パトナム著，河田潤一訳『哲学する民主主義　伝統と革新の市民的構造』NTT出版，2001年（R. Putnam, Making Democracy Work, Princeton, 1993）。

8) 州政府のパフォーマンスを構成する変数とは，パフォーマンスと正の相関性

が強い順に，改革立法，保育所，住宅・都市開発，統計情報サービス，立法上のイノヴェーション州内閣の安定性，家庭医制度，官僚の応答性，産業政策の手段，予算過程の開始時期，地域保健機構の支出，農業支出規模となっている。
9) 優先投票とは，国政選挙投票の際，有権者が1つの政党リストを選択することに加えて，政党が示した候補者リストのなかから特定候補者を選ぶ仕組みをいう。イタリアにおいては優先投票の利用率が，私益主義，派閥主義，恩顧庇護主義を表す指標として広く研究者間で認められているという。
10) 「社会的資本」とは通常，「社会的インフラストラクチャ」（道路，港湾，電力等）を意味するものだが，より広義には「自然環境」と「制度資本」を含み，社会的共通資本と称されている。パトナムのいう「社会的資本」は，「インフラ」や「制度資本」とは異なるものの，「コモンズ」を含む「自然環境資本」とは部分的に重なりを持つ，非制度的な資本といえよう。従来の「社会資本」概念の広さに比して，新たに言及されるようになった「社会的資本」の意図するところが限定的なため，たとえば，人によってはこれを「人間関係資本」と言い換えている。
11) パトナムが提起する「社会的資本」は，これまで何人かの論者がその定義を試みている。例えばコールマンは，「社会的資本」を人的資本をつなぐ「関係」として捉えた（Coleman, 1990, p. 302）。コールマンによれば，それは「実体的な何かではなく，機能であ」り，「社会構造のある局面から成り立っていて，その構造の中に身を置く個人に，特定の行動を促す」力をもっている (p. 302)。Coleman, *Foundation of Social Theory,* Belknap, 1990.
12) カール・ポラニー著，吉沢英成他訳『大転換 市場社会の形成と崩壊』1975年，東洋経済新報社 61〜62頁（Karl Polanyi, "The Great Transformation", Beacon Press, 1957）。
13) E. F. シューマッハー著，小島慶三他訳『スモールイズビューティフル』講談社，59〜68頁
14) 神野直彦『「希望の島」への改革——分権型社会をつくる』NHKブックス，2001年。
15) ジャック・アタリ著，近藤健彦訳『反グローバリズム——新しいユートピアとしての博愛』彩流社，2001年。
16) 社会資本を経済成長の観点から重視する議論の一例としては，たとえば稲葉陽二・松山健士著『日本経済と信頼の経済学』東洋経済新報社，2002年がある。同書では，小泉内閣の「構造改革論」を支えるものとして「社会資本」を援用

している。

17) ポール・エキンズ著,石見尚訳『生命系の経済学』御茶の水書房,1987 年 (Paul Ekins, *The Living Economy*, 1986, London)。

18) 本章の冒頭で述べたようにイタリアでは,農協や生協,労働者協同組合等一般の協同組合を非営利セクターに含めない統計資料が多い。この場合,協同組合のうち非営利セクターとされるのは,社会的協同組合のみである。

19) Gruppo Abele (a cura di) "Annuario Sociale 2001", Feltrinelli 2001, pp. 701,705.

20) 公共事業においては,通常競争入札による「最低価格」原則があるが,障害者の雇用創出を目的とした場合,こうした原則適用の外での随意契約が認められる。

21) ここにいう「公的部門」とは,「自治体からの補助金」「事業委託等による,自治体への財・サービスの販売」「381 号法第五条による B 型協同組合を対象とした随意契約による収入」をさす。また表 8-2 に挙げた % は,CGM (a cura di), "Imprenditori sociali :Secondo rapporto sulla cooperatzione sociale in Italia", Torino, Fondazione Giovanni Agnelli, 1996 による。

22) 石川信義『心病める人たち――開かれた精神医療へ』岩波書店,1990 年に,イタリアの精神医療改革の中心となった F. バザーリアの運動が紹介されている。

23) 単位人口当りのボランティア団体数は,トレントを含むトレンティーノアルトアデシジェ州が,国内でもっとも多い。

24) 田中夏子「イタリア社会的経済への旅 (8) 自分の足で立つ事業の開拓がうんだ学校現場との協働:社会的協同組合『ハンディクレア』のバリアフリーガイドづくりを通じて」協同総合研究所『協同の発見』96 号,2000 年,66 〜 71 頁。

25) 田中夏子「イタリア社会的経済への旅 (3) サルデーニャの非営利事業体における「農」を中心とした仕事おこし」協同総合研究所『協同の発見』90 号,1999 年 10 月,81 〜 93 頁。

26) 田中夏子「労働市場の社会的構築に関する研究ノート:イタリア・トレントにおける,自治体および非営利組織による障害者就労支援を例として」長野大学産業社会学部編『長野大学紀要』第 21 巻第 4 号,2000 年。

27) 田中夏子「社会的協同組合と行政のパートナーシップに関する研究ノート――委託契約をめぐって」協同総合研究所『協同の発見』93 号,2000 年。

28) 内陸部のヌオロ県には,女性による企業や協同組合が多い。羊の放牧が中心産業だった少し前までは,羊飼いの男たちは春から秋にかけて家を離れ移動放

牧の旅に出ていた。牧畜業で生計を立てるのが困難になってからは，北部イタリアやドイツへ移民をし，工場労働に携わっている。こうした事情で男性が不在がちな内陸部では，残された女性が家事，育児，自給的な農業はじめ，対外的な交渉の場に出ていったり，地元で仕事を起こすなど，性別分業でいえば男性の領分とされる分野も担ってきた。

29) 381号法ではボランティア組合員の存在を，総組合員数の半数を超えない限りで認めているが，実際の参加率は全国平均でも一割前後。

30) 社会的協同組合の全国的な事業連合組織。本部はブレーシャ。通常分野別協同組合組織は，LEGA系，Confcoop系など，母体となる全国連合会組織別となっているが，CGMは組織横断的に社会的協同組合を組織している点が特徴的である。

31) サルデーニャア州ヌオロ県には，人口250人の小さな町から37,000人規模の県都にいたるまで，110の自治体が点在している。これらは自然条件や社会的・文化的・歴史的条件を加味して6つの広域に区分されており，トゥリエイは24の自治体からなる「オリアストラ」と呼ばれる区域に属する。前述のとおり島のなかでも隔絶された地域だが，マリアーノは，こうした地域にあっては，全県的な組織に加盟してもメリットは望めないという。それぞれの協同組合が自主性を損なわず，地域の実状にあった協力関係を可能とするための，事業連合の適正規模も，非営利事業を論じる上で重要な論点だろう。

32) 本事例報告は，「イタリアの社会的経済への旅（7）人の発達要求に添ってサービスを円環させる工夫：社会的協同組合『グルッポ78』」協同総合研究所『協同の発見』95号，2000年の調査報告をベースに再構成をしたものである。

33) 原語はformazione professionaleで「職業教育」という訳語の方が正確だが，ある特定の業を学ぶというより，「仕事」という環境に心身を馴染ませるという意味あいが強く，ここでは「就労支援」とする

34) Teseoはギリシャ神話の英雄的パーソナリティ，テシウスのこと。クレタ島の迷宮に生息し，島の人々に毎年娘を生け贄に差し出すよう強要していた怪獣ミノタウルスを討ったとされる。「グルッポ78」の場合，病の迷宮から人々ともに脱出するというニュアンスで用いているという。

35) 1988年に，自治体職員が中心となってトレントに設立されたA型社会的協同組合。知的障害や社会的への適応に困難を抱える青少年に対して，就労のための入門教育を行なう。40名の教育スタッフを擁し，ほぼ同数の利用者に対して教育サービスを提供する。

36) トレント市内のB型社会的協同組合。地域企業から請け負った下請け，縫製作業等を中心に本格的な就労にいたるための準備教育を担う。協同組合メンバーが，外の企業に研修に出た利用者に付き添いながら（ジョブ・コーチ），仕事への集中力の養成と受け入れ先でのコミュニケーション等について教育サービスを提供。

37) 利用者は精神病治療機構 UOP（Unità Operativa di Psichiatria）の登録者であり，したがって UOP から協同組合に受け入れの打診がある。協同組合では地域別に先述の専門家ワーキンググループを構成しており，ここで受入の妥当性が検討された上で，利用者個々にリハビリ・就労支援プログラムが組まれるという仕組み。受け入れの期間は一般化できないがおおよそ 3〜4 年がめどとなっている。

38) 社会的協同組合に働く福祉職，教育職は，CGIL 傘下の COBAS という，教育労働者や社会サービス従事者が結集する産別労働組合加盟している

39) 現在の契約では，現在朝 7〜11 時まで，協同組合からの教育担当者がホームに常駐することになっている。ところがトレント市はあらたな契約のなかで，夜間も担当者 1 名を置くことを義務づけてきたという。協同組合側の反対意見は以下 3 点だ，第 1 に，これまでの 10 年間，夜間の常駐者なしでも無事故でやってきたも関わらず，行政はそうした実績を考慮していないこと，第 2 に，利用者で夜間の自主管理が定着してきているなかで，今回の行政の要求はその機会を奪うことともなり，教育的な観点からも望ましくないこと，第 3 に，夜間に複数のホームの見回りをするという労働形態は，働く側の安全性（夜間の運転など）の点で問題が大きいこと（むろん現在でも，11 時以降問題が発生すれば，利用者たちからの電話を受けて現地に駆けつける体勢を取っているが常駐ではない）。

40) 特に社会的協同組合の場合，就労組合員はじめ，就労非組合員，ボランティア組合員，ボランティア非組合員，障害を持つ組合員，組合の利用者，財政支援者，自治体（地域社会），法人など，複雑な利害集団として捉えられる。

終章　オルターナティヴの可能性

グローバリゼーションとローカリゼーション

　1995年3月にコペンハーゲンで開催された「社会開発のための世界サミット」(World Summit for Social Development, Copenhagen) は非常に大きな意味をもった「コペンハーゲン宣言」(Copenhagen Declaration on Social Development) を採択した。この宣言は,「各国政府が開発の中心に人びとを置くことの必要性について新たなコンセンサスに到達した」ことを明らかにしただけでなく,社会経済開発の「原則と目標」(Principles and Goals) を世界的に確認することにも成功したのである。生物の多様性を承認した1992年の「リオ環境サミット」ほどにはわれわれの耳目に触れることが多くないにしても,この宣言を各国政府の責任で生かしていくことが謳われ,合意されたのであるから,社会経済開発の意味を考える際には,この宣言はわれわれに対して大いにその有効性を長期にわたって発揮してくれるだろう。

　そこで,「コペンハーゲン宣言」のなかの「原則と目標」の一部とそれについての「行動のための枠組み」の一部を示してみよう。

　　各国および政府の首脳であるわれわれは,人間の尊厳,人権,平等,尊敬,平和,民主主義,相互の責任と協力に基礎を置き,また人びとのさまざまな宗教的および倫理的価値と文化的背景を十分に尊重することに基礎を置く社会開発のための政治的,経済的,倫理的および精神的ビジョンに責任を負う。したがって,われわれは,民族的,宗教的および国際的な政策と行動における最優先権をすべての人たちの十分な参加に基づいた社会

進歩,社会正義の促進と人間の状態の改善に与えるものである[1]。

そして宣言は,この目的に向けてなされるべき「行動のための枠組み」として次のことをあげている。すなわち,(1) 開発の中心に人びとを置くことおよび人間的ニーズをより有効に満たすようにわれわれの経済を向けること,(2) 世代間の平等を保障し,環境の保全と維持可能な利用を護ることによって,現在と将来の世代へのわれわれの責任を果たすこと,(3) 社会開発は,1国の責任であるとはいえ,国際的なコミュニティの共同の責任と努力なしには成功裡に成し遂げられないことを認識すること,(4) 国民的レベル,地方的レベルそして国際的レベルにおける民主主義,人間の尊厳,社会正義および連帯を促進すること,(5) すべての人びとにとっての機会の公正と平等を通じて公正な所得分配と資源へのより大きなアクセスを促進すること,(6) 不利な状態や弱い立場に置かれている人びとやグループが社会開発に含まれること,(7) 経済および社会開発を遂行するさいにはその地域の人びとを支援し,彼らのアイデンティティ,伝統,社会組織形態それに文化的価値を十分に尊重すること,(8) 一般の人たち,とりわけ女性が自分たちの能力を高めるエンパワーメントは,開発の1つの主要な目的であり,開発の重要な資源であること,したがって,エンパワーメントは,社会の機能と福祉(well-being)を決める意思決定の方式,手段および評価への人びとの十分な参加を必要とすること,(9) 高齢者がより良い生活を達成する可能性を高めること,(10) 新しい情報科学技術と,貧しい生活を送っている人たちによるその科学技術へのアクセスや利用への新しいアプローチとが,社会開発の目標を成し遂げるのに役立ち得ること,それ故にまた,このような科学技術へのアクセスを容易にする必要性を認識すること,(11) 平等なパートナーとして,政治的,経済的,社会的および文化的生活のあらゆる領域への女性の参加を向上させ,確実にし,広めていく政策とプログラムを強化すること,また女性の基本的権利の十分な行使のために必要とされる,すべての資源への女性のアクセスを向上する政策とプログラムを強化すること,などである[2]。

「原則と目標」も「行動のための枠組み」もともに,われわれにはきわめて

示唆に富んでいる。それは，「原則と目標」が日本の地方や地域の社会経済開発に不可欠な理念や目標を基礎づけることの重要性を理解するようわれわれに迫っただけではない。本書の内容が，ある意味で，「行動のための枠組み」に沿っているからである。「ある意味で」と言うのは，本書を担当した各執筆者は日本国内の地方や地域の状況を考察し，地方の地域社会（コミュニティ）の活性化・再生のための試みを論究してきたのに——イギリスの「コミュニティ協同組合」もイタリアの「社会的協同組合」も日本の地域社会を活性化・再生させるための開発のあり方と比較するためである——「行動のための枠組み」は，「コペンハーゲン宣言」の，国際的というよりもグローバルな観点からの社会経済開発の真の意味を，日本における地域社会開発のなかに取り込むようわれわれに強く迫っている，ということである。

　それはともかく，「コペンハーゲン宣言」はまたグローバリゼーションの意味を明確に捉えている。「宣言」は言う：人間の移動，交易，資本フローの高まりの結果としてのグローバリゼーションは，世界経済の発展の新たな機会を開き，さまざまな国がさまざまな経験を共有し，お互いの業績や困難を学び取り，その結果，理想や文化的価値や願望に影響を及ぼし合うようになる。しかし同時に，急速な変化と調整の過程を伴うグローバリゼーションは，貧困と失業を増大させ，社会的分裂を増幅するだけでなく，環境破壊といったような人間の福祉への脅威をももたらす。それ故，われわれの課題は，これらの過程や脅威にいかに対処してグローバリゼーションの利益を高め，グローバリゼーションが人びとにもたらす否定的側面を軽減するか，その方途を確かなものにすることである[3]。そして，その方途が，具体的には，先にあげた「行動のための枠組み」である。もちろん，この「枠組み」に基づいて実際に行動し，実践するのは，グローバリゼーションからさまざまな影響を受けるさまざまな人たちである。

　さらに「コペンハーゲン宣言」は，グローバリゼーションが人びとにもたらす否定的側面を軽減するための社会経済開発について次のように述べて，「より高い生活の質」の実現を強調する。

われわれは，経済開発，社会開発および環境保護は相互に依存しており，また維持可能な開発の構成要素をお互いに補強していることを大いに確信するものであり，これこそがすべての人たちのためにより高い生活の質を達成するためのわれわれの努力の枠組みである。貧しき人びとが自然環境的資源を持続的に利用する権能を与えられることを承認する公正な社会開発こそが，維持可能な開発にとって必要な基礎である。われわれはまた，維持可能な開発のコンテクストにおいて，広い範囲に基礎を置いた持続的な経済成長には社会開発と社会正義を維持することが必要であることを承認する[4]。

見られるように，社会経済開発と環境保護と人びとの「より高い生活の質」は相互に結びついていること，社会経済開発は「資本」を主体とするそれだけでなく，むしろ経済的に弱い立場におかれている人たちも参加できる「公正な社会開発」であることが示されている。そしてそこから，社会経済開発のあり方が次のように提示される。すなわち，(1) 社会経済開発は人びとのニーズと願望を中心とし，その責任の中心は政府とあらゆる種類の市民組織である，(2) 経済的観点から見ても社会的観点から見ても，もっとも生産的な政策と投資は，人びとがその能力，資源それに機会を最大限に利用する権能を与えられるものである，(3) 社会経済開発は女性の参加なしには持続可能な方法で確実に実行し得ない，(4) 男女の間の平等と公正がコミュニティにとって最優先するのであり，したがってまた，それは社会経済開発の中心に置かれなければならない，というものである[5]。われわれは，この「社会経済開発のあり方」と先の「行動のための枠組み」とが完全にマッチしていることから，主に後者を指針として，地方のコミュニティ＝地域社会における社会経済開発（「コミュニティの質」の向上）と，そこで生活し労働している人びとの生活条件の改善（「生活の質」の向上）とを進めていくことが肝要である，と主張したい。何故なら，それが本書全体に流れているわれわれの思潮と合致しているからである。

コミュニティあるいは地域社会の活性化・再生のイニシアティヴを探求している本書の基底的概念の1つは「社会的資本」である。（「社会的資本」の理論

展開については，第Ⅱ部の第7章および8章を参照していただくことにして）ここでは，社会的資本と社会経済開発の関連を理解するために，「社会的資本」が実際にコミュニティとその住民の生活に関わっている1つのユニークな事例に論及しておこう。

ファームウォッチ協同組合の事例

　「社会的資本」が現代社会において果たす役割の重要性を最初に論じた教育社会学者のジェームズ・コールマンは，社会的資本の1つの明確な特徴はそれがしばしば「公共の利益」(a public good) の形態をとる，と説明している。また世界銀行は「社会的資本」を「ある社会の社会的相互作用（人びとの社会的触れ合い）の質と量を方向づける制度，関係そして規範」である，と定義している。これらの説明や定義は，要するに，社会的資本は社会的な協同活動の価値である，と示唆しているのである。

　社会的な協同活動は多様であるが，なかでもわれわれがしばしば経験する協同活動は社会ネットワークのそれであろう。ファームウォッチ協同組合もこの社会ネットワークに基礎を置いた協同活動を実践し，コミュニティ＝地域社会における「公共の利益」を生みだし，地域の人たちに「生活の安全」を経験させている。

　正式名を「ウェアー・アンド・ティース・ファームウォッチ」(Wear and Tees Farmwatch Ltd.) と称するこの犯罪防止協同組合の開始は，実に控えめなものであった。1980年代にイギリス・ダラム州のウェスト・ダラムに位置するウェアーとティース双方のコミュニティでは農家への窃盗犯罪やその他の犯罪が多発し，住民は怯えていた。かつてこの地域は炭鉱の町として比較的裕福であったが，70年代後半からのエネルギー政策の転換によって，エネルギーの中心は石炭から石油に代わり，80年代中葉には炭坑が閉められ，町やコミュニティが疲弊していくにつれて，犯罪が増加していったのである。そして1988年に農場への窃盗や他の犯罪が増えていることを憂えた2人の農民がこのような犯罪について語り，やがてコミュニティのなかでも犯罪防止について

語られるようになっていった。しかしながら，ファームウォッチが組織されるためには先ず，犯罪防止が「コミュニティ全体の問題」として個々の住民に理解される必要があった。

　この地域には，ファームウォッチが組織される以前には，農民と警察とコミュニティの3者の間で調整機能を働かせるネットワークはまったく存在しなかった。すなわち，犯罪率は高くなるのに，コミュニティにはコミュニケーションを図るネットワークがなく，信頼のおける責任者を見つけだす自信もなく，その上，盗難品の回収率も低く，人びとは犯罪の恐怖を感じ，孤立状態にあった。

　コミュニティのすべての人たちが何らかの犯罪の被害に遭っていたのであるから，このような状況からコミュニティは抜け出さなければならない，とコミュニティの住民は考え，1988年にわずか2人で始めた犯罪防止の行動が次第にコミュニティ全体に広がっていくことになる。そして，「農民・警察・コミュニティのパートナーシップに基づく協働」がファームウォッチを形成するコンセプトを創りだした。農民は，もちろん，犯罪防止に熱心であったので，犯罪防止のために協働する準備を進め，警察は農村地域での警備計画とある形態のコミュニケーション機構を打ち立て，この目的を達成する専用のチームを結成した。そのチームが「ウェアー・アンド・ティース・コミュニティ安全課」(The Wear & Tees Community Safety Department) である。この「コミュニティ安全課」は，1994年に巡査部長（当時）のデヴィッド・アラウェイの指揮の下で4名の警察官と2名の市民とで構成される「コミュニティ安全部」となった。それでは，コミュニティは何をしたのか。ファームウォッチは「コミュニティ」を「ティースデールとウェアーデールで生活し，また労働しているすべての人たち，すなわち，ティースデールとウェアーデールの発展に関心をもっているすべての人たち」[6]，と定義して，その人たちにネットワークに参加してもらうことにしたのである。要するに，コミュニティで生活し，労働している人たちの参加なしには，実際のところ，この社会ネットワークの目的は完遂されないのである。

　こうして，ほんの少数の農民から始まった「犯罪防止」の運動は，現在では1,420人もの人たちと社会ネットワークを構成するまでになり，また1つのフ

ァームウォッチ計画から 21 のファームウォッチ計画へと拡大し，すべてのコミュニティの地区を網羅するまでになった。これらの計画は，ウェアーデールとティースデールの両コミュニティの多様性を表現する非常に多様な計画である，と言ってよい。これによって，両コミュニティは現在，イギリス全国の「安全居住地」の 10 指に数えられるようになっている。

　ところで，ファームウォッチは，1997 年に「会社法」(Company Law) に準拠し，また住民 1 人に 1 ポンドの出資をお願いして設立されたコミュニティ協同組合として法人登録され，事務所もティースデール警察署内に置き，また専任の 6 人の報酬は警察署と地方自治体の双方の予算から支出されるので，彼らは活発な活動を行うことができる。彼らの主要な活動の 1 つは，「コンピュータとニュースレター」を利用した「リングマスター・システム」によって，1,420 人のメンバーにメッセージと情報を与え，またメッセージと情報を受け取ったメンバーは各自のもっているメッセージや情報をファームウォッチに送り返す，というものである。この活動は，「社会的資本」の重要な側面を表現しており，「社会的な協同活動の価値」を人びとに知らしめている。リングマスター・システムには 10 のウォッチ（watch）がある。すなわち，① Neighbourhood Watch，② Farm Watch，③ Shop Watch，④ Industry Watch，⑤ Pub Watch，⑥ Gamekeeper Watch，⑦ Accommodation Watch，⑧ Water Watch，⑨ Auctioneer Watch，⑩ Forest Watch，である。

　ファームウォッチの社会ネットワークに基づいたこのような活動の結果，これらのコミュニティでは犯罪が非常に減少し，住民が「犯罪の恐怖と孤立感」から解放されるに応じて，コミュニティ活動が活発となり，コミュニティ全体に利益を及ぼすパートナーシップの強力な機能の発展が見られるようになった[7]。そしてファームウォッチは，近い将来には，「チャリティ法」に準拠した非営利・協同組織として再登録されて，コミュニティと人びとの多様なニーズを反映した「デールウォッチ」(Deals Watch) に発展することにより，コミュニティの開発を視野に収めたコミュニティ活動を実践する，という希望を抱いている[8]。

2つの事例報告

　イギリス・ダラム州で取り組まれているファームウォッチ協同組合の社会ネットワークの機能を利用した協同活動を一瞥したのであるが，先に述べたように，このような社会的な協同活動の価値は「社会的資本」の重要な側面である。実は，社会的資本のこのような側面は，本書で論究されている日本でのコミュニティ活性化・再生のための協同活動の他に，本書を出版するそもそもの出発点である「地域協同組織研究会」におけるいくつかの報告・討論によって示唆されている[9]。そこで次に，池上甲一氏（近畿大学農学部）による報告「アグロ・メディコ・ポリスの可能性：長野県佐久地方を事例として」（ヒヤリングシリーズ第2集）および寺本恵子氏（いきいきいわみ）による報告「石見町における多様なネットワークの形成」（ヒヤリングシリーズ第5集）の要旨を簡潔に紹介し，日本における「社会的資本」のコンセプトをより深く考察するための一助にしたい。

1. アグロ・メディコ・ポリスの可能性：長野県佐久地方を事例として

　「アグロ・メディコ・ポリス」とは単なる「メディコ・ポリス」でも，「地域経済と地域医療との結合」でもなく，「農村，山村という意味合いをプラスすること，医療，健康，福祉に関わる農業，漁業あるいは林業のさまざまな機能をメディコ・ポリスと結びつけていく」ことを意味する。特にまた，それには，中山間地域における地域振興の1つの手段としての意味合いも含まれている。したがって，ここ佐久地方におけるアグロ・メディコ・ポリスは，「メディコ・ポリスの核としての佐久総合病院と農村医療運動」と佐久地方の農業生産や農民それに他のコミュニティの人たちやグループとを結びつける社会的機能が発揮される地域空間を指すことになる。このポリスが成功する可能性があるとすれば，何よりも佐久地方の経済循環構造が佐久総合病院を核としてどのように機能し，展開するのかを論究すると同時に，これらに関わるさまざまな主体のシステム連関を明らかにする必要がある。

　佐久地方でのアグロ・メディコ・ポリスの可能性を追求していくと，高齢者

ケアを含む保健・医療の他に，農業生産（特に有機農業生産）の拡大，自然環境の保全，それにコミュニティ・アイデンティティの保持と育成とが不可欠なものとして位置づけられてくる。これはまた，保健・医療と農業・農民・消費者による社会ネットワークを基礎とするものでもある，と言えよう。佐久地方固有のフレキシブルな人間関係とそれに基づくコミュニティの形成，そしてそこでの人びとの生活観，「心地よい中途半端さ」と形容される生活価値が社会的な協同活動を生みだし，「コミュニティの質」を形づくっているのである。

しかしながら，他方で，アグロ・メディコ・ポリスの可能性を揺るがせる状況も生まれている。それは農業生産・自然環境・アイデンティティの揺らぎであり，したがってまた，生活価値の揺らぎでもある。おそらく，それらのうちの1つが欠けても，このポリスの可能性は消失するかもしれない。これまでは佐久地方にマッチしてきた，保健・医療を基礎とする農業生産や人びとの社会的関係といった構成要素が変化しつつあるとするならば，このポリス構想は，佐久地方における「コミュニティの質」と人びとの「生活の質」について問い直すことになろう。とはいえ，実際には，アグロ・メディコ・ポリスの可能性がなくなったわけではないのだから，このポリス構想を「新しい協同組合運動のあり方」という視点から問い直してみることも1つの方法である。そしてその際に，協同組合が，環境保護・住宅・雇用・教育・医療などを含む「広義の福祉」と，人びとの自立，農業生産，農村コミュニティとを結びつけるのにどのような役割を果たすことができるのか，に視点を置くことが求められることになろう。

2. 石見町における多様なネットワークの形成

島根県石見町は高齢化率の高いコミュニティを抱えており，その地で農業生産に従事しかつ家事も高齢者のケアも行わなければならない女性たちの多くは，ある種の危機意識をもつようになった。彼女たちの危機意識は2つの意識の混成であった。1つは，女性たちが「自分の子供たちに自分の老後を託せない，また託してはならない」，と思う意識であり，もう1つは，「自分たちが老いた時にどう生きられるのか，そのことを見つめながら自分の町をつくってい

くしかない」, と考えた意識であった。このような悲壮感と積極性の双方を合わせもった危機意識こそが1992年5月に形成されたボランタリィ組織「いきいきいわみ」の原点となった。「いきいきいわみ」は, したがって,「長男の嫁ばかりがつくった組織」で,「自分たちが老いても, 最期のときまで人間らしく生きていける, そんな町を目指してまちづくりをしていく」ことに目標を置いている。

「いきいきいわみ」は,「石見町助け合いワーカー養成講座」(1991年から開始)の終了者273人によって組織されている。この組織のメンバーの多数は女性である。「いきいきいわみ」には事業計画がなく, 会費はすべて研究費に使われる。「いきいきいわみ」のメンバー1人ひとりが「この町に張りめぐらされた1本1本のアンテナであることをモットーにして」いる。要するに, この273人全員が石見町における社会ネットワークの目を担っているのである。そして, このアンテナの先を錆びつかせることなく,「1本1本のアンテナにいろいろな情報が入ってきやすいように, 1人ひとりが行動すること」が,「いきいきいわみ」の信念である。デイ・サービス・センターをはじめ, すべての仕事はボランティアで行なわれている[10]。こうして,「いきいきいわみ」は町の人たちから頼りにされる組織に成長していき, 石見町にボランタリィ組織を広げていく基礎を築いた。

1996年に「ボランティア・センター」が組織され, この組織からボランタリィ活動の裾野が広がっていく。このセンターは,「誰もが自分の生き方としてボランティア活動ができるように仕掛ける」「育成部会」と,「その時々の, 地域にある幸せを阻害するような問題を, 役場に頼るだけでなく, 地域をしっかり見て, 住民自らが知恵を出し合って, 自分たちの問題として解決するために議論する場をつくる」「地域部会」の2本の柱を立てて活動している。前者は, 小学生から一般の大人(高校生を含む)まで, 町のすべての人に「ボランティア手帳をもってもらう」ことを奨めたり, 生涯教育から子育てまで「地域と一緒になって」学ぶ「地域ふれあい学習」を行ったりしている。

後者の「地域部会」では,「地域にある問題を何とか地域の力で解決して」いくために,「ほのぼのネット石見」を形成した。具体的には, これは, 高齢者

への「見守り・安心」ネットワークで，農協の職員，郵便局の職員，新聞配達，牛乳配達といった戸別訪問する業種の人たちに協力をお願いしている。「地域部会」はまた「ひまわりサービス」を立ち上げている。これは，郵便局の協力を得て高齢者のために行う「買い物支援」である。高齢者が町まで買い物に出かけることができない時に，「ひまわりの旗」を出しておくと，買い物リストが書かれている葉書を郵便配達職員が回収して商店に届け，商店が無料で品物を依頼主の高齢者に届けてくれるのである。さらに「地域部会」は，1998年に，「ほっとサービス」を始めている。ここでは，有償のボランティア活動（1時間当たり500円）として，特に2000年4月から開始された「公的介護保険」では対応できない生活支援活動を行っている。「ほっとサービス」の協力員は105人登録されているが，そのうちの半数が男性であり，また知的障害者も協力員として活動している。石見町ではボランティア活動に対する男性の意識が大きく変わろうとしている。

「いきいきいわみ」から発せられたこれらすべての活動は，地域における新しい自主的な活動を生みだし，コミュニティとその住民が協同によって支えられる関係を創りだしていく機会をいくつも用意するものである。そこには人びとが相互に信頼し合う強い関係が生まれ，育っていくビジョンが見られる。「危機意識」が助け合いの社会ネットワークによって希望を見いだす「協同意識」に変わりつつある。

オルターナティヴは成功するか

本書の序章で「問題意識と課題設定」を明らかにした平井隆は，本書の起点である「地域協同組織研究会」を総括する作業のなかで，「地域社会の活性化とコミュニティ確保のために，農協が有力な組織であることは変わりがない。……しかし，地域社会の中核となるべき農協の協同活動にかげりが見え始めた……。加えて地域社会の変化と多様化は，農業者主体の旧来型協同活動では人びととの欲求が充足されないことを明らかにした」[11]，と述べた後続いて，次

のように主張した。

> その間隙を縫うように，各地で今，女性を中心に多様なグループや組織が誕生し，活動を活発化してきている。これらに参画する人びとは，生活者としての自立の道を模索しつつ，暮らしという最も根源的な部分で，地域社会の改革と活性化を目指して立ち上がった。その分野は，食料，医療，福祉，健康，文化，教育など多様だ。そのなかで，生命の根源としての食への問いかけから，生産，加工，流通を通じて，地域社会の現状を学び，生活者としての生産者と消費者のネットワークを形づくる動きも生まれている[12]。

　先に見た石見町での実践がそうであるように，今日，日本の多くの地方ではコミュニティ＝地域社会の活性化・再生の試みが—多くは女性の手を通して—なされ，「地域社会の改革」が次第次第に人びとの意識を変えてきている。それは，「地域の問題は地域の人たちが解決する」，というコミュニティ・アイデンティティに基礎を置いたボランタリィ活動であったり，（経済事業も経営する）協同活動であったりする。それはまた，平井が論じているように，これらの活動の主体は「生活者としての自立の道を模索しつつ，暮らしという最も根源的な部分で，地域社会の改革と活性化を目指して立ち上がった」自主的な協同活動でもある。さらに，「コペンハーゲン宣言」が提起した，社会経済開発を目指す「行動のための枠組み」も，日本におけるコミュニティ＝地域社会の変革と活性化・再生のための指針を示唆してくれているだけでなく，グローバリゼーションの下でのローカリゼーションの意味をも鮮明にしてくれている。
　平井が言うように，農協はそれが拠って立つ「地域の変化と多様化」をただ追いかけるだけで，「変化と多様化」の中身をしっかり捉えて，住民同士の相互信頼に基づいた協同活動を支援したり，農業・農村の経済的，社会的役割を国民に知らせたりすることが困難な仕事であるかのように思っているのかもしれない。旧来型の協同活動は20世紀に置いてくるべきであって，21世紀における協同活動は，コペンハーゲン宣言がわれわれに示唆してくれているように，

経済と人間の位置関係を変える，環境保全を優先する，現在と将来の世代へのわれわれの責任の自覚，民主主義・人間の尊厳・連帯・公正・平等の確立，弱者の社会的参加，地域社会におけるアイデンティティ・伝統・文化的価値の尊重，女性のエンパワーメントと社会参加の必要性，地域の誰もが情報科学技術にアクセスできるなどを基礎とするものでなければならないだろう。これらのことは，農協だけの課題ではなく，生協その他の，およそ協同組織を自負する組織やグループの課題でもあるのである。

20世紀の協同組織が積み残した，本書で論じられているようなさまざまな課題を21世紀において解決するためには，旧来型の協同組織に代わる「オルターナティヴの機能」をわれわれがより幅広く，より深くそしてより強くしていく外ない。そしてその場合の基本的なコンセプトは「地域社会(コミュニティ)」である。「オルターナティヴの成功」は，積み残された課題や新たな課題に取り組む際にわれわれの世代が「現在と将来の世代へのわれわれの責任」を自覚するか否かに懸かっているのである。

【注】

1) Agreement of the World Summit for Social Development, *Copenhagen 1995, Copenhagen Declaration on Social Development—Part B*, p.1.
2) *Ibid.*, pp.1-2.
3) *Ibid., Part － A*, p.1. なお，ここには，過剰な軍事費，武器の取引き，軍需生産への投資にも対処しなければならないことが記されている(*Ibid.*, p.2)。
4) *Ibid., Introduction*, p.1.
5) *Ibid.*, p.1.
6) *Wear and Tees Farmwatch Ltd.*, p.10.
7) *Ibid.*, p.19.
8) *Ibid.*, p.20.
9) 「地域協同組織研究会」の基本的スタンスと経過については，平井隆「暮らしの豊かさを取り戻すために：地域協同組織研究報告」『農林金融』2002年9月号，農林中央金庫，45～55頁を参照されたい。
10) 「いきいきいわみ」の活動内容は3つある。第1は「地域の自主的助け合い組

織としての,地域ごとの生活（主に高齢者の）支援活動」,第2は「社会福祉協議会の登録ヘルパーとしての介護支援活動」,第3は「地域福祉ネットワーク化を下支えする活動」,である。「この3つは,相互に関連しあっている」(田中秀樹「現代消費社会と新しい協同運動」中川雄一郎編著『生協は21世紀に生き残れるのか：コミュニティと福祉社会のために』(大月書店,2000年) 所収,116頁)。
11) 平井隆,前掲書,51頁。
12) 平井隆,同上,51～52頁。

【執筆者一覧】

中川雄一郎（明治大学政経学部　なかがわ・ゆういちろう）──第7章，終章
安東　誠一（千葉経済大学経済学部　あんどう・せいいち）──第1章
田中　夏子（長野大学産業社会学部　たなか・なつこ）──第3章，8章
平井　　隆（農林中金総合研究所客員研究員　ひらい・たかし）──序章，5章，6章
根岸　久子（同上　副主任研究員　ねぎし・ひさこ）──第3章，4章
大江　徹男（同上　副主任研究員　おおえ・てつお）──第2章，6章
重頭ユカリ（同上　副主任研究員　しげとう・ゆかり）──第6章

【編者】

㈱農林中金総合研究所
1990年6月，農林中央金庫調査部と㈱農林中金研究センターを母体として農林中央金庫の全額出資によって設立，国内外のマクロ経済・金利・為替動向をはじめ，農林水産業，農林漁業金融，協同組合，環境問題，食糧問題など幅広い調査研究活動を行っている．

協同で再生する地域と暮らし──豊かな仕事と人間復興──

2002年10月25日　第1刷発行　　　　定価（本体2200円＋税）

　　　　　　　　　　　　　　監修者　中　川　雄　一　郎
　　　　　　　　　　　　　　編　者　農林中金総合研究所
　　　　　　　　　　　　　　発行者　栗　原　哲　也
　　　　　　　　　　　　　発行所　㈱日本経済評論社
　　　　　　　　　　〒101-0051　東京都千代田区神田神保町3-2
　　　　　　　　　　電話 03-3230-1661　FAX03-3265-2993
　　　　　　　　　　E-mail：nikkeihy＠js7.so-net.ne.jp
　　　　　　　　　　URL：http://www.nikkeihyo.co.jp
装丁 OPA 企画　　　　　　　印刷＊文昇堂印刷　協栄製本

乱丁本落丁本はお取替えいたします．　　　ISBN4-8188-1459-8
© Norinchukin Research Institute Co.,Ltd. et. al. 2002　　Printed in Japan

Ⓡ
本書の全部または一部を無断で複写複製（コピー）することは，著作権法上での例外を除き，禁じられています．本書からの複写を希望される場合は，小社にご連絡ください．